너의 머릿속으로 들어가기

Getting Inside Your Head: What Cognitive Science Can Tell Us About Popular Culture
by Lisa Zunshine

ⓒ 2012 Johns Hopkins University Press
All rights reserved. Published by arrangement with Johns Hopkins University Press, Baltimore, Maryland

Korean translation copyright ⓒ 2025 by b Books
Korean translation rights arranged with JOHNS HOPKINS UNIVERSITY PRESS through EYA Co., Ltd

이 책의 한국어판 저작권은 EYA Co., Ltd.를 통해 JOHNS HOPKINS UNIVERSITY PRESS와 독점 계약한 도서출판 b에 있습니다. 저작권법에 의하여 한국 내에서 보호를 받는 저작물이므로 무단전재 및 복제를 금합니다.

너의 머릿속으로 들어가기

인지과학이 대중문화에 대해 말할 수 있는 것

리사 전샤인
이성민 옮김

도서출판 b

| 일러두기 |

1. 이 책은 *Getting Inside Your Head: What Cognitive Science Can Tell Us about Popular Culture* (Baltimore: The Johns Hopkins University Press, 2012)를 완역한 것이다.
2. 이 책은 평어로 번역되었다. 평어 번역의 의도에 대해서는 '옮긴이 후기' 말미를 보라.
3. 이 책에서 인용된 참고 문헌은 한국어로 번역이 있을 때 참고 문헌란에 모두 밝혔고, 번역본 인용 쪽수는 본문이나 각주에서 따로 표시하였다. 번역을 수정한 경우, 따로 밝히지는 않았다.
4. 책의 각주는 모두 원주이며, 옮긴이 주는 '옮긴이' 표시를 붙여 따로 명기했다.
5. 본문의 고딕체는 원문의 이탤릭을 표시한 것이다.
6. 단행본은 『 』로, 논문과 단편은 「 」로, 영화·신문·잡지·뮤지컬·방송프로그램 등은 〈 〉로 묶었다.

라이오넬 파이닝거, 〈초록 다리 II〉(1916)

하지만 다른 사람의 영혼을 들여다보는 일의
불가능성에 대해서는 무엇을 할 수 있었지?
― 엘렌 스폴스키, 『말 대 이미지』

| 차례 |

| 서문 | **접근의 환상** · 13
여기서는 바트 심슨이 생각하고 있다 | 모나리자가 미소 짓고 있다 | 이 책의 목적이 밝혀진다 | 이 책의 장르가 논의된다 | 그리고 오랫동안 밀린 고마움이 표현된다.

1장 **욕심 많은 마음 읽는 이들의 문화** · 17
여기서는 우선 저자가 도서관에서 낯선 이의 마음을 읽으려고 노력하며, 그런 다음 그것에 대해 어떻게 말할지를 모른다는 것을 깨닫는다 | 한 이스라엘 출입국 관리소 직원이 손으로 놀라운 제스처를 한다 | 황제 카라칼라가 위협을 느낀다 | 외줄타기꾼이 자기레일바퀴와 경쟁에 직면한다 | 모나리자가 계속 미소를 짓는다 | 그리고 앤디 카우프만이 진지해 보인다.

2장 **무엇을 네가 생각하고 있는지 나는 알아, 다아시 씨!** · 49
여기서는 새로운 개념이 소개된다 | 한 공포증이 밝혀진다 | 육두문자가 뻔뻔한 얼굴을 내민다(하지만 프랑스인들이 죄를 덮어쓴다) | 프레더릭 웬트워스가 본심을 드러낸다 | 엘리자베스 베넷이 다아시 씨를 거절한다 | 브리짓 존스가 경쟁자에게 승리를 거둔다 | 톰 존스가 눈앞에 무엇이 있는지를 볼 수 없다 | 그리고 저자는 그녀의 가장 가깝고 가장 사랑하는 사람들이 무엇을 생각하고 있는지 아무 단서도 없다는 것을 인정한다.

3장 **사드적 은인들** · 85
여기서는 독자들이 필딩이라는 이름의 세 번째 작가와 조우한다 | 한 부유한 남자가 한 아름다운 소녀가 지켜보는 가운데 한 가난한 남자의 감정을 가지고 논다 | 한 아름다운 소녀가 아무런 단서도 가지지 않은 가운데 한 늙은 남자가 한 젊은 남자의 감정을 가지고 논다 | 그리고 『파이트 클럽』의 주인공이 마음 씀을 보여준다.

4장 **극장, 경마장, 그리고 다른 쥐덫들** · 99
여기서는 클러리사가 바보가 되고 에블리나가 한 바보를 지켜본다 | 레프 톨스토이, 어니스트 루비치, 알프레드 히치콕이 경마장으로 걸어 들어간다 | 그리고 독자들이 처음에는 캐리 그랜트를 생각하게 되고 그런 다음 콜린 퍼스를 생각하게 된다.

5장 **영화: 자제의 힘** · 129
여기서는 독자들이 히치콕의 〈오명〉으로 돌아가서 수프 그릇도 커피 잔도 겉보기와는 다르다는 것을 깨닫는다 | 맷 데이먼이 포커 게임을 한다 | 험프리 보가트가 여자를 잃는다 | 헬렌 미렌이 크럼핏을 잃는다 | 레이프 파인즈가 냉정을 잃는다 | 힐러리 클린턴이 기침할 뻔한다 | 그리고 엉뚱한 곳이 비난을 받는다.

6장 **모큐멘터리, 사진, 그리고 스탠드업 코미디: 고통 키우기** · 161
여기서는 〈오피스〉의 제작자들이 우리를 민망하게 만드는 레시피를 보여준다 | 허버트 험프리와 존 F. 케네디는 화면에 어떻게 나올지 신경 쓰지 않는다 | 영화감독들은 위조될 수 없는 몸 언어를 찾아다닌다 | 그리고 앤디 카우프만이 자신의 죽음을 꾸며내는 일에 대해 말한다.

7장 **리얼리티 TV: 실시간 굴욕** · 181
여기서는 감정이 정말 기분 좋게 빌드업된다 | 한 독신남이 한 여자를 거절한다(그 여자는 즉시 자책한다) | 리얼리티 TV를 안 좋아하는 개인들 | 한 TV 경영 간부가 사람들은 굴욕당하는 것을 좋아한다고 주장한다 | 〈아메리칸 아이돌〉이 정말이지 너무 짧게 언급된다 | 그리고 많은 정신 에너지가 낯선 이들에게 지출된다.

8장 **뮤지컬: (특히 오후 열한 시를 중심으로)** · 191
여기서는 〈마이 페어 레이디〉에서 피커링 대령이 히긴스의 말을 들을 수 있다. 하지만 〈남태평양〉에서 에밀은 넬리의 말을 들을 수 없다 | 〈아가씨와 건달들〉에서 스카이 매스터슨은 시간을 늦춘다 | 오드리 헵번은 한 열한 시 넘버에서 걸어 들어온다. 그리고 로살린드 러셀은 또 다른 열한 시 넘버를 위한 그녀 차례를 갖는다 | 〈시카고〉에서 "미스터 셀로판"은 그렇게 투명하지 않음이 드러난다 | 손드하임은 〈메릴리 위 롤 얼롱〉에서 그것을 거꾸로 돌려놓으며, 〈일요일에 공원에서 조지와〉에서는 그것의 안팎을 뒤집어 놓는다 | 13세기 한 중국 고전극에서 서생과 소녀가 큰 소리로 떠든다 | 에반 레이첼 우드가 동시에 노래하고 연기하는 것에 대해 불평한다 | 그리고 저자가 한 가지 제안을 소심하게 내놓는다.

| 9장 | **느낌 그리기** · 219

여기서는 비눗방울이 불리고 카드 성이 쌓인다 | 추상 미술을 미워하기 위한 규칙들이 기술된다 | 극단적 조치들이 취해지고 감정이 고조된다 | 자애로운 사위가 대신 나서서 공백을 채우지만, 어떤 사람들은 여전히 비웃는다 | 다빈치가 잠복해 있다 | 루벤스가 정원을 거닌다 | 그리고 저자는 한 축구 회고록에 대해 감상적이 된다.

| 10장 | **미스터리 그리기** · 253

여기서는 처음에 여자들이 남자들보다 더 불가해한 것으로 보인다. 하지만 그런 다음 남자들이 따라잡는다. 그리고 사방에서 모두가 미스터리하다.

코다 · 267

참고 문헌 · 269
도판 목록 · 287
옮긴이 후기 · 289
찾아보기 · 297

| 서문 |

접근의 환상

여기서는 바트 심슨이 생각하고 있다 | 모나리자가 미소 짓고 있다 | 이 책의 목적이 밝혀진다 | 이 책의 장르가 논의된다 | 그리고 오랫동안 밀린 고마움이 표현된다.

  우리는 다른 사람들 머릿속에 산다. 열심히, 주저하며, 의식적으로, 알지 못한 채, 실수로, 불가피하게. 서로의 생각과 감정에 대해 무엇인지 우리가 안다고 우리가 생각하는 것, 무엇인지 우리가 안다고 서로가 생각하기를 우리가 원하는 것, 무엇인지 우리가 몹시 알고 싶지만 아니 아는 것 — 우리의 사회적 삶은 이러한 것들 사이에서의 항상적 협상이다.

  우리는 수십만 년 동안 이것을 해오고 있다. 우리 자신에게와 다른 사람들에게 마음 상태를 귀속하도록 만드는 진화된 인지 적응을 가리키는 특별한 용어를 인지과학자들은 가지고 있다. 그들은 그것을 마음 이론 내지는 마음 읽기라고 부른다. 텔레파시처럼 들릴 수도 있겠지만, 마음 이론은 실제로는 텔레파시의 정반대다. 텔레파시는 누군가의 생각에 대한 완벽한 자기의식적 접근을 수반한다. 마음 읽기는 근사적 추측이며 불완전한 해석이다. 대부분 의식의 레이더 저 아래에서 일어난다.

  우리의 문화는 마음 이론의 산물인 동시에 마음 이론의 놀이터이다. 바트 심슨에서 플라톤까지, 모나리자에서 미국 헌법 초안자들까지, 모든 사람에게 마음 상태를 귀속함으로써 우리는 우리의 문화 안으로 들어간다. 문화적 표상들은, 높은 표상이건 낮은 표상이건, 다른 사람들의 머릿속에 우리가 살지만 그들의 생각과 감정에 절대 직접 접근하지 않는다는 사실을 이용한다. 소설, 영화, 회화, 시트콤 등 모두가 마음 이론을 기반으로 하면서,

마음 이론을 가지고 실험하며, 마음 이론에게 정교한 사회적 환상을 제공한다.

그러한 한 가지 환상이 몸을 통한 완벽한 마음 접근의 환상이다. 허구 캐릭터들의 몸 언어가 그들의 실제 감정을 드러내는 그 정확한 순간에 우리는 그들을 보게 된다. 이것은 실제 삶과는 반대다. 실제 삶에서는, 특히 복잡한 사회적 상황에서는, 투명해 보이는 몸 언어를 오해석할 가능성이 항상 있다. 사람들이 그들의 마음 상태에 대한 우리의 지각에 영향을 미치려고 투명한 몸 언어를 연기할 가능성이 항상 있다.

몸을 통한 완벽한 마음 접근의 환상은 오래되었다. 하지만 상이한 역사적 시기와 장르에서 놀랍도록 새로운 형태들을 띤다. 13세기 중국 고전극, 중세의 상스러운 이야기, 18세기 프랑스 회화, 19세기 영국 소설, 20세기 영화, 뮤지컬, 사진, 스탠드업 코미디, 그리고 21세기 리얼리티 TV. 어떻게 이 환상이 작동하고, 언제 그것이 작동하기를 멈추고, 왜 우리는 그것을 충분히 얻지 못하는지를 이 책은 다룬다.

소설, 영화, 미술을 다루기는 하지만, 이 책은 문학비평이나 영화비평도 아니고, 미술사도 아니다. 특정 작가, 영화, 회화, 장르, 모티프에 대한 포괄적 분석을 나는 제공하지 않는다. 논의되는 대다수 작품은 다른 사람들에 의해 광범위하게 분석되었다. 기존 연구들과의 양립 가능성을 보여주는 사례들을 나는 지적할 수 있을 때마다 기쁘게 지적한다. 그렇지만 그러한 양립 가능성에 대한 지속적 탐사는, 결실이 있을 것이라고 믿기는 해도, 이 프로젝트의 범위를 넘어서는 것이다. 내가 여기서 하고 있는 일의 장르가 무엇인지를 말하라고 압박한다면 "인지 문화 연구"라고 부를 것이다. 그렇지만 나는 그것을 대체로 책 한 권 분량의 사고실험으로 생각한다. 즉 인지과학 연구에 의해 가능해진 특정 관점에서 다양한 문화 현상을 바라보고 그 관점을 가능한 한 멀리까지 밀어붙이려는 시도.[1]

---

1   인지 문화 연구 영역에 대한 더 많은 정보를 위해서는 Zunshine, "What is Cognitive

이 사고실험을 다 작성하는 데는 5년이 걸렸고 여러 차례 원고 수정이 필요했다. 그 과정에서 나는 많은 지적인 빚을 지게 되었다. 언제나 그렇듯, 문학과 문화에 인지적 접근을 하는 학자들의 공동체에서 나는 지지와 영감을 얻었다. 포터 애벗, 프레드릭 루이스 알다마, 마이크 S. 오스틴, 일레인 오영, 조셉 비즈업, 메리 크레인, 낸시 이스털린, 윌리엄 플레쉬, 모니카 플루더닉, F. 엘리자베스 하트, 데이비드 허먼, 패트릭 콜름 호건, 토니 잭슨, 수잔 킨, 조너선 크램닉, 하워드 맨싱, 브루스 맥코나치, 앨런 팔머, 이사벨 하엔 포티요, 앨런 리처드슨, 일레인 스캐리, 버논 셰틀리, 엘렌 스폴스키, 가브리엘 스타, 사이먼 스턴, 블레이키 버뮬.

구겐하임 재단과 켄터키대학교 예술과학대학에 고마움을 전한다. 그들의 아낌없는 지원 덕분에 예일대 심리학과에서 1년 반 동안 객원 연구원으로 일할 수 있었다. 자신의 마음과 발달 연구소에 나를 초대해 마법 같은 1년을 보낼 수 있게 해주고, 체화된 투명성에서 자제의 중요성을 깨닫는 데 도움을 준 폴 블룸에게도 고마움을 표한다. 스티븐 손드하임에 대한 귀중한 통찰들을 전해 준 블룸의 연구소 동료들, 특히 마크 셰스킨에게도. 예일대 휘트니 인문학 센터의 마음, 뇌, 문화, 의식 그룹의 멤버들에게도. 티글-하스킨스 컬리지엄의 마이클 홀퀴스트, 더그 웨일런, 필립 루빈, 켄 퓨, 그리고 다른 멤버들에게도. 중국 고전극에 대해 아낌없는 도움을 준 강이 선 창에게도. 청혼 구도에 대해서 마찬가지로 아낌없는 도움을 준 스티븐 컨에게도. 공연에 대한 영감 넘치는 접근 덕분에 나를 중세 문학에서의 체화된 투명성으로 이끌어준 에블린 버지 비츠에게도. 투명한 몸과 서사에 대한 결정적 조언을 일찌감치 해준 제임스 펠런에게도. 자폐적 세계 보기의 단지 한계가 아니라 가능성에 민감한 장애 연구들을 소개해 주고 내 논의의 관련 부분을 마지막 순간 수정할 수 있도록 도와준 랄프 제임스 새버리즈에게도. 일러스트레이션과 관련해 귀중한 작업을 해준

Cultural Studies"를 볼 것.

켄터키대학교 특수 자료실의 제이슨 플라하디와 켄터키대학교 교육학술지 원센터의 캐서린 왕 러틀리지와 메리 루 카할에게도.

존스 홉킨스대학 출판부의 트레버 립스콤, 매트 맥아담, 데보라 보스에게 고마움을 전한다. 또한 나의 교열 편집자 조 애보트, 그리고 무엇보다도 이 책의 많은 부분을 수정할 수 있도록 의견을 준 한 익명의 독자에게도 고마움을 전한다.

끝으로, 정기적으로 지혜와 위로의 말을 전해 준 에텔 스베르들로프와 이 원고의 몇 가지 상이한 판본에 대해 놀라운 인내심을 갖고 상세한 개념적 피드백을 제공한 조엘 니아즈에게 고마움을 전한다.

1장

여기서는 우선 저자가 도서관에서 낯선 이의 마음을 읽으려고 노력하며, 그런 다음 그것에 대해 어떻게 말할지를 모른다는 것을 깨닫는다 | 한 이스라엘 출입국 관리소 직원이 손으로 놀라운 제스처를 한다 | 황제 카라칼라가 위협을 느낀다 | 외줄타기꾼이 자기 레일 바퀴와 경쟁에 직면한다 | 모나리자가 계속 미소를 짓는다 | 그리고 앤디 카우프만이 진지해 보인다.

욕심 많은 마음 읽는 이들의 문화

긴 탁자들이 줄지어 있는 조용한 도서관 홀에서 나는 이 글을 쓰는 중이다. 앞쪽으로 한 젊은 여자가 보인다. 그녀 왼편에서 속닥거리면서 이따금 웃기도 하는 세 학생을 그녀는 고개를 돌려 흘낏 본다. 소음 때문에 신경이 쓰이는 것이라고 나는 생각한다. 그것을 보여주기를 그녀는 원한다. 하지만 내가 틀렸을지도 모르지. 어쩌면, 몇 시간을 가만히 앉아 있다가 따분해져서, 이 잠시의 정신 분산이 고마웠고 그 출처를 보려고 하는 것인지도 모른다. 또는 어쩌면, 그들 중 누군가를 아는지 궁금한 것인지도. 또는 어쩌면 그녀는 사회학자이고 그들의 집단 역학 가운데 무언가가 그녀의 관심을 붙잡은 것인지도. 그녀를 나는 아니 안다. 그래서 그녀가 고개를 돌릴 때 실제로 무엇을 그녀가 생각하고 있는지를 내가 알아낼 수 있을 것 같지는 않다. 그렇지만, 그녀의 몸 언어를 그녀의 관찰 불가능한 생각과 감정을 통하여 자동적으로 나는 해석한다: 이것을 그녀가 느낀다, 저것을 그녀가 원한다, 이것이나 저것을 그녀가 생각한다는 것을 그들이 생각하기를 그녀가 원한다, 저 집단의 행동에 그녀가 반응하고 있다는 것을 남들이 알기를 그녀가 원한다.

그리고 나의 추리에 너는 조금도 안 놀란다. 그녀의 몸 언어 뒤에 어떤 생각, 욕망, 또는 의도가 있어야 한다는 것을 너 또한 당연하게 여긴다. 이런 종류의 직관적 추리가 없다면 우리의 일상적 사회적 상호작용들은 상상할 수가 없다. 아무 인간 행동에서 의미를 만들기make sense 위해서는, 그것을 촉발한 어떤 마음 상태를 통하여 그것을 보아야 한다.

수십만 년 동안 밤낮으로 이것을 우리가 해오고 있다. (밤에는 꿈에 거주하는 피조물들에게 우리는 의도들을 귀속한다.) 행동을 밑에 깔린 마음 상태에 의해 야기된 것으로 보게 만드는 그 진화된 인지적 적응을 가리키는 특별한 용어를 심리학자들은 가지고 있다. 그들은 그것을 마음 이론theory of mind이라고 부른다. 민간 심리학 내지는 마음 읽기라고도 한다. 뒤의 용어는 특별히 부적절하다. 생각과 감정의 귀속들과 해석들 다수가 틀리거나 다만 근사치로만 정확하다는 사실을 고려할 때, 그들이 그것을 마음 잘못 읽기라고 부르는 편이 좋을지도 모른다. 하지만 진화는 완벽을 취급하지는 않는다. 그렇기에 최선을 다해 "마음 읽기"를 하면서 우리는 더듬거리며 헤쳐가야만 한다.

지난 5년 동안, 인지 신경과학자들뿐 아니라 인지·발달·비교·사회심리학자들 가운데서, 마음 이론은 주요 연구 토픽이 되었다. 그들이 배우는 모든 것이 더 많은 질문을 열어놓고 있고, 앞으로 수년 동안 논쟁 주제로 남게 될 것이다. 그렇지만 점점 더 마음 이론이 우리 종의 핵심 인지 자질로 — 상상력, 척하기, 도덕성, 언어를 비롯하여 실로 인간 사회성의 모든 측면의 주춧돌로 — 간주되고 있다.

인지적 적응으로서 마음 읽기 능력은 홍적세에 발달하였을 것이다. 백십만 년에서 만 년 전에. 진화심리학자 사이먼 배런-코언에 따르면, 마음 이론의 창발은 우리의 선조들이 직면한 "휘청이게 복잡한" 도전들에 대한 진화의 대답이었다. 그들은 이백 명의 개체까지 포함할 수 있는 집단 안에서 다른 사람들의 행동에서 의미를 만들어낼 필요가 있었다. 배런-코언이 지적하듯, "(사람 같은) 하나의 복잡한 체계에 마음 상태를 귀속하는 것이 그 체계를 이해하는 가장 쉬운 방법"이며, "그 복잡한 체계의 행동에 대한 설명을 생각해 내어 다음에 그것이 무엇을 할 것인지를 예측하는" 가장 쉬운 방법이다.[1]

마음 이론 연구들은 무엇이 우리 인간의 환경을 이루는지를 이해하는 새로운 방법을 시사한다. 통상 환경이라는 낱말은 숲, 공기, 물, 도로, 집 같은 것들을 떠올리게 한다. 그렇지만 인간 종이 무엇보다도 사회적 종이라는 것을 기억한다면, 즉 남들과 소통할 필요와 능력이 우리 실존의 모든 측면의 밑바탕을 이룬다는 것을 기억한다면, 우리의 환경이 또한 다른 마음들로서 정의될 수 있다는 것을 우리는 깨닫는다.[2] 우리가 의식하든 안 하든, 산소를 호흡하면서 우리는 삶을 보낸다. 하지만 — 못지않게 중요하게도 — 우리가 의식하든 안 하든, 마음을 해석하고 상상하면서 우리는 또한 삶을 보낸다.

마음을 우리가 읽을 때, 그것을 우리는 아는가? (첫 오개념)

마음 이론에 대해 처음 듣는 사람들은 두 가지 오개념을 갖고 와 버리게 된다. 하나는 불완전한 용어에서 온다.[3] "마음 이론"에서 이론이라는 낱말과 "마음 읽기"에서 읽기라는 낱말은 잠재적으로 오도적誤導的이다. 마음 상태

---

1   Baron-Cohen, *Mindblindness*, p. 21. 마음 이론에 대한 정초적 작업 및 중요한 최근 연구로는 다음과 같은 것들이 있다. Byrne and Whiten, *Machiavellian Intelligence* 그리고 "The Emergence of Metarepresentation"; Dunbar, "Evolutionary Basis of the Social Brain"; Gomez, "Visual Behavior"; Frith and Frith, "Social Cognition in Humans"; Keenan at al, "An Overview of Self-Awareness and the Britain"; Nettle, "Emphasizing and Systemizing" 그리고 "Psychological Profiles"; Premack and Dasser, "Perceptual Origins"; Saxe, "Why and How"; Saxe and Kanwisher, "People Thinking about Thinking People"; 그리고 Stiller and Dunbar, "Perspective Taking." 마음 이론 접근의 대안들에 대한 논의로는 Dennett, *The Intentional Stance*를 볼 것.
2   Tooby and Cosmides, "The Psychological Foundations of Culture" in Barkow et al., *The Adapted Mind*를 볼 것.
3   사회신경과학 문헌에서 사용되는 바로서의 마음 이론이라는 용어에 대한 비판으로는, Stone and Hynes, "Real-World Consequences of Social Deficits," p. 462를 볼 것.

를 의도적으로 그리고 의식적으로 우리가 귀속한다는 것을 그 낱말들은 함축하는 듯 보인다. 즉 마음을 우리가 읽을 때, 마음을 우리가 읽는다는 것을 우리가 안다는 것을 함축하는 듯 보인다.

나의 도서관 사례를 다시 생각해 보라. 나의 묘사를 읽는다면 내가 거기 앉아서 "흠, 내 앞의 그 여자가 왜 고개를 돌려 저 녀석들을 보는지 나는 궁금하다. 어쩌면 이 잠시의 정신 분산이 고마웠고 그 출처를 보려고 하는 것인지도. 또는 어쩌면 그들 중 누군가를 그녀가 아는지 궁금한 것인지도."라고 나 자신에게 조용히 중얼거리고 있는 것처럼 보였을 수도 있다. 하지만 물론 그런 식으로 그것이 일어나지는 않았다. 너를 위해 이 사건을 완전히 명료하게 표현된 일련의 명제들로 내가 묘사한 것은 바로 그렇게 우리가 쓰고 말하기 때문이다. 하지만 나는 분명 그처럼 말끔하고 정돈된 말의 방식으로 그것을 경험하지 않았다. 왠지 나는 이 모든 가능성들을 거의 동시에 "느꼈다". 그렇게 하고자 하는 의도 없이, 그리고 그렇게 하는 나 자신에게 많은 주의를 기울이지 않고서.

우리의 의식에 접근 가능한 수준에서 정확히 얼마나 많은 마음 읽기가 일어나는지를 제대로 알아보는 일은 어렵다. 사람들의 몸과 얼굴 표정에 대한 정보를 우리의 지각 체계가 열심히 등록하지만, 그렇다고 그 체계가 반드시 그 모든 정보를 의식적 해석을 위해 우리에게 이용 가능하게 만드는 것은 아니다. "거울 뉴런"의 작동을 생각해 보라. 원숭이와 인간의 모방에 대한 연구들은, 기능적 자기공명영상fMRI 기술의 발전에 의해 가능하게 된 것으로, "지각 기능성 표상과 운동 기능성 표상 사이의 내적 상관관계를 보여주는 신경 거울 체계"를 발견하였다.[4] 이것이 뜻하는 바는 이렇다. "행동이 이해되는 것은 그 행동의 관찰이 관찰자의 운동 체계로 하여금 '공명'하도록 만들 때이다." 따라서, 가령, 누군가가 컵으로 손을 뻗는 것을 네가 관찰할 때, "잡기 동작의 실행을 제어하는 뉴런들의 동일 개체군

---

4   Borenstein and Ruppin, "The Evolution of Imitation," p. 229.

이 [너 자신의] 운동 영역 안에서 활성화된다."[5] 적어도 어떤 수준에서는, 네가 어떤 것을 하는 것과 (네가 관찰하는) 다른 사람이 그것을 하는 것을 너의 뇌가 안 구별하는 것처럼 보인다.[6] 따라서 다른 사람의 행동을 네가 이해하는 것은 — 즉 어떤 마음 상태를 그녀에게 네가 귀속하는 것은("그 컵을 잡기를 그녀는 원해!") — 너의 거울 뉴런들이 활성화되기 때문이다. 하지만 너는 그 뉴런들의 활성화에 대한 아무런 제어나 의식적 자각도 갖지 않는다.

사실 행동을 관찰해야만 하는 것도 아니다. 행동의 소리(가령, 피아노 키 누르기) 또한 거울 뉴런을 활성화한다. 선천적으로 눈이 먼 참여자들을 대상으로 한 연구에 따르면, "추정적 거울 뉴런 체계^{pMNS}는 시각과 무관하게 발달할 수 있다." 이 경우 그 체계는 "다른 사람이 행동을 수행한 방식의 세부를 객관적으로 거울 반사하기보다는 지각자 자신의 운동 프로그램을 다른 사람의 행동의 감각적 증거 위로 투사한다."[7]

거울 뉴런의 역할에 대한 평결은 아직 나오지 않고 있고 이 연구의 수많은 측면이 여전히 논쟁적이기 때문에, 이 책에서 나의 논의는 이 연구에 의존하지 않는다.[8] 그렇지만, 거울 뉴런이 있건 없건, 우리 종의

---

5 Rizzolatti et al., "Neuropsychological Mechanisms," p. 662.
6 감정이입과 공감의 맥락에서 거울 뉴런에 대한 논의로는 Bloom, *Descartes' Baby*, pp. 113~115를 볼 것[폴 블룸, 『데카르트의 아기』, 곽미경 옮김(소스, 2006), 175~178쪽]. 시뮬레이션 이론의 맥락에서 거울 뉴런과 마음 이론의 관계에 대한 논의로는 Goldman, *Simulating Minds*를 볼 것.
7 Keysers et al., "The Mirror Neuron System and Social Cognition," pp. 530~531.
8 예를 들어, 요헨 트리쉬와 그의 동료들이 관찰하듯이 거울 뉴런의 증거가 간접적이라는 것에 유의해. "지금의 실험 기술로는 [인간의] 거울 뉴런에 대한 직접적 관찰은 불가능[하기]" 때문에, 인지과학자들은 "기능적 자기공명영상(fMRI), 뇌파검사(EEG), 자기뇌파검사(MEG) 연구들'로부터 오는 수렴하는 데이터를 경유하여 그것을 추론해야 한다. 더구나, "거울 뉴런의 창발을 위하여 어떠한 경험들과 환경과의 상호작용들이 필요하거나 충분한지에 대해 아무것도 안 알려져 있다"("Emegence of Mirror Neurons," pp. 150~151). "거울 뉴런들이 선천적인지 또는 그것들이 학습

다른 구성원들의 현존, 행동, 감정 표현에 강력하게 조율된 신경 회로를 우리는 틀림없이 가지고 있어야만 한다. 이 조율은 일찍부터 시작된다(그것의 어떤 형태는 신생아에게 이미 현존한다). 그리고 우리가 우리의 환경 안으로 성장해 들어가면서 그것은 수많은 미묘한 형태들을 띤다. 다른 사람들의 몸 언어와 얼굴 표정을 우리는 강렬하게 인식한다. 그러한 인식의 완전한 정도와 의미가 우리의 의식적 주목을 피해 간다고 하더라도.[9]

그래서 도서관의 그 여자가 고개를 돌려 소음 발생자들을 보는 것을 내가 보고 있었을 때, 나의 거울 뉴런 중 일부가 "그녀 되기"를 하느라고, 즉 그녀의/나의 왼쪽에서 그 소음을 지각하고는 그것을 방해나 반가운 정신 분산이나 사회적 기회로 취급하느라고, 틀림없이 분주했을 것이다. 하지만 그렇다면 그것은 또한 나의 거울 뉴런 중 일부가 왼쪽의 그 시끄러운 사람들 "되기"를 하느라 틀림없이 분주했을 것임을 의미한다. 그렇지 않았다면, 그 여자가 그들을 향해 고개를 돌림으로써 그녀의 몸 언어에 그들이 주목하고는 그것을 그들의 행동을 향한 그녀의 태도에 관한 무언가를 의미하는 것으로 해석하기를 그녀가 기대하고 있다는 것을 나는 추론할

과정을 통해 그 특별한 속성들을 획득하는지의 문제"(p. 161)를 탐구하는 최근 실험들에 대한 논의 또한 Triesch et al.을 볼 것. 그리고 Hickok, "Eight Problems for the Mirror Neuron Theory of Action Understanding in Monkeys and Humans"와 Bauman et al., "The Neurobiology of Primate Social Behaviour," pp. 692~693을 볼 것.

9 그리하여, (아리스토텔레스의 『시학』, 데이비드 흄의 「비극에 대하여」, 에리히 아우어바흐의 『미메시스』, 월터 카우프만의 『비극과 철학』에서부터 최근의 문화 연구에서의 미메세스와 수행성에 대한 재고찰에 이르기까지) 미메시스를 탐사하면서, (문학과 영화 연구 안으로 모리스 메를로-퐁티를 강렬하게 재도입하고 있는 조지 버트의 『내가 안다는 것을 너가 안다는 것을 내가 안다』처럼) 현상학을 탐사하면서, 그리고 ("어떤 감정과 어떤 식별 가능한 신체적 상태"[『감정의 격동』(*Upheavals of Thought*, p. 96[189쪽])]를 상관 짓는 전통에 대한 마사 누스바움의 비판처럼) 지향성을 탐사하면서 철학자들과 문학비평가들이 광범위하게 추적해 놓은 영토 안으로 인지과학자들이 들어가기 시작한다. 거울 뉴런에 대한 연구가 아직은 상대적으로 초기 단계에 있기는 하지만, 전통적인 인문학 연구와 상호 개인적 주관성의 신경적 토대에 대한 연구의 교차로에서 흥분되는 가능성들이 창발하고 있는 것을 우리는 볼 수 있다.

수 없었을 것이다. 다시 말해서, 우리가 — 나 자신, 그 여자, 그리고 그 집단의 사람들이 — 서로를 의식하고는 서로의 행동에서 의미를 만들어내는 정도로까지, 우리의 거울 뉴런들은 우리의 가능한 마음 상태에 대한 3방향 상호 모형화에 틀림없이 연루되어 있었을 것이다.

이러한 것들을 써 내려 가는 데 나는 놀랍도록 어려움을 겪고 있다. 거울 뉴런 체계의 기능이 어떻게 일상적 마음 귀속의 밑바탕에 깔려 있는지를 설명할 수 있는 어휘가 부족하다는 생각이 든다. 이 장을 시작하면서 내가 했던 방법으로 마음 이론의 작동을 묘사하는 것이 훨씬 더 쉽다. 거기서 나는 이 상호 반영 3방향 과정을 모형화하려고 하지 않았다. 대신에 나는 "나"와 "그녀"와 "그들"의 말끔한 구분을 이용하였고, 나 자신과 그 여자와 그녀 왼쪽 집단에게 그냥 따로따로 마음 상태를 귀속하였다.

즉 우리는 바로 이런 식으로 말하고 쓴다 — 그리고 나는 이 책 내내 바로 이런 식으로 말해야 할 것이다. 마음 상태에 대한 논의를 관리하기 쉽도록 하기 위해서, 그것이 말끔하게 분리되어 있고, 차분한 속도로 진행되고, 의도적이고, 자기의식적이고, 완전히 말로 표현되어 있는 듯 들리도록 할 것이다. "그들이 속닥거리고 웃고 있을 때 그녀가 집중하기 어렵다는 것을 그들이 안 깨닫고 있다고 그녀가 생각하고 있다고 나는 생각한다"처럼 말이다. 이런 식으로 말하는 것 말고는 다른 선택의 여지가 없기는 하지만, 우리의 마음 이론이 실제로 이런 식으로 작동하지 않는다는 것을 기억해야 한다. 그것은 빠르고, 어지럽고, 직관적이고, 특별히 의식적이지 않고, 대부분 언어화되지 않는다.

마음을 우리가 읽을 때 정확히 읽는가? (둘째 오개념)

마음 이론에 관한 둘째 오개념은 마음 읽기가 마음 **정확히 읽기**를 의미한다는 것이다 — 단순하고 오래된 텔레파시의 잘 차려입은 판본. 사실 이보다도 더 진실에서 동떨어진 것도 없을 것이다(따지고 보면, 텔레파시보다는 마음 이론이 훨씬 더 흥미롭다). 우리의 마음 읽기 적응들은 사람들의 행동에 대한 우리의 해석을 그들의 마음 상태에 집중시킨다. 하지만 해석 그 자체는 완전히 잘못된 것부터 다만 근사치로만 정확한 것까지 그 범위가 이른다.

마음 상태를 항상적으로 귀속하는 것과 정확하게 귀속하는 것의 차이를 보여줄 한 가지 방법이 여기 있다. 외국 방문객들이나 최근 이주자들은 지역민들이 사용하는 어떤 제스처를 오해석하기 마련이고, 따라서 그런 경우에 그들의 의도를 오해하기 마련이다. 이러한 오소통 사례들을 우리는 놀랍고도 의미심장한 것으로 취급한다. 하지만 여기서 정말로 놀랍고도 의미심장한 것은 신입자들과 지역민들 양쪽 모두 완전히 당연한 것으로 여기는 공유된 가정, 즉 몸 언어를 밑에 깔린 마음 상태를 통해 읽어야 한다는 가정이다. 제스처의 오해석으로 인해 얼마나 자주 소통이 실패하는지와 무관하게 이 가정은 확고하게 자리 잡혀 있다.

러시아에서 태어나 지금은 이스라엘에 사는 문학비평가 클라리나 프리보르킨이 들려주는 한 가지 그러한 실패 이야기를 고찰해 보라. 그녀는 이스라엘에 입국할 때 그녀의 가족과 이스라엘 출입국 관리 당국자의 첫 상호작용을 기억하고 있다.

에어컨도 작동하지 않는 상태로 몇 시간 줄을 서 있다가 참을성을 잃고서는 비행기를 타고 우리와 함께 온 사람 중 몇 명이 당국자에게 가서 시간이 얼마나 걸릴지 물어보기로 결심했다. 다시 돌아와서는 그들이 보고할 수 있었던 것이라고는 단지 관리소 직원이 그들에게 아주 이상한 제스처를 보여주었다는 것이었다. 그 제스처는 러시아의 공격적인 제스처 "피가figa"와 약간 비슷하였다(주먹을 쥐고 엄지손가락을 검지와 중지 사이로 내밀기). 적어도 당장은 시간을 보낼 무언가를 우리는 갖게 되었다. 그 수수께끼 같은 제스처의 의미를 놓고 논쟁하기. 나중에 그것이 "인내심

을 가져!"를 뜻하는 이스라엘 제스처라는 것을 우리는 알게 되었다.[10]

프리보르킨의 이야기는 보편적 몸 언어를 반박하는 강력한 논변을 제시한다. 즉 한 문화에서 공격적인 것으로 간주되는 제스처가 다른 문화에서는 달래는 것으로 간주될 수도 있다. 그렇지만 어떻게 바로 이 동일한 이야기가 보편적 마음 읽기 적응을 옹호하는 강력한 증거를 제공하는지 주목해 보라. 관찰 가능한 행동을 관찰 불가능한 마음 상태에 변경할 수 없게 묶어놓는 어떤 인지 체계를(그것을 무엇으로 부르고 싶건 간에) 상정하지 않고서 다음과 같은 질문들에 답하려고 해 보라.

첫째, 관리소 직원이 자신의 몸 언어에 신입자들이 주의를 기울일 것이고 그리하여 자신이 손으로 만들고 있는 그 제스처를 알아차릴 것이라고 가정하도록 만든 것은 무엇이지? 그들이 그녀에게 그 질문을 하였을 때, 그녀의 대답을 기다리면서 어쨌든 그들은 근처 창문을 바라볼 수도 있었으니. 둘째, 신입자들이 그녀의 제스처가 특정 의미를 갖는 것으로 해석할 것이라고 직원이 가정하도록 만든 것은 무엇이지? 그리고 직원의 이 특정 몸동작이 의미를 갖는다고 왜 그 신입자들은 가정하였지? 그녀의 검지가 가려워서 자기도 모르게 엄지로 긁고 있다고 어쨌든 그들이 생각했을 수도 있었으니.

논변의 목적상, 마음 이론을 끌어들이지 않고서 이 질문들에 답하려고 해 보라. 아주 어린 시절부터 주변의 어른들에게서 우리가 이런 이야기를 듣는다고 너는 제안해야만 할 것이다. "나의 아가, 몸에 주의를 기울여. 특히 눈을 주목해. 하지만 입도 잊지 마. 사람이 무엇을 생각하고 있는지 이마가 너에게 많은 것을 말해줄 수 있어. 찡그린 코는 많은 의미를 전달하지. 손이 아주 중요해. 하지만 어떤 상황에서는 온전히 주의를 기울이면 말도 중요할 수 있어."

---

10 Priborkin, "Cross-Cultural Mind Reading," 쪽수 없음.

우리는 아이들에게 자주 이처럼 말하지는 않는다. 그래, 나의 걸음마 아기와 책을 읽을 때, 때때로 이런 식으로 나는 말한다. "미미는 안 행복해. 동물 친구를 잃어버렸거든. 미미는 울고 있어. 뺨에 저 눈물 보여?" 또는 "봐, 품바가 웃고 있어. 그가 직조공에게 해준 일이 마음에 들었거든." 하지만 이와 같은 언급들을 다 더한다고 해서 몸 언어를 마음 상태를 나타내는 것으로 해석하는 보편적 전통을 낳기 위해서는 압하지야에서 주니까지[11] 지구상 모든 문화에서 준비가 되어 있어야 할 믿기 힘들 정도로 강력한 교육 체계로 귀결되지는 않을 것이다.

마음 읽기를 위한 인지 적응을 상정하기를 우리가 어떤 이유로 원하지 않을 경우, 바로 이와 같은 환상적 교육 체계를 상상해야만 할 것이다. 어쩌다가 그러한 체계가 모든 하나하나의 인간 사회 안에 존재하게 되는지를 설명함과 더불어서. 반면에, 그러한 적응을 상정할 경우 우리는 미미의 눈물과 품바의 웃음에 대한 우리의 언급들이 말 배우기 전 아기의 마음 읽기 성향을 처음부터 기적적으로 창조하기보다는 오히려 그러한 성향의 신속한 성숙을 강화할 뿐이라고 말한다. 실제로 이제 발달심리학자들은 7개월 유아들의 마음 읽기를 연구하며,[12] 또한 그들의 연구는 "유아기에 출현하여 아동기 동안 지속적으로 진행되어 청소년기 초기까지 이어지는 [마음 이론] 발달의 점진적, 지속적, 보편적 단계들을 보여주었다."[13]

개인적인 이야기로 계속해 보자면: 20대 초에 러시아에서 미국으로 이주하였고 따라서 같은 제스처가 아주 다른 것을 의미할 수 있다는 것을

---

11 [옮긴이] 압하지야는 흑해의 남쪽 연안과 캅카스의 남서쪽에 위치한 미승인 국가로 압하지야인이 주로 거주한다. 주니는 미국의 뉴멕시코주와 애리조나주에 걸쳐 살고 있는 원주민 부족을 가리킨다.

12 Csibra, "Goal Attribution to Inanimate Agents"; Luo and Baillargeon, "Can a Self-Propelled Box Have a Goal?"; Song and Baillargeon, "Infants' Reasoning"; Song et al., "Can an Actor's False Belief Be Corrected"; 그리고 Baillargeon et al., "The Development of False-Belief Understanding"을 볼 것.

13 Shany-Ur and Shamay-Tsoory, "Theory of Mind Deficits," p. 936.

의식적으로 배운 나는 사람들이 그러한 차이를 강조하는 것을 들을 때 언제나 우습다는 느낌이 든다. 그들의 주장은 우리가 예외에 초점을 맞추는 경향이 있으며 그렇기에 숲보다는 나무를 본다는 것을 나에게 상기시킨다. 물론 러시아와 미국의 몸 언어의 어떤 차이들을 나는 잘 알고 있다. 당혹스러운 개인적 경험을 통해서 나는 그것들 중 일부를 배웠다. 그렇지만 동시에, 두 문화의 공통점에 의해, 즉 우리의 마음 이론의 작동에 의해, 그러한 차이들이 완전히 왜소하게 보인다는 것도 안다.

문화적 차이들을 알아차리는 바로 그 능력이 마음 이론이 작동하고 있다는 증거이다. 예를 들어, 문화들은 감정 내보임에서 차이 나는 규칙들을 갖는다. "아동기 중기의 아이가 직면하는 주요 과제는 특정 감정의 내보임에 적합한 조건들을 ─ 즉 현재 경험하는 감정을 전달하려는 자동적 충동을 억제하고는 대안적 표현을 내보이거나 아니면 아무것도 드러내지 말아야 하는 상황들을 ─ 지배하는 그 문화의 내보임 규칙들을 배우는 것이다." 하지만 내보임 규칙들을 관찰하고 배우기 위해서는 복잡한 사회적 자극들과 협상해야 한다 ─ 즉 마음들을 항상적으로 읽고, 잘못 읽고, 다시 읽어야 한다.[14]

다시 말해서, 관찰 가능한 행동을 관찰 불가능한 생각과 감정에 의해 야기된 것으로 보는 동일한 진화된 인지 경향이 우리의 사회적 상호작용들 일체를 보증해 주지 않는다면, (예를 들어, 감정 내보임과 관련된 지역 규칙들을 알아냄으로써) 새로운 문화에 적응하려고 할 때 우리는 극도로

---

14 Blair, "Theory of Mind, Autism, and Emotional Intelligence," p. 419. 그렇지만 랄프 새버리즈가 상기시켜 주듯, 사회 규칙을 따르는 능력은 또한 자신의 신경 체계에 대한 적절한 통제에도 달려 있다. 그가 말하듯이, "적절한 행동거지에서 어느 것이 결정적인가: 저 규칙들에 대한 인식인가 아니면 몸을 갖는 것과 그 규칙들을 실제로 따르는 것을 허용하는 신경 체계를 갖는 것인가? 예를 들어, 투렛 증후군이 있는 사람은 교회에서 '씨팔'이라고 소리치는 것의 부적절함을 완벽히 이해하지만 그렇게 하는 것을 멈출 수가 없다"(개인적 의사소통, 2012년 1월 9일).

힘든 시간을 보내게 될 것이다. 러시아에서 "피가"가 "지옥이 얼어붙을 때"[15]를 의미하는 반면에 이스라엘에서는 비슷한 제스처가 "인내심을 가져"를 의미함을 우리가 배울 수 있는 것은 제스처를 밑에 깔린 마음 상태를 통해 읽으려는 강력한 인지 성향을 갖기 때문이다. 따라서, 항상적으로 그리고 비자기의식적으로 마음을 읽는다는 것은 그 무슨 절대적 의미에서 정확하게 마음을 읽는다는 것을 의미하지는 않는다. 다른 사람의 의도에 대한 가장 놀라운 잘못 읽기도 여전히 마음 읽기 — 우리의 마음 이론 적응들의 온전히 실현된 실행 — 이다.

그래서 컵 잡기 예로 돌아가 보자. 컵을 잡으려는 나의 의도에 대한 너의 이해 밑바탕에는 (거울 뉴런에 의해 표상되건 어떤 다른 전용 체계에 의해 표상되건) 너의 신경 회로망이 깔려 있어야 한다. 하지만, 가령 내가 그 컵으로 손을 뻗는 이유가 목이 마르기 때문인지 아니면 내가 목이 마르다고 네가 생각하기를 내가 무슨 이유에서건 원하기 때문인지 너는 결코 알 수가 없을 것이다. 따라서 그 어떤 마음 읽기 행위라도 오소통과 오해석의 가능성으로 가득하다.

욕심 많은 마음 읽는 이들

이 장 나머지에서 나의 주장은 이렇다. 마음 이론은 우리의 문화를 우리가 알고 있는 바로서 가능하게 만드는 무엇이다. 이것은 큰 주장이다. 그리고 그것은 두 개의 가정에 의존한다.

첫째 가정은 이렇다. 우리의 마음 읽기 인지 적응들은 난잡하고 게걸스럽고 선제적이다. 다른 사람들과의 현실적 내지는 상상적 상호작용들에 자극

---

15 [옮긴이] "지옥이 얼어붙을 때(when hell freezes over)"란 절대로 그런 일은 일어나지 않을 것이라는 말을 할 때 사용되는 정중하지 않은 표현이다.

받으면서 그것들은 항상 작동 중이다. 몸과의 조우는 마음 상태 귀속의 시작을 위한 강력한 부추김이 된다. 그 몸이 실제여야 하는 것은 아니다. 캔버스나 영화 스크린이나 책 페이지에서 우리가 "만나는" 사람들에 대한 우리의 반응을 생각해 보라. 그들이 그저 환영이라는 것을 어떤 수준에서는 우리가 알고 있지만, 그럼에도 불구하고 마음 읽기를 위한 우리의 인지 적응들은 기어가 물리고 그들의 생각과 감정에 대한 우리의 해석들을 만들어내기 시작한다.

이 모든 것을 우리는 당연한 것으로 여긴다. 하지만 잠깐 멈추고 이것이 실제로 얼마나 이상한지를 생각해 보라. "카라칼라의 이마는 주름이 잡혀 있다. 그리고 갑자기 그는 머리를 왼쪽 어깨 너머로 돌린다. 뒤쪽에서 위험을 짐작하는 듯."[16] 이 문장은 널리 사용되는 미술사 교과서 『가드너의 미술사』에 나오는 것이다. 그것은 메트로폴리탄 미술관 컬렉션의 황제 카라칼라의 대리석 흉상을 묘사한다(그림 1).

하지만 카라칼라는 1800년 전에 죽었다! 메트로폴리탄 미술관에서 전시되는 것은 조각된 대리석 덩어리이다! 그렇지만, 왜 우리의 마음 이론은 그와 같은 세부들에 관심을 두지? 대리석 덩어리를 마주하였을 때, 우리는 그것의 볼록과 오목을 마음 상태를 나타내는 것으로, 가령 불신을 나타내는 것으로 즉각 해석한다. 살았건 죽었건, 대리석이건 에나멜이건, 인간 형상은 만족을 모르는 우리의 마음 읽기 적응을 위한 정보를 제공하는 데 실패하는 법이 없다.

"인간 형상"이라는 말은 전체 몸을 뜻할 수도 있고 그냥 얼굴을 뜻할 수도 있다. 물론 얼굴은 우리의 마음 이론의 특별 주의 대상이다(상이한 문화들이 상이한 얼굴 "스캐닝" 전략을 육성하는 것 같기는 하지만).[17] 아기 때부터 우리는 얼굴에 "중독"되어 있다.[18] 더 나이를 먹으면서 가장

---

16 Kleiner, *Gardner's Art through the Ages*, p. 277.
17 Kelly 외, "Social Experience"를 볼 것.

그림 1. 카라칼라의 초상화 머리 (마르쿠스 황제 아우렐리우스 안토니우스), ca. AD. 217-30. 후기 세베루스. 대리석, 높이 14$^{1/4}$인치.

경미한 암시에서도 우리는 얼굴을 보기 시작한다. 구름에서, 점들의 무작위 배치에서, 대리석 덩어리에서.[19] 거기서 우리가 얼굴을 보는 것은 얼굴 같은 모양에 대한 어떤 일반적 선호 때문이 아니다. 우리가 최고의 사회적

---

18 Schultz, "Developmental Deficits," p. 125. 흥미롭게, 7개월과 10개월 사이에 유아들에게 얼굴-읽기의 발달상 변화가 있는 것 같다. "7개월 아이들은 정동적 의미에 기반해서가 아니라 자질 정보에 기반해서 얼굴 표정을 식별한다. 다른 한편으로 더 나이 든 (10개월) 아기들은 얼굴 표정의 공통 정동을 확인할 수 있으며 그 표정을 새로운 표정과 구별할 수 있다. 더하여, 아기들은 불확실한 상황의 애매성을 없애기 위해 다른 사람의 화난 얼굴 신호와 행복한 얼굴 신호를 사용할 수 있고 그에 따라 자기 행동을 조정할 수 있다는 것이 증명되었다"(Grossman 외, "Developmental Changes," p. 35). 심화된 논의로는 Sorce 외, "Maternal Emotional Signaling"을 볼 것.

19 Guthrie, *Faces in the Clouds*를 볼 것.

존재이기 때문이며, 또한 얼굴 표정이 우리의 안녕에 가장 중요한 정보에 대한, 즉 다른 사람의 마음에 대한 접근을 약속하기 때문이다.[20] 얼굴 표정이 이 약속을 이행하는지 여부는 또 다른 문제이다. 그 문제로 곧 돌아갈 것이다.

마음 읽기 적응들의 만족 모르는 욕심을 알아보기 위해서는 보기 적응들과 비교하는 것이 도움이 된다. 우리 종은 환경에 대한 아주 많은 정보를 시각적으로 받아들이도록 진화하였고, 그렇기에 우리는 아침에 눈을 뜨면 보지 않을 수가 없다(물론 시각 체계가 심각하게 손상된 경우가 아니라면). "시각의 우위"는 인간 문화에 깊은 영향을 미쳤다. 얼마나 엄청난 범위의 일상적 실천들이 우리의 보기 능력에 직접 의존하고 있는지를 생각해 보라.[21]

마음 읽기도 마찬가지다. 어쩌면 한층 더 그러하다. 결국, 눈먼 사람들은 볼 수는 없지만 마음 상태를 귀속할 수는 있다.[22] 진화심리학자 제시 M. 베링이 말하듯, 일정한 나이 이후에 사람들은 "마음 읽기 기량을 끄고 싶어도 끌 수가 없다. 모든 인간 행동은, 언제까지나, 관찰 불가능한 마음 상태의 산물로 지각된다. 그러므로 모든 행동은 강도 높은 사회 인지적 정밀 조사를 받게 되어 있다."[23] 따라서, 우리의 삶이 마음 읽기를 위한

20　Zebrowitz, *Reading Faces*; Zebrowitz and Zhang, "The Origins of First Impressions"; Todorov 외, "Understanding Evaluation of Faces"를 볼 것.

21　아렌트, 『정신의 삶』을 볼 것. "공식 철학에서, 바로 그 시작부터, 생각하기는 보기(*seeing*)의 관점에서 사유되어 왔다. (…) 시각의 우위는 그리스 말에, 따라서 우리의 개념적 언어에, 너무나도 깊이 각인되어 있으며, 따라서 우리는 시각에 주어지는 아무런 고찰도 거의 발견하지 못한다. 주목하기에는 너무나도 명백한 것들에 그것이 속하는 듯"(pp. 110-11[186쪽]). 이것을 한스 요나스의 글 「시각의 고귀함」에 의존하고 있는 데이비드 마이클 레빈의 다음과 같은 관찰과 비교할 것. "우리 문화의 여명기 이래 시각이 감각들 중 가장 고귀한 것으로 간주되는 특권을 누려왔다"("Introduction," p. 2)[데이비드 마이클 레빈, 『모더니티와 시각의 헤게모니』, 9쪽].

22　선천적 시각 장애인의 마음 읽기에 대한 논의는 Baron-Cohen, *Mind-blindness*를 볼 것.

적응들에 의해 구조화되는 완전한 정도를 아직은 전혀 파악하고 있지 않더라도, 그러한 적응들의 문화적 결과들이 보는 능력의 결과들만큼이나 깊고도 넓은 것으로 확인될 것이다.

이 결과들의 범위에 대한 감을 좀 얻기 위해서 개인적 수준에서 시작해 보자. 나의 친구와 이야기를 나누고 그녀의 연이은 생각들을 따라가는 일은 나의 마음 이론을 위한 가장 중요한 입력을 제공한다. 그녀가 멀리 있을 때, 이 순간 그녀가 무엇을 생각하고 있을지 상상하는 것 또한 그렇다. 그녀가 죽는다면, 이러이러한 경우 그녀가 무엇을 생각했을지 상상하는 것 또한 그렇다.[24]

그렇지만 더 많은 것을 나는 원한다. 다른 사람들이 무엇을 했는지에 대한 이야기, 그리고 그것을 했을 때 그들이 어떻게 보였는지에 대한 이야기를 듣고자 한다. 그 시간에 그들이 무엇을 생각했고 느꼈는지를 내가 상상할 수 있도록 말이다. 그 사람들은 나의 가족 구성원일 수도 있고, 완전한 이방인일 수도 있고, 전혀 존재한 적 없는 사람일 수도 있다. 그들은 심지어 인간일 필요도 없다. 안드로이드, 말하는 동물, 춤추는 칸델라브라, 반짝이는 별도 될 것이다. 나는 그런 이야기들을 들을 수 있다. 그런 이야기들을 읽을 수 있다. 그것들이 노래로 불리는 것을 들을 수 있다. 그것들이 돌 안에 조각된 것을, 벽에 그려진 것을, 또는 미술책에 재생된 것을 나는 볼 수 있다. 나는 행동하는 몸을 보고 그 몸의 의도에 대해 생각하고 싶기 때문에, 때로는 그림을 그리거나 춤추거나 노래하거나 글을 쓰는 등 내가 할 수 있는 모든 방법으로 이야기를 직접 만들어낸다. 특히 나의 경우에는, 허구 캐릭터들과 그것들의 창조자들이 이것을 하거나 저것을 말할 때 무슨 뜻이었을지에 대해 글을 쓰는 일을 포함할 수도

---

23 Bering, "The Existential Theory of Mind," p. 12를 볼 것.
24 우리가 죽은 사람들에게 어떻게 그리고 왜 마음 상태를 귀속하는지에 대한 뛰어난 논의는 제시 베링의 최근 책 *The Belief Instinct*를 볼 것[『종교 본능』, 김태희·이윤 옮김(필로소픽, 2012)].

있고, 죽었거나 살아있는 다른 학자들이 이것이나 저것에 대해 무엇을 말했을지 또는 실제로 말했는지에 대해 글을 쓰는 일을 포함할 수도 있다. 문학비평가는 마음 읽기와 마음 잘못 읽기를 통해 생계를 꾸려간다.

나는 지금 나에 대해 말하고 있다. 이제 생각해 보자. 마음 상태들을 처리해야 할 똑같은 필요를 다른 사람들이 가지고 있다면, 이 필요에 응하여 어떤 종류의 문화가 출현해야만 할까? 이 문화는 이 필요를 계속해서 충족시켜야만 한다. 하지만 결코 완전히 충족시킬 수는 없을 것인데, 왜냐하면 새로운 마음 읽기 갈망들이 끊임없이 생겨나기 때문이다. 그것은 욕심 많은 마음 읽는 이들의 문화이다(그들은 미디어 포화 사회가 도래하면서 한층 더 욕심 많게 될 수밖에 없다. 새로운 스토리텔링 방식들이 끊임없이 출현하는 것처럼 보이듯). 딱 맞는 사례: 5년 전에 나는 오늘날 내가 어떤 특정 블로그를 정규적으로 읽을 필요가 있을 것이라고 예견할 수 없었다. 그 당시에 나는 블로깅이 무엇인지 알지도 못하였다. 그리고 지금 나는 이 블로거의 생각 방식에 중독되었다. 즉 나는 그녀의 마음 상태를 매일 갈망한다.

욕심 많은 마음 읽는 이들의 문화에서 조우할 수 있을 몇 가지 현상들이 여기 있다. 사람들이 다른 마음들을 지각하고는 그에 따라 반응하는 방식을 묘사하는 이야기들(가령, 소설들). 음악에 맞추어진 연속 동작들에서 마음 상태들을 읽게 해주는 배치들(가령, 발레들). 사람들이 느끼는 것과 그들이 자신들의 상황에 대해 우리만큼 많이 또는 적게 알았다면 느꼈을 것 사이의 틈새를 음미할 수 있는 특별히 디자인된 사회적 공간들(가령, 극장들). 수많은 물리적 몸들이 의도들의 공유된 이해를 통해 인도되어 복잡한 패턴들을 형성하는 일이 벌어지는 사건들(가령, 팀 스포츠). 텍스트와 이미지를 잘 조율하여, 사람들의 몸 언어를 바라봄으로써 얻게 되는 사람들의 감정에 대한 정보가 그들의 감정에 대한 말 묘사들을 정교화하거나 반박하거나 아니면 복잡화하게 되는 인공물들(가령, 그래픽 서사들).

분명 나는 나에게 가장 친숙한 문화들에 대해 말하고 있다. 만약 내가 러시아에서 태어나 처음에 라트비아로 이주하였다가 그다음 미국으로 이주한 것이 아니라, 발리에서 태어나서 처음에 자바로 이주하였다가 그다음 남슬라웨시로 이주하였다고 한다면, 나의 사례들로는 극장 공연 인형극, 고대 불교 왕국들에 대한 이야기를 들려주는 춤 형태들, 나무 조각, 장례 의식 등이 더 두드러지게 등장하였을 수도 있다.[25] 우리의 마음 이론에 먹을 것을 공급하는 문화적 현상들이 한 특정 사회에서 한 구체적 역사적 순간에 어떤 형태들을 띨 것인지 예측할 수는 없다. 그렇지만 어떤 문화적 형태라도, 누군가 또는 무언가에 우리가 마음 상태를 귀속하도록 놓아두지 않는다면, 지속되지 않을 것이라고 우리는 예측할 수 있다.

불가능한 일을 상상해 보자. 우리의 마음 이론이 꺼진다. 행동에서 마음을 읽게 해주는 문화적 제도들이 얼마나 살아남을까? 투우, 무언극, 농구 경기, 오페라, 손가락 그림자 연극, 또는 외줄타기를 누가 보러 올까? 외줄타기가 마음 이론을 사로잡는지 의심스럽다면 이것을 고려해 보자. 공연자가 죽기를 안 원한다는 것을 우리는 안다. 또한 자기가 하고 있는 일이 위험하다는 것을 공연자가 안다는 것을 우리는 안다. 더구나, 자기가 하고 있는 일이 위험하다는 것을 공연자가 안다는 것을 우리가 안다는 것을 공연자는 안다. 그렇기 때문에 공연자는 때때로 미끄러져 떨어질 뻔한 척을 하며 밑에 있는 관객에게서 집단적 숨 막힘의 반응을 끌어낸다. 공연자는 우리의 마음을 가지고 놀고 있으며, 간신히 죽음을 피할 때 그녀가 틀림없이 어떤 느낌일 것이라고 우리가 상상하도록 만든다. 줄타기 행위에서 이 무의식적 마음 상태 귀속을 제거해 보자. 그리고 그것이 얼마나 흥미로운 것으로 남아 있는지를 보자. 사실, 일체의 마음 읽기를 비워낼 경우, 줄타기는 정확히 차축 위에서 앞뒤로 굴러가는 자기레일바퀴^{Whee-lo}

---

25 "다른 문화"에서 온 사람들은 우리가 예술이라고 부르는 것을 갖지 않는다고 생각하는 비평가들에 대한 한 응답으로는 Dutton, *The Art Instinct*, 특히 "하지만 그들은 우리의 예술 개념을 갖지 않는다(But They Don't Have Our Concept of Art)"라는 부를 볼 것.

장난감만큼 흥미롭다.

바로 그렇게, 선수들에게 의도를 귀속하지 않은 채 농구 경기를 지켜보는 일은 떨어지는 눈송이를 지켜보는 것만큼 유혹적이다 — 둘 모두 무작위 운동으로, 약 2분 동안 매력적이고, 그런 다음 너의 마음은 정처 없이 떠돈다. 오페라는 고통이다: 무대를 가로질러 되는 대로 움직이는, 무작위 간격으로 노래를 터뜨리는, 몸들. 손가락 그림자: 저 여자는 왜 이런 식으로 손을 움직이지? 우리의 마음 이론이 온전한 상태일 때, 그것은 그녀가 개 꼬리의 움직임을 모방하기를 원하기 때문이라고 우리는 말한다 — 우리를 재미있게 해주기를 그녀는 원한다. 하지만 마음 이론이 없다면, 그녀의 무작위 손 당기기와 비틀기는 이해 불가능하고, 불안스럽고, 어쩌면 위협적으로 보인다.

입말로 전달되는 다양한 서사들, 다양한 공적 의식들, 소설들, 영화들, 연극들, 만화들, 뉴스 보도들, 스포츠 행사들, 온라인 토론들, 그리고 더 근본적으로는, 사람들의 계획, 생각, 감정에 대한 우리의 일상 대화들 — 이제 이런 것들을 중심으로 지어진 사회적, 정치적, 경제적 네트워크들의 운명에 대해 생각해 보라. 이 네트워크들은 허물어질 것이다. 왜냐하면 그것들은 행동 안으로 마음 상태를 읽어 들어갈 우리는 능력과 필요에 의해서만 유지되기 때문이다. 그리고 욕심 많은 읽는 이들의 문화 네트워크들이 없어진다면, 무엇이 남지?

가장 좋은 것, 가장 나쁜 것

마음 이론이 인간 문화를 가능하게 만든다는 나의 주장 배후에 있는 두 개의 가정 중 두 번째가 여기 있다: 몸은 사람들의 생각과 감정에 대한 가장 좋은 동시에 가장 나쁜 정보 출처이다.

즉 우리는 몸을 가장 좋은 것과 가장 나쁜 것 둘 다로 **지각**한다. 한편으로 우리는 몸 언어에서 얻는 사람들의 마음 상태에 대한 정보에 엄청난 가치를 둔다. 다른 한편으로 우리는 금세 돌아서서 이 정보를 특별히 믿을 수 없는 것으로 취급하려는 준비가 언제나 되어 있다. 이 역설적 이중 관점은 근본적이고 불가피하다. 그것은 우리의 모든 사회적 삶과 문화적 표상들에 스며들어 있다.

이 이중 관점의 힘을 알아보기 위해서, 바로 지금 너와 내가 얼굴을 맞대고 이야기하고 있다고 상상해 보라. 그러고는 네가 나에게 무언가를 설득하려 하고 있다고 해 보자. 시간이 지나면서, 내가 너의 말에 귀를 기울이고 있을 뿐 아니라 너의 얼굴, 움직임, 겉모습에 주의를 기울이고 있다는 것을 너는 안다. 즉 어떤 특정 순간에 내가 어떤 특정한 웃음이나 으쓱거림이나 정동 변화를 주목하고 중요하게 여기는지 일반적으로는 너는 알 수가 없다. 나 또한 모른다. 그렇지만, 너의 몸을 너의 생각, 욕망, 의도를 나타내는 것으로 내가 읽을 것이라고 네가 직관적으로 기대한다는 것을, 그리고 너의 몸에 대한 나의 읽기가 우리의 소통의 결과에 아주 중요할 것임을 (우리의 마음 읽기 인지 적응들에서 표현되는) 사회적 종으로서 우리의 오랜 진화 역사가 보장해 준다.[26] 더 나아가, 너의 몸을 이런 식으로 내가 읽을 것이라고 네가 기대한다는 것을 내가 직감적으로 알도록 그 동일한 오랜 진화 역사가 보장해 준다. 즉 너의 마음 상태에 대한 나의 지각에 영향을 주기 위해 네가 너의 몸 언어를, 반드시 의식적으로나 의도적으로는 아니더라도, **연기할 것임을** 나는 안다.

다시 말해서, 너의 관찰 가능한 행동의 이 측면을 더 신뢰할 것인지 저 측면을 더 신뢰할 것인지 사이에서 나는 항상적으로 협상해야만 한다. 이 협상을 말로 옮기려고 한다면 — 그것을 우리 자신에게 이런 식으로

---

26   예를 들어, 알렉스 펜틀랜드(Alex Pentland)의 *Honest Signals*를 볼 것. 사람들이 논변의 힘에 의해서 설득되는 것이 아니라 무언가를 그들에게 설득하려고 노력 중인 그 사람의 내보이는 정동의 상대적 일정함에 의해 설득된다고 펜틀런드는 제안한다.

우리가 의식적으로 분절하지는 않기 때문에 우습게 들릴 것인데—다음과 같을 것이다: "그녀가 방금 미소를 지은 것은 내가 말한 것이 좋았기 때문일까, 아니면 어제 어떤 논쟁을 얼마나 잘 그녀가 다루었는지를 생각하고 있기 때문일까, 아니면 그녀는 전혀 무관한 무언가를 생각하고 있었던 것일까?"

따라서, 관찰 가능한 행동에서 추론된 사람의 마음 상태 정보를 우리가 신중하게 취급하는 것은 다름이 아니라 관찰 가능한 행동을 그 사람의 마음에 대한 매우 가치 있는 정보 출처로 취급하지 않을 수 없기 때문이며, 또한 우리 둘 다 그것을 알고 있기 때문이다. 사회적 종으로서의 진화를 통해 우리는 몸에서 의도를 읽어내기 때문에, 우리의 주의를 몸에 강제적으로 집중시키는 인지 적응들을 좋든 나쁘든 떨쳐낼 수가 없다.

또한 우리는 몸을 전적으로 불신하는 것도 원하지 않을 것이다—완벽과는 거리가 먼 상호 읽기 덕분에 우리는 그럭저럭 하루를 살아간다. 그렇지만, 서로의 관찰 가능한 행동을 밑에 깔린 마음 상태를 통해 자동적으로 해석하기 때문에, 관찰 가능한 행동이 오도적이라는 가설을 우리는 어떤 층위에서는 계속해서 활동 상태로 유지한다. (그것이 반드시 의도적으로 오도적이어야 하는 것은 아니라는 것에 유의하라. 찡그린 표정이 자연적 표정인 사람을 만난다면, 그가 나를 안 좋아한다고 부정확하게 가정할 수도 있다. 몸은 마음을 오표상할 수도 있다.)

사적 마음 읽기에서 문화적 군비 경쟁으로

그래서 우리는 구속 상태에 처해 있다. 우리는 배고픈 마음 이론을 가지고 있으며, 그것은 관찰 불가능한 마음 상태를 나타내는 관찰 가능한 행동의 형태로 끊임없는 입력을 필요로 한다. 우리는 몸을 가지고 있으며, 우리의 마음 이론은 그러한 입력을 얻기 위해 그 몸에 초점을 맞추도록 진화하였다.

그리고 그 몸은, 우리의 마음 이론의 강박적 주의집중의 대상이라서, 마음 상태에 대한 정보의 엄청나게 귀중하면서도 잠재적으로 오도적인 원천이다.

심리학의 다양한 분과들, 특히 진화심리학, 발달심리학, 인지 신경과학의 연구를 바탕으로 나는 이러한 주장을 하고 있다. 그렇지만, 사회학이나 문학비평 같은 다른 학문 분야로 시선을 돌릴 때, 무언가 흥분되는 아이디어 중첩을 본다. 예를 들어, 1969년 사회학자 어빙 고프먼은 인간 소통에서 증대된 신뢰 가능성이 증대된 신뢰 불가능성으로 이어진다는 것을 관찰하였다.

> 관찰자가 확실한 단서들을 찾는 일에 더욱 매달릴수록, 그의 노력이 악용당하는 것에 더 취약해졌다는 것을 인식해야 한다. 결국 피험자 편에서 가장 신뢰를 낳는 행동이란 피험자가 관찰자를 속이고자 할 때 꾸며낸다면 가장 유리할 바로 그 행동일 테니까. 관찰자가 어떤 특정한 증거를 무엇이 오염되어 있거나 있을지도 모르는지 말해주는 오염될 수 없는 확인물로 바라보고 있는 자기 자신을 발견할 때, 그렇다는 바로 그 사실이 이 증거를 의심해야 하는 바로 그 이유이다. 관찰자에게 가장 좋은 증거는 또한 피험자가 손대기에 가장 좋은 증거이니까.[27]

오염될 수 없는 증거의 취약성에 대한 고프먼의 더 큰 주장은 몸 언어와 마음 상태에 대한 나의 더 특정한 주장과 완벽하게 맞아떨어진다. 우리의 마음 읽기 적응들로 인해서 우리가 생각과 감정에 대한 "확실한foolproof" 단서를 몸이 제공한다고 보는 한에서, 우리는 설득력 있게 꾸며낸 몸 언어에 취약한 상태로 있다.

이와 유사하게, 문학 연구와 문화 연구 학자들은, 연기라는 개념을 극장 무대를 넘어 일상적 실천의 넓은 범위로 확장하려고 하면서 몸의 변화무쌍한 본성에 대해 광범위하게 언급해 왔다.[28] 마음 이론 연구는 그들의 통찰들

---

27   Goffman, *Strategic Interaction*, pp. 80–81.

에 강력한 지지물을 제공한다. 서로의 생각과 의도를 알아내려고 탐색하면서 우리는 서로의 몸에 이끌리기 때문에, 결국 우리는 우리의 마음 상태에 대한 타인들의 지각을 형성하기 위하여 (문화 연구의 용어를 각색해 보자면) 우리의 몸을 연기하기에 이르고야 만다.[29]

다시금, 이것은 그저 사적인 상호 개인적 역학에 대한 묘사처럼 보일 수도 있다. 하지만 전체로서의 우리 문화로 그것을 확장해 보자. 다양한 범위의 일상적 실천들이 마음에 대한 귀중하지만 믿을 수 없는 정보 출처라고 하는 몸의 이중적 지위를 반영한다는 것이 확인된다. 예를 들어, 우리의 사회 기반 시설은 사람의 의도를 읽을 때 몸을 건너뛰도록 디자인된 장치들

---

28 예를 들어, 연극 역사가 조셉 로치가 주장했듯이, 연기는 "문화적 생산의 사회적 차원들에 대한 가장 비옥한 은유로서 연극성을 자주 참조하기는 하지만, 훨씬 더 광범위한 인간 행동을 포괄한다. 그러한 행동들에는 미셸 드 세르토가 '일상생활의 실천'이라고 부르는 것이 포함될 수도 있는데, 그러한 실천에서는 관객의 역할이 참여자의 역할로 확장된다"(Roach, "Culture and Performance," p. 46).

29 우리의 일상적 마음 읽기는 우리가 의식하건 안 하건 우리 각자를 연기자나 관객으로 만든다. 엘렌 스폴스키(Ellen Spolsky)가 "Narrative as Nourishment"에서 주장하듯, "우리가 주의를 기울이는 법을 분별 있게 배우는 단서들이 절대적으로 신뢰할 수 있는 것은 아니다. 왜냐하면 몸 그 자체가, 내적 상태에 대한 외적 표현을 제공하도록 진화한 그 몸이 성별, 나이, 사회계급, 직업 같은 문화적 범주들에 따라 구별되는 맥락들 안에서 이러한 단서를 생성하는 법을 배우기 때문이다. 그 단서들에 대한 우리의 해석뿐 아니라 진화한 신체 표현들 자체도 사회적 중첩에 의해 풍부해지거나 왜곡되며, 오해석과 의도적 속임이 가능해지도록 한다"(pp. 48~49). 따라서 하나의 특정한 몸은 시간-공간-특정적 문화 구성물로서, 즉 타인들이 일정한 방식으로 그 몸을 지각하도록 영향을 미치려는 시도로서 간주될 수 있다. 이를 내적 마음 상태가 가시화될 때 그 마음 상태의 불안정성에 대한 헤겔의 논변과 비교할 것. "물론 이 외양 속에서 내면이란 가시화된 비가시적인 것이지만 이 외양과 결합되어 있지는 않다. 그 내면이 다른 외양으로 있을 수도 있고, 다른 내면이 그 동일한 외양으로 있을 수도 있다. 그런 의미에서 리히텐베르크가 한 말은 옳다. '관상가가 한 인간을 정말로 낚아채듯 알아냈다고 해 보자. 그 인간이 앞으로 천 년을 두고 자기를 불가해한 인물일 수 있게 하는 데는 단지 용기 있는 결단이면 충분할 것이다.'"(Hegel, The Phenomenology of Mind, p. 345[헤겔, 『정신현상학 1』, 임석진 옮김(한길사, 2005), 341쪽]).

로 꽉 들어찬 것처럼 보인다. 사람의 관찰 가능한 행동에 의해서만 제공되는 정보를 바탕으로 중요한 결정을 내려야만 하는 상황을 피하기 위해서, 혈액과 모발 샘플, 신용과 의료 기록, 지문 등을 우리는 사용한다.[30]

이 장치 중 어떤 것들은 다른 것들보다 더 잘 작동한다. 하지만 완벽한 것은 없다. 우리는 아직 영화 〈가타카〉(1997)에서 묘사된 미래에 살고 있지 않는 것일지도 모른다. 영화의 주인공 빈센트는 그의 의도에 관하여 타인들을 속이기 위해 혈액과 모발 샘플을 위조한다. (정확을 기하자면, 그는 그의 유전적 정체성에 관하여 타인들을 속인다. 하지만 빈센트의 세계에서 유전적 정체성은 의도와 동의어이다. 그것은 사람이 무엇을 야망하여야 하는지 그리고 사회 안에서 그리고 타인들과의 관계 안에서 무엇을 자신의 자리로 생각해야 하는지를 결정하는 것으로 가정된다.) 그렇지만, 저 공상과학적 계기는 우리 세계의 한 중요한 사회 인지적 자질을 정말로 포착한다. 몸의 어떤 측면들이 본질적인, 위조 불가능한, 의도성에서 자유로운 것이라고 주장하려고 하는 문화적 제도들과 겉보기에 연기 불가능한 몸의 저 측면들조차도 연기하는 방법을 찾아내는 개인들 사이에서 항상적인 군비 경쟁이 지속되고 있다.[31]

---

30 마가렛 탤벗(Margaret Talbot)은 이렇게 말한다. "우리가 너무나도 형편없는 거짓말 탐지기이기 때문에, 완벽한 거짓말 탐지기에 대한 꿈을 우리는 계속 품고 있는 것일지도 모른다. 올해 2월 매사추세츠주 케임브리지에서 열린 속임수 연구에 대한 학술대회에서 정신과 의사이자 하버드대 학장인 스티븐 하이먼은 '진실과 속임수를 구분하는 어떤 테스트를 — 어떤 의미에서는 과학이고 뭐고 — 갖고자 하는 믿기 힘든 갈증'에 대해 말했다."("Duped," p. 54).

31 다시금, 이 인지-진화론적 통찰을 주디스 버틀러에서 페기 펠런에 이르기까지 문화이론가들의 작업과 비교할 것. 이들은 끊임없이 후퇴하는 기의로서의 몸, 신뢰할 수 있는 의미의 영원토록 논쟁이 되는 저장소로서의 몸에 대해 광범위하게 다루었다. 예를 들어, "살아 있는 연기하는 몸은 기호학적 교차들의 중심이며, 이는 연기 사건을 지각하고, 해석하고, 기록할 수 있도록" 해 주는 반면에, 우리는 "언어가 필요하지 않은 어떤 장소"로, "자기가 누구인지와 자기가 무엇을 보는지 사이에 언어적이고 시각적인 구분"이 없는 "상상의 낙원"으로 되돌아가기를 갈망한

실생활 디스토피아에서 온 한 가지 기억. 1980년대에 나는 대학에 가기 위해서는 시력 검사가 필수라는 것을 알게 되었다. 세부적인 것들은 기억나질 않는다. 그렇지만 소비에트 러시아에서는 근시가 심하다는 것 때문에 많은 활동이 가로막혔다. 운전면허 취득하기, 어떤 스포츠에 참여하기, 외과 수술 없이 아이 낳기(분만 중에 망막이 분리될 수 있다고 여겨졌다), 그리고 듣자 하니, 모스크바국립대학교^{MGU}에서 공부하기. 대학 지원서를 작성하기 시작했을 때, 적어도 우랄산맥 나의 고향에서는 그렇게들 말하였다. 아니, 난 전투기 조종사가 되려는 게 아니었거든. 나는 저널리즘 전공을 원했다.

시력 검사가 진행되는 동안 나는 허용 가능한 수준의 근시를 위조할 방법을 찾아야 했다. 시력 검사표를 입수하여 — 어떻게 입수하였는지 기억이 나질 않는데 — 기억법을 이용하여 달달 외웠다. 즉 나는 짧은 시를 지었다. 첫 행에 두 단어, 둘째 행에 세 단어, 셋째 행에 다섯, 넷째 행에 다섯, 기타 등등. 모든 단어는 검사표 문자로 시작. 지금도 나는 그 엉터리 시를 외우고 있다. 그래서 러시아 시력 검사표가 석유 가격과 법 집행관 같은 그 나라의 다른 변화에 발맞추지 못했을 가능성이 있다면, 아마 지금도 나는 자동차를 운전하고, 테니스를 치고, 대학에 갈 자격이 있는 사람으로 통할 수 있을 것이다.

그 어마어마한 MGU에 나는 정말로 들어갔으며, 대체로 어이가 없었던 교육을 받는 것으로 끝을 맺었다. 그래서 나의 계획은 틀림없이, 어느 정도로는, 작동하였다. 비록 안과 의사를 방문하였던 일에서 나는 아무런

다는 펠런(Phelan)의 관찰을 생각해 보라("Reciting the Citation of Others," pp. 15, 29). 몸을 언제나 구성된 것으로서 그리고 언제나 연기된 것으로서 보는 견해에 대한 저항의 일부는 우리가 애호하는 정보 출처인 몸이 종종 우리가 몸을 신뢰하는 정도에 정비례하여 신뢰할 만하지 않게 되는 그 짜증 나는 세계 안에 어떤 확실성의 지대들을 새겨놓는 것이 가능해야만 한다는 일체의 희망을 거스르는 우리의 희망하기로부터 올 수 있다는 것을 또한 생각해 보라.

세부도 기억하지 못하지만 말이다. 그렇지만 내가 정말로 기억하는 것은 ─ 그리고 바로 그것 때문에 이 이야기를 나는 말하고 있는 것인데 ─ 겉보기에 위조 불가능한, 겉보기에 본질적인 저 물리적 속성을 위조하겠다고 내가 얼마나 단단히 결심하고 있었는가이다. 나의 몸에 대한 그들의 읽기를 바탕으로 나의 미래를 그들이 결정하기를 원했다면, 근시를 가진 사람이 무엇을 할 수 있으며 할 수 없는지에 대한 그들의 임의적 가정들이 아니라 나의 의도들에 맞는 방식으로 그들이 그 몸을 볼 수 있도록 나는 만들 것이다.

따라서 한 사람에 관하여 본질적인 무언가에 대한 명백한 증거를 위해 몸을 읽는 모든 노력에는 그러한 읽기를 하고 있다고 가정된 그 마음을 조종하려는 반대 노력이 있을 것이다. 그 반대 노력은 실패할 수도 있다. 하지만 노력이 부족해서는 아니다. 몸의 의미를 고정하려는 자들과 그 의미를 고정하려는 마음에 영향을 미치려는 자들 사이의 군비 경쟁은 상이한 역사적 맥락에서 상이한 형태를 띨 것이다. 하지만 그것은 욕심 많은 마음 읽는 이들 문화의 불가피한 특징처럼 보인다.[32]

결론: 알기와 아니 알기

우리는 늘 마음을 읽으며, 하지만 우리의 읽기가 틀릴 가능성에 노출된 채로 있다. 이처럼 특이한 설정이 놓여 있다고 할 때, 우리의 문화적 표상들로부터 우리는 무엇을 기대해야 하지? 물론 이 큰 질문에 책 한 권으로 답할 수는 없다. 하지만 출발점으로, 다른 사람들이 무엇을 생각하고 있는지

---

32 캐서린 갤러거와 스티븐 그린블랫이 『신역사주의 실천하기』에서 말하듯, 몸은 언제나 "일종의 '스포일러'로 기능하며 (…) 그것이 표상되는 방식들을 좌절시키거나 초과한다"(Gallagher and Greenblatt, *Practicing New Historicism*, p. 15).

를[33] 우리가 아는 동시에 아니 아는 세계에서 산다는 것이 무엇을 의미하는지 단계적으로 고찰해 보자.

첫째, 관찰 가능한 행동 뒤에 반드시 어떤 마음 상태가 있다고 우리는 가정한다. 가령 너는 모임 중간에 누가 벌떡 일어서는 것을 본다. 그의 행동의 의미를 알아내려고 하되, 그의 추정되는 마음 상태를 말하지 않으면서 그렇게 하라. 예를 들어, 이렇게 말하지 않으면서: 그는 아이디어가 떠올랐다, 갑자기 그는 무언가가 기억났다, 얼마나 높이 뛰어오를 수 있는지 그는 알고자 한다, 앉아 있던 좌석에서 날카로운 무언가를 느꼈다, 뱀을 보고 그는 겁이 났다, 모두가 깨어 있는지를 알아내기를 그는 원하였다.

행동 뒤에 반드시 어떤 마음 상태가 있다는 우리의 믿음 그 자체는 사람들을 우리가 지각하는 방법을 반영하는 인지적 인공물이다. 저기 있는 나의 동료가 그를 뛰어오르게 만든 어떤 생각, 느낌, 또는 감정을 진실로 그리고 실제로 가지고 있었는지의 문제는 상대적으로 안 중요하다.[34] 중요한 것은 그 뛰어오름이 밑에 깔린 마음 상태를 우리에게 신호한다는 것이다.[35]

둘째, 행동 뒤에 반드시 어떤 마음 상태가 있다는 것을 설사 우리가

---

33 또한 우리 자신이 무엇을 생각하는지를(Palmer, *Fictional Minds*를 볼 것).
34 이것을 "지향적 자세"에 대한 대니얼 데닛의 견해에 대한 배런-코언의 묘사와 비교할 것. "유기체의 머릿속에 마음 상태 같은 것이 실제로 있는지의 문제에서 데닛은 어느 쪽으로도 확언하지 않는다. 우리가 그것들을 귀속하는 것은, 단순히, 그렇게 하는 것이 다른 유기체를 합리적 행위자로 취급할 수 있게 해주기 때문이다"(Baron-Cohen, *Mindblindness*, p. 24).
35 SF 영화에서는 이 뛰어오름이 그 사람 몸 안에 자석이 심겨 있으며 지구인을 자기들 비행선으로 끌어 올리기 위해 그런 자석을 사용하는 외계인들에 의해 그가 당겨졌다는 것을 의미할지도 모른다는 것을 나는 인정한다. 그렇지만 두 가지 점에 유의하라. 그의 행동에서 마음 상태를 읽어내려는 우리의 즉각적 경향성을 상쇄하기 위해서 나는 정말 기이한 시나리오를 생각해 내야만 했다. 마음 이론이 없는 설명들은 분명 꽤 많은 노력이 필요하다. 더 나아가, 나의 설명은 실제로는 완전히 마음 이론이 없는 설명이 아니다. 나는 지향성을 전적으로 제거하는 데 성공하지는 못했다. 단지 나는 인간에게 의도를 귀속하는 대신 외계인에게 귀속하였다.

안다고 해도, 그 상태가 무엇인지를 우리는 실제로는 아니 안다. 심지어 가장 투명해 보이는 행동이라고 해도 그 뒤에 다른 무언가가 진행되고 있을 가능성이 항상 있다. 우리의 생각이 상황에 맞지를 않았고 관찰 가능한 행동 때문에 우리의 그 생각이 주변 사람들에게 폭로되는 일이 없었던 ─ 또는 그랬기를 우리가 희망하는 ─ 경우들을 우리는 기억할 수 있다. 이런 경우 우리는 스스로에게 말한다. "정말 다행이야, 우리는 서로의 마음을 읽을 수 없어, 그래서 그들은 나의 머릿속에서 무슨 일이 진행되고 있는지 알 방도가 없지."

셋째, 다른 사람들이 무엇을 생각하고 있는지를 설사 우리가 실제로 알 수 없다고 해도, 어느 정도는 안다는 가정하에 일상의 삶을 우리는 영위한다. 인지 문학비평가 엘렌 스폴스키의 관련 논의에서 말을 빌리자면, 우리의 일상적 마음 귀속들은 "충분히 좋다".[36] 저 여자가 저 특정한 역도 기구를 향해 단호하게 걸어가면서 실제로 무엇을 생각하고 있는지 분명 나는 완전히 확신할 수는 없다. 하지만 그녀가 지금 당장 그것을 사용하려 한다고 가정하는 것이 과거에도 내게 도움이 되었고 미래에도 도움이 될 것 같으며, 이는 앞으로 5분 동안 내가 다른 기구를 이용하는 것이 좋을 것임을 의미한다. 간단하지만 쓸만한 이러한 해석들이 하루하루를 살아갈 수 있게 해준다. 인지 진화인류학자 당 스페르베르의 말을 인용하자면, "타인들을 이해하려고 일상적으로 노력하면서 우리는 부분적이고 사변적인 해석(타인들이 우리와 다를수록 더 사변적인 해석)을 가지고 그럭저럭 꾸려나간다. 일체의 불완전성과 불확실성에도 불구하고 이런 해석은 우리가 ─ 우리 개인들, 우리 집단들이 ─ 더불어 살아갈 수 있도록 도와준다."[37]

주변 사람들이 실제로 무엇을 생각하고 있는지를 멈추어 서서 알아내려

---

36 Spolsky, *Satisfying Skepticism*, p. 7; and Spolsky, "Darwin and Derrida," p. 52.
37 Sperber, *Explaining Culture*, p. 38[당 스페르베르, 『문화 설명하기』, 김윤성, 구형찬 옮김(이학사, 2022), 68~69쪽].

고 노력한다면, 우리는 사회적으로 무능력해질 것이고, 가능한 해석들에 압도될 것이고, 어떤 행동 경로에도 전념할 수 없게 될 것이다. "정말 다행이야, 우리는 서로의 마음을 읽을 수 없어!"의 순간을 우리가 알아차리는 것도 우리의 일상적인 비반성적 마음 귀속 가운데서 그 순간이 튀어나오기 때문일 것이다. 그러한 마음 귀속의 경로를 그 순간이 중단시킨다. 그 순간 우리는 **충분히 좋은** 마음 귀속 — 즉 그러한 상황에서 사람들이 생각하고 있을 것 같은 것 — 을 예기치 않은 **정확한** 마음 귀속 — 즉 그러한 상황에서 내가 실제로 생각하였던 것 — 과 병치하지 않을 수 없다.

넷째, 우리는 행동 뒤에 반드시 마음 상태가 있다는 것을 알고서 돌아다니기 때문에, 그리고 그 상태가 무엇인지를 마치 아는 것처럼 행동하는 순간에도 실제로는 아니 알기 때문에, 앎과 아니 앎의 이 불안정한 상태를 문화적 표상들이 이용한다. 한 작가는 남편이 사고로 죽었다는 소식으로 제정신이 아니어서 주인공이 긴장성 혼미 상태에 **빠진다**고 우리가 생각하도록 만들고는, 나중에 가서 그녀가 갑작스러운 자유로 인한 행복으로 압도되었기 때문에 움직일 수가 없었다는 것을 드러낸다.[38] 한 화가는 미소 짓는 여자를 그리고는, 그 미소를 해석할 아무런 맥락도 우리에게 주지 않으며 그리하여 그녀의 생각에 우리가 영원히 궁금해지게 만든다. 한 스탠드업 코미디언은 그의 문화권에서 사람들이 진지할 것이라고 강하게 기대되는 다양한 맥락들을 — 이 진심 어린 경우들 각각에 적합한 몸 언어를 가지고서 — 이용하여 결국 그의 관객들을 너무나도 어리둥절하고 회의론적인 상태로 몰아넣으며, 그래서 그가 실제로 암으로 인한 신부전으로 사망하였을 때 사람들은 안 믿는다.[39] 몸 안에서 "진실된" 마음을 더 많이 찾을수록, 그것을 찾을 수 있다는 희망은 줄어든다. 하지만 모든 스크린, 모든 무대, 모든 페이지가 새롭게 보는 방법을 제공한다.

---

38 [옮긴이] 케이트 쇼팽의 단편 「한 시간 이야기」를 말하는 것 같다.
39 적어도 처음에는 안 믿는다. 그래, 앤디 카우프만 이야기다.

2장

여기서는 새로운 개념이 소개된다 | 한 공포증이 밝혀진다 | 육두문자가 뻔뻔한 얼굴을 내민다(하지만 프랑스인들이 죄를 덮어쓴다) | 프레더릭 웬트워스가 본심을 드러낸다 | 엘리자베스 베넷이 다아시 씨를 거절한다 | 브리짓 존스가 경쟁자에게 승리를 거둔다 | 톰 존스가 눈앞에 무엇이 있는지를 볼 수 없다 | 그리고 저자는 그녀의 가장 가깝고 가장 사랑하는 사람들이 무엇을 생각하고 있는지 아무 단서도 없다는 것을 인정한다.

무엇을 네가 생각하고 있는지 나는 알아, 다아시 씨!

체화된 투명성

제인 오스틴의 소설 『설득』(1816)은 한 여자의 이야기를 들려준다. 스물일곱이고 미혼이고 불행한 여자. 사랑을 하였으나 8년 전 설득을 당해 포기한 남자가 있는 곳으로 갑자기 떠밀려 들어와 있는 자신을 그녀는 발견한다. 그 남자에 대해 그녀의 친구들이 가졌던 반대들(가난하고 사회적 인맥이 없다는 것)은 지금 고려할 가치가 없다. 영국 해군에서 그는 아주 성공적이고 수익성 좋은 경력을 쌓았다. 하지만 너무 늦었다. 그녀에게 더 이상 그는 관심이 없다. 대신 용기와 확신을 가진 사람을 찾는다. 근시안적 지지자들에게 좌우되지 않는 사람을. 어쩌면 또한 더 어린 사람을.

또는 그렇다고 앤 엘리엇은 생각한다. 의기소침한 그녀는 그녀를 향한 웬트워스 대령의 행동을 고작 정중한 무관심으로 읽을 준비가 너무너무 되어 있다. 그들이 서로를 볼 때면, 그런데 이는 앤의 친척 머스그로브 부부의 집에서 늘 일어나는 일인데, 그는 행복하고, 자신에게 만족하고, 정중하다는 인상을 나이 든 다른 아무 지인들에게나 주듯 그녀에게도 주는 것이다:

> 흥겹고 기쁨이 넘치는 파티였다. 그리고 웬트워스 대령만큼 그 시간을

즐기는 사람도 없는 듯 보였다. 그가 한껏 고양되어 보이는 것도 무리는 아니라고 그녀는 느꼈다. 모든 사람의 관심과 존경을 한 몸에 받고 있는 데다 특히 모든 젊은 여성들의 주목을 받고 있었으니 말이다. (…) 그렇게 보편적이고 열렬한 찬양을 받으면서 좀 의기양양하게 굴었기로 누가 그를 이상하다고 하겠는가?

이런 것들이 조금도 실수하지 않고 자신의 연주를 의식도 하지 않으면서 기계적으로 손가락을 놀리던 반시간 동안 앤의 머릿속을 오간 생각들이었다. 한 번은 그가 자신을 바라보고 있다고 느꼈다. 아마도 그녀의 얼굴이 어떻게 변했는지 차근차근 뜯어보고 있었으리라. 한때 자신을 매혹했던 얼굴의 잔해를 찾아보려고 말이다. 그리고 한 번은 그가 틀림없이 자신에 대해서 말했다는 것을 알아챘다. 대답이 들려올 때까지는 거의 의식도 못 했지만. 하지만 대답을 듣고 나서 그가 파트너에게 엘리엇 양은 춤을 안 추느냐고 물어보았다는 것을 알 수 있었다. 대답은 "오! 아니, 절대. 춤은 아주 포기했어. 오히려 연주를 했지. 지치지도 않고 피아노 연주를 하지."였다. 한번은 그가 그녀에게 말을 걸기도 했다. 춤이 끝나고 그녀가 피아노 앞을 잠시 비웠을 때 그가 머스그로브 씨 자매에게 곡조를 알려주기 위해 피아노 앞에 앉아 있었던 것이다. 그녀는 전혀 의식하지 않고 그쪽으로 돌아왔는데, 그가 그녀를 보고 바로 자리에서 일어서면서 짐짓 공손한 태도로 말했다.

"미안해, 부인, 여기는 너의 자리지." 그녀가 아니라고 단호하게 말하며 곧 비켰지만, 그 말도 그를 자리에 다시 앉히지는 못했다.

앤은 다시는 그 같은 눈길과 언사를 마주하고 싶지 않았다. 그의 냉정한 공손함과 의례적인 예절보다 더 나쁜 것은 없었기 때문이다.[1]

---

1 Austen, *Persuasion*, pp. 66~67[제인 오스틴, 『설득』, 전승희 옮김(민음사, 2017), 109~110쪽].

그렇지만 모호한 공손함과 정중함이라는 프레더릭 웬트워스의 일반적 정동과는 날카롭게 대비되는 파티 순간이 있다. 정확히 무엇을 그가 생각하는지 알고 있다고 앤이 느끼는 순간. 한 지점에서 머스그로브 부인이 죽은 아들 리처드에 대해 그에게 말한다. 리처드는 그의 휘하에 복무하였고, 장래성 없고 부주의하기는 했어도 분명 웬트워스 대령의 지휘를 받을 때는 좀 더 성실하게 행동하였다:

"가엾은 녀석!" 머스그로브 부인이 말을 이었다. "너의 보살핌을 받는 동안 그는 그렇게 착실하게 성장하였고 편지도 꾸준히 써 보냈어! 아, 그가 너를 절대 안 떠났더라면 얼마나 좋았을까! 정말이지 너, 웬트워스 대령, 그가 너를 떠났던 것이 우리는 정말 안타깝다."

이 말을 듣는 웬트워스 대령의 얼굴에는 어떤 순간적 표정이 있었다. 밝은 눈동자의 어떤 번득임과 잘생긴 입꼬리의 올라감. 그것들이 앤을 확신시켰다. 그가 아들에 관한 머스그로브 부인의 다정한 소망을 공유하기보다는 필시 그를 제거하기 위해 애썼을 거라는 것을. 하지만 그것은 앤만큼 그를 잘 이해하는 사람이 아니면 알아차리기 어려운 아주 **짧은** 순간의 자기 재미 탐닉이었다. 다음 순간 그는 침착함과 진지함을 완벽하게 되찾고, 거의 곧이어 앤과 머스그로브 부인이 함께 앉아 있던 소파로 다가와 머스그로브 부인 곁에 앉아서 그녀의 아들에 대해 낮은 목소리로 대화를 나누었다. 부모라면 느낄 수밖에 없는 감정 중에서 실제적이고 지나치게 부조리하지 않은 모든 감정에 대해 자연스럽고도 우아한 태도로 친절하게 공감을 표시했다. (pp. 63~64[102~103쪽], 강조는 추가)

생각과 감정을 단지 추측만 할 수 있는 이 장 나머지의 프레더릭과 본의 아닌 표정과 미소로 인해 앤에게 투명하게 드러나는 이 구절의 프레더릭 사이에는 놀라운 대조가 있다. 딕 머스그로브를 프레더릭이 높이 평가하지 않는다는 것과 그 젊은이의 어머니에게서 그가 이를 숨기기를 원한다는 것을 앤은 안다. 이 완벽한 접근의 순간은 순식간에 종료된다— 위의 긴 인용에서 그것이 얼마나 순간적인지를 강조하는 구절들을 나는 강조하였다— 그렇지만 오랜 친밀함의 아픔을 가지고 앤이 알아차리라고 그것은 거기 있다.

허구 서사들 안에서 캐릭터의 몸 언어가 캐릭터의 감정을—프레더릭 웬트워스가 그렇듯 특히 다른 사람들에게 그 감정을 숨기기를 원할 때—본의 아니게 누설하는 순간을 묘사하기 위한 특별한 용어를 나는 생각해 내었다. 그것을 나는 체화된 투명성embodied transparency이라고 부른다. 내가 믿기로는, 그러한 순간들로부터 독자로서 우리가 끌어내는 즐거움을 가장 잘 설명할 방법은 그것들이 우리의 마음 이론에게 무엇을 하는지 생각해 보는 것이다. (이야기 내부의 캐릭터들에게 그것들이 무엇을 하는지는 다른 문제다. 많은 캐릭터가 그런 순간들을 알아차리지도 못한다.) 일상생활에서는 품귀 상태에 있어 절대 많이 얻을 수 없는 어떤 것을 체화된 투명성의 사례들이 우리에게 제공한다. 즉 복잡한 사회적 상황 안에서 다른 사람의 마음으로의 완벽한 접근의 경험. 그렇게 그 순간들은 틀림없이 우리의 마음 이론 적응들에는 엄청나게 기분 좋은 경험일 것이다. 그 적응들은 몸을 통하여 마음을 읽도록 진화하였지만 오독 및 그에 따른 사회적 실패의 가능성과 항상 씨름해야 한다.[2]

체화된 투명성은 허구가 우리의 마음 읽기 적응들을 사로잡는 많은 방법 중 하나에 불과하다. 『우리는 왜 허구를 읽는가*Why We Read Fiction*』에서 내가 주장하였듯, 마음 이론은 우리가 알고 있는 바로서의 허구를 가능하게 만든다.[3] 허구 작품을 읽는다는 것은 허구 캐릭터들에게, 작가에게, 자기

---

[2] 문화적 표상들이 우리의 진화된 인지 적응들에 미치는 효과에 대한 중요하면서도 더욱 폭넓은 한 가지 논의로는 Bloom, *How Pleasure Works*[폴 블룸, 『우리는 왜 빠져드는가?』, 문희경 옮김(살림, 2011)]를 볼 것.

[3] 허구 서사의 향유에서 마음 읽기의 중심성은 인지심리학에서 진행 중인 연구들에 의해 계속해서 증명되고 있다(가령, Barnes, "Fiction and Empathy" 그리고 Barnes

자신에게 마음 상태를 귀속한다는 것이다—이 세 가지 유형의 귀속의 정확한 균형과 배열은 특정 작품의 장르와 스타일에 달려 있다.[4]

허구와 마음 이론에 대한 이전의 더 폭넓은 논변이 체화된 투명성에 대한 현재의 논변과 공통으로 가지고 있는 것이 있는데, 그것은 사회적인 것을 강조한다는 것이다. 마음 이론은 실생활 사회적 상호작용들에 수반된 마음 상태들을 추적하기 위해 진화했다. 하지만 어떤 수준에서는 우리의 마음 이론 적응들은 실제 사람들의 마음 상태와 허구 캐릭터들의 마음 상태를 안 구별한다.[5] 허구 서사들은 우리의 배고픈 마음 이론에 먹을 것을 제공한다. 세심하게 공들인, 감정적으로도 미학적으로도 눈을 뗄 수가 없는, 마음 읽기 기회들로 가득한 사회적 맥락들을 우리에게 제공한다. 따라서 페이지 위의 마음들을 뒤쫓는 일이 제공하는 즐거움은 상당한 정도로 사회적 즐거움이다—우리의 삶이기도 한 사회적 게임에서 우리가 유능한 경기자로 남아 있다는 환영적이지만 만족스러운 확인.

하지만 바로 그렇기에 내가 여기서 하는 일은 『우리는 왜 허구를 읽는가』에서 내가 했던 일과는 다르다. 모더니즘 소설, 믿을 수 없는 서술자unreliable narrators를 등장시키는 소설, 그리고 탐정 소설이 우리의 마음 읽기

---

et al., "Reading Preferences"). 그렇지만 그러한 연구들은 자폐증을 가진 개인들, 특히 "저기능"으로 분류되면서 타이핑을 통해 소통하는 법을 배운 개인들이 제공하는 입력에서 이득을 볼 수도 있을 것이다. 논의로는 Savarese and Savarese, *Autism and the Concept of Neurodiversity*를 볼 것.

4 앨런 팔머가 말하듯이, "소설 읽기는 마음 읽기이다. 허구는 이런 방식으로만 이해될 수 있다"("Storyworlds and Groups," p. 182).

5 다른 곳에서 이 견해를 경미한 직업적 위선의 사례가 될 정도로 길게 고찰하였으므로(나의 "Cognitive Alternatives to Interiority"를 볼 것), 여기서는 다만 우리 주변의 사람들에게 우리가 허용하는 마음 상태 역량과 동일한 역량을 캐릭터들에게도 허용하지 않는다면 허구를 이해할 수 없다는 것만을 지적하려고 한다. 좋든 싫든 간에 우리는 허구 캐릭터들을 마음 이론을 가진 것으로 지각하며, 따라서 이런저런 가설적 상황에서의 그들의 마음 상태에 대해서 실제 사람들의 마음 상태에 대해서와 마찬가지로 추측하지 않을 수가 없다.

적응의 균형을 계속 깨뜨리면서 그 적응과 놀이한다는 것을 그 책에서 나는 보여주었다. 즉 그러한 소설들은 다른 마음 상태들 안에 전략적으로 삽입된 마음 상태들을 뒤따르면서 얻어낸 정보의 진릿값을 계속 저울질하게 하고 또다시 저울질하게 한다. 예를 들어, 캐릭터 A가 캐릭터 B를 배신하였다고 B가 생각하기를 C가 원한다, 하지만 캐릭터 C의 동기에 대해 우리는 확신이 없으며 따라서 C가 B에게 정직한지 알지 못한다. 그리하여 『우리는 왜 허구를 읽는가』는 마음 상태의 조종이 우리 안에 유도하는 **불확실성**에 초점을 맞춘다: 캐릭터들이 서로의 마음 상태를 조종한다, 서술자가 독자의 마음 상태를 조종한다, 기타 등등.

하지만, 체화된 투명성이 산문 허구에는 상대적으로 드물다면, 영화, 뮤지컬, 회화, 리얼리티 쇼 같은 시각 매체에는 풍부하게 있다. 그렇기에 마음에 이르는 직통로로서 몸에 초점을 맞추게 되면 다양한 문화 현상들을 바라보는 새로운 방법들이 열리게 된다. 이 더 넓은 견해에서 흥미로운 것은 체화된 투명성을 묘사하기 위한 얼마나 많은 "규칙들"이 장르들을 가로질러 옮겨가는 것으로 확인되냐는 것이다. 이 장의 나머지에서는 허구 속 이 규칙들에 대해 말할 것이고, 5장부터 10장에서 있을 시각 표상들에 대한 나의 논의를 위한 무대를 마련할 것이다.

허구 속 체화된 투명성은 실제 삶의 체화된 투명성과 어떻게 다른가?

실제 삶에서는 절대 충분하게 못 얻는 타인들의 마음에 대한 직접 접근을 체화된 투명성의 허구적 순간들이 제공한다고 내가 주장할 때, 관찰 가능한 타인들의 몸 언어를 바탕으로 그들이 무엇을 생각하거나 느끼는지를 실제 삶에서는 결코 직관하지 못한다는 것을 뜻하는 것은 아니다. 물론 우리는 직관한다! (또는, 결국 같은 말이지만, 적어도 그렇다고 우리는 생각한다.) 오히려, 허구가 정기적으로 제공하는 것은 직접 접근과 사회적 복잡성의 조합인데, 실제 삶에서는 그 조합을 거의 절대로 못 만난다는 것을 뜻하는 것이다.

 이것을 이런 식으로 생각해 보라. 실제 삶에서는 사회적 복잡성과 투명성의 상관관계가 부정적이다. 상황이 사회적으로 복잡할수록—즉 그것을 파악하기 위해 더 많은 마음 상태들을 우리가 뒤좇을 필요가 있을수록—투명한 몸 언어처럼 보이는 것도 오해석할 가능성이 더 크다. 허구에서는 상관관계가 긍정적이다. 극단적으로 얽히어 있는 사회적 상황을 만들어 놓고는, 몸이 마음을 온전히 드러내는 지점으로 작가들이 캐릭터들을 데리고 간다.

 그렇기에 소설에서는, 캐릭터 R에 대하여 그리고 동시에 캐릭터 R에 대한 캐릭터 M의 감정에 대한 적절한 감정적 반응에 대하여 캐릭터 W가 무엇을 생각하고 있을지를 자기가 안다고 캐릭터 A가 생각하기 때문에, 캐릭터 W가 시선을 올리고 "잘생긴 그의 입꼬리"를 어떤 방식으로 감아올릴 때 무엇을 캐릭터 W가 생각하고 있는지를 자기가 안다고 독자들은 믿는다.[6] 반면에 실제 삶에서는, 사람 W가 시선을 올리고 반쯤 미소를 짓는 것을 우리가 관찰할 수도 있고 심지어 R를 향한 M의 태도에 대해 그가 어떻게 느끼는지를 알고 있을 수도 있지만, 이 특정 경우 W의 몸 언어를 잘못 읽을 기회들이 여전히 너무나도 많이 있기에, 그의 마음속에서 정확히 어떤 일이 진행 중인지를 우리가 안다고 생각한다면 우리는 소박하거나 아니면 망상적일 것이다. R에 대해 M이 말하는 것에 그가 재미있어한다고 우리는 생각하지만, 실제로는 그의 개가 새 장난감을 얼마나 좋아하는지를 생각하고 있을지도 모른다.

 그래서 우리의 일상적 삶에서 체화된 투명성의 경우들을 우리가 찾을 때, 대체로 우리는 사회적으로 빈곤해진 상황, 즉 ("X에 대해 A가 알기를

---

6 [옮긴이] 앞에서 예로 든 『설득』의 체화된 투명성 장면을 말한다. M=머스그로브 부인, R=부인의 죽은 아들 리처드, W=웬트워스, A=앤.

B가 아니 원한다고 A가 생각하기를 C는 원한다"에서처럼) 다른 마음 상태 안에 삽입된 다른 마음 상태 안에 삽입된 마음 상태의 귀속을 요구하지 않는 상황을 내놓는다. 나는 서비스 데스크를 씩씩하게 지나쳐 체육관을 빠져나온다. 하지만 그러다가 사물함에 자전거 헬멧을 두고 온 것을 잊었다는 것을 깨닫는다. 뒤돌아서 환심을 사려는 미소를 지으며 나는 데스크로 다가간다. 그냥 내가 들어가게 해주기를, 나의 배낭에서 체육관 회원증을 뒤질 필요가 없기를 희망하면서. 내가 나가는 것을, 그러다가 갑자기 멈추고는 돌아서는 것을 서비스 데스크에 있는 여자는 틀림없이 지켜보았을 것이다. 내가 설명을 시작하기도 전에, 그녀는 고개를 끄덕이면서 "뭐 잊었지?"라고 말하고는 나를 들여보내 주니까. 지난 10초 동안 나의 몸 언어는 그녀에게 완전 투명하였다. 하지만 체화된 투명성의 이 사례는 단지 두 개의 마음 상태만을 내포한다 — 잊은 물건을 내가 **되찾아오기를** 원한다는 것을 그녀는 안다 — 그래서 그것은 지루하다. 소설로 쓸 것이 없다.

실생활 속 체화된 투명성의 명백한 생리학적 사례들도 잊지 말자. 가령 재채기, 발기와 오르가슴,[7] 트림, 방귀 뀌기, 뜨거운 난로를 잘못 건드렸다가 손 떼기 등등. 다시금, 더 많은 마음 상태를 그것들에 더하지 않는 한 그것 중 어느 것도 흥미롭지 않다. 하지만 그렇게 할 경우 투명성은 증발하고 만다.

오르가슴을 예로 들자. 한편으로 에로스적 사랑은 체화된 투명성을 위한 강력한 맥락을 창조하는 것처럼 보인다(실로 내밀함이라는 용어 그 자체가, 우리의 문화에서 현재 사용되는 바로서, 이 완벽한 접근의 이상을

---

[7] 에세이스트 필립 로페이트가 주는 단서를 가지고서 우리는 체화된 투명성의 특별히 성적인 표현들의 목록을 한층 더 확장할 수 있다. 로페이트가 말하듯, 그로서는 "축 늘어진 자지의 진술인 '나는 너를 원하지 않아'의 힘은 너무나도 엄연하고, 너무나도 잔인하게 직접적이어서, 그것의 실제 발생률과는 전혀 어울리지 않게 계속해서 매혹을 발휘한다"(Lopate, "Portrait of My Body," p. 333).

반영하는 것처럼 보인다). 다른 한편으로 오르가슴은 위조될 수 있으며, 그렇지 않더라도 여전히 "연기"될 수 있다, 즉 시각적으로나 청각적으로 더 표현적이게 만들어질 수 있다. 그것이 어떻게 상황의 마음 읽기 역학을 바꾸는지를 보자. 자신의 오르가슴 연기를 의식적으로 강화하는 사람은 파트너의 마음을 조종하려고 시도하고 있다 — 즉 자신이 X를 느낀다고 그가 믿기를 그녀는 원한다. 역으로, 파트너는, 그러한 연기의 가능성을 의식하면서, 오르가슴을 느끼고 있는 사람이 정말로 "그것을 뜻하는지" 아니면 그녀가 X를 느낀다고 그가 믿기를 그녀가 원하는 것인지 궁금해할 수도 있을 것이다. 으악! 상황의 복잡성은 투명성을 희생하면서 증대된다 — 실제 삶에 달라붙는, 하지만 허구에서는 피할 수 있는, 제로섬 게임.

일상의 체화된 투명성의 다른 사례들을 계속 찾다 보니 — 서비스 데스크에서 말없이 이해하기, 뜨거운 난로에서 손 떼기, 재채기, 진짜 솔직한 오르가슴 같은 것 말고 — 아기들과 반려동물들에게로 나는 눈을 돌리게 된다. 아기들은 사회적 복잡성과 투명성 사이의 절충점을 보여주는 한 매혹적인 사례를 분명 나타낸다. 배가 고프거나 배가 아파서가 아니라 들어서 안아주기를 원해서 5개월 된 아기도 울음으로써(그리하여, 수용적인 관객을 위해 고통과 괴로움을 본질적으로는 "연기"함으로써) 부모를 조종할 수 있기는 하지만, 그래도 아기들은 여전히 대부분의 시간 동안 매우 투명하다. 한 살짜리 아기가 공에 손을 뻗으면, 그 공은 바로 아이가 원하는 것이다. 방을 가로질러 공을 향해 나설 때 그 아기의 목적 집중은 정말 놀라운 광경이다. 15개월 아기가 저 책이 아니라 이 책을 읽어달라고 고집할 때 그가 그렇게 하는 것은 부모에게 어떤 방식으로 인상을 남기고 싶기 때문이 아니라 — 즉 그가 X를 생각한다고 그의 부모가 생각하기를 그가 원하기 때문이 아니라 — 지금 당장 읽어주기를 그가 절대적으로 원하는 것이 바로 이 책이기 때문이다. 그가 미소를 지을 때 그는 그것을 뜻하는 것이다. 그가 웃을 때 그는 분명 그것을 뜻하는 것이다.

옥시토신의 효과에서부터 문화적 전통에 이르기까지, 사람들이 왜 아기들을 좋아하는지는 분명 많은 이유가 있다. 하지만 체화된 투명성의 이 역량이 아기들에게서 우리가 취하는 기쁨에 기여한다고 나는 믿는다. 우리의 마음 이론 적응들은 실제 — 즉 안 가장된 내지는 안 연기된 — 감정을 목격할 가능성을 감지할 때 최대 활동을 시작하는 것처럼 보인다. 그리고 아기들은 거의 항상 그들 감정의 투명성을 가지고서 우리의 주의를 고정시키는 경향이 있다.

어떤 사람에게 "아이 같아"라고 말하면서 주는 칭찬 밑에 무엇이 깔려 있는지를 또한 생각해 보라. 그렇게 할 때 우리는 보통 저 개인의 감정적 반응들의 직접성과 신선함을 지칭한다. 순수함을, 척하기의 결핍을 우리는 평가한다. 하지만 이 칭찬 밑에 깔린 것은 (만약 그것을, 우리가 의식적으로 인식하고 있을 관점은 아닐, 마음 읽기 관점에서 정면으로 바라본다면) 그들의 감정적 반응을 우리가 읽을 수 있다고 우리가 느낀다는, 그리고 그것을 우리가 좋아한다는, 것이다.

반려동물들은 종종 실생활의 체화된 투명성을 우리에게 제공할 수 있다. 고양이들보다는 아마도 개들이 더 많이(고양이 주인들이 동의하지 않을 수도 있겠지만). 어떤 도마뱀들은 감정에 따라 피부색을 바꾸기 때문에 기쁨의 반려동물이다.

이 마지막 사례들이 보여주듯, 처음부터도 특별히 깊지 않았던 통의 밑바닥에 이제 이르렀다. 실제 삶은 체화된 투명성이 문제일 때 인색하거나 아니면 사회적으로 그다지 흥분되지 않는다. 만약 그렇지 않다면 — 즉 만약 실제 삶에서 사회적으로 복잡한 체화된 투명성을 우리가 정기적으로 만날 수 있다면 — 투명성을 특징으로 하는 허구 이야기들은 아무 기회도 없었을 것이다. 다른 사람들이(그리고 우리 자신들이) 서로 상호작용하면서 자신들의(그리고 우리 자신들의) 감정을 경이롭게 정보적인 방식으로 드러내는 것을 뚫어져라 지켜보는 것에 머물렀을 것이다. 하지만 현 상황에서는, 아무리 우리가 지켜보고 있더라도, 우리가 실제로 얻을 수 있는 체화된 투명성은 책이나 영화에서 얻을 수 있는 것과는 비교가 되질 않는다.

하지만 실제 삶이 인색하기 그지없는 따분한 것이라고 한다면, 허구는, 그리고 특별히 영화들은—자극적이면서도 사회적으로 풍요로운 투명성의 저장고들은—우리에게 무엇을 하지? 페이지 위, 무대 위, 스크린 위 체화된 투명성을 소비하는 것이 우리의 일상생활에서 체화된 투명성에 대한 우리의 욕구를 더욱 예민하게 만들어주는가? 주변의 사람들을 지금보다 더 투명한 것으로 우리는 지각하기 시작하는가? 아니면 읽기 쉬운 몸들을 꾸준히 제공해 주는 쇼들과 이야기들에 우리는 중독되는 것일까?

후자는 확실히 그렇다고 나는 생각한다. 그리고 전자는 그럴 수도 있겠지만, 그것을 시험할 방법을 나는 모르겠다. 리얼리티 TV를 많이 시청한 후에 사람은 주변 사람들이 자신들의 감정을 종종 무심코 드러낸다는 것을 더 잘 믿게 된다는 것을 증명하는 실험은 그러한 쇼들을 시청하는 것의 장기적인 사회적 효과에 대해 말해주는 바가 많지 않을지도 모른다.

복잡한 사회적 상황에서 체화된 투명성이 소설, 영화, 텔레비전 쇼 등에서만 존재하는 한 가지 이유는 우리의 의식이 작동하는 방식과 관련이 있을지도 모른다. 허구적 표상들이 투명성의 환영을 성공적으로 창조할 수 있는 것은 허구적 마음들이 원리적으로 완전히 인식 가능하기 때문이며, 반면에 실제 삶에서는 자신의 마음이나 타인의 마음을 완전히 인식한다는 바로 그 생각이 문제적이다.

너의 마음을 "실제로" 안다는 것이 무엇을 뜻하지? 진화심리학자 로버트 커즈번이 놀라운 최근의 책 『왜 모든 사람은 (나만 빼고) 위선자인가』에서 보여주듯이, 그것은 그 악명높은 데카르트적 극장(철학자 대니얼 데닛이 도입한 개념: 너의 "마음"이 무엇을 하고 있는지를 관찰하고 있는, 너의 의식의 중심에 있는 난쟁이 "너"[8])의 한 판본에, 의식조차 하지 않으면서, 동의하는 것을 의미한다. 하지만, 현재 전시 중인 감정 중 어느 것이 "실제"이

---

8 Dennett, *Consciousness Explained*, p. 107을 볼 것[『의식의 수수께끼를 풀다』, 유자화 옮김(옥당, 2013), 150쪽].

고 어느 것이 다만 근사치로 실제이거나 순전히 위조인지를 결정하는 뇌 안의 극장 같은 것은, 또는 집안의 가장 좋은 좌석의 "너" 같은 것은, 없다.

이보다도 더 나쁠 수 있다. 나의 뇌의 부분들은 서로 소통하지 않는 것처럼 보인다 — "뇌는 정보의 어떤 부분들이 뇌의 다른 부분들과는 떨어져 있도록 디자인되어 있을 수도 있다" — 그리고 뇌는 "상이하고 상호 모순적인 견해들을 동시에 가질 수 있다".[9] 다시 말해서 의식은 시종일관 간극투성이에다가 불연속적이고[10] 내부로부터든 외부로부터든 어떤 종류의 완전한 내성 내지는 "투명성"도 잘 수용하지 않는다. (다시금 우리는 복잡한 사회적 상황들에 대해 말하고 있다; 도끼를 든 살인자를 보고 필사적으로 비명을 지르는 사람은 내부로부터도 외부로부터도 투명하다.)

하지만 사람이 몇 개의 모순된 견해들을 동시에 가지고 있을 수 있다면, "실제" 감정을 드러낸다고 추정되는 몸 언어가 사실상 무엇을 드러낼 수 있지? 무심코 드러난 감정이 의식적 수준에서 존재한다고 가정한다면 — 즉 그 사람이 이 감정들을 자각하고 있다면 — 그녀가 자각하고 있는 것이 그녀가 안 자각하고 있는 것보다 더 "실제"는 아니기에 우리는 곤란에 처한다. 또한 무심코 드러난 감정이 그 사람이 조금도 안 자각하는 감정들이라고 가정한다면, 이것들이 그녀의 "실제" 감정이라고 어떻게 말할 수 있지?

저것을 하도록 무엇이 그녀를 사로잡았지? 이것을 하도록 무엇이 나를 사로잡았지? 나는 모른다. 너무 이상하고, 너무 무의미하고, 너무 안 어울리는 우리 자신이나 다른 사람의 이런저런 행동 배후에 있는 마음 상태를

---

9 Kurzban, *Why Everyone (Else) Is a Hypocrite*, pp. 44, 21[로버트 커즈번, 『왜 모든 사람은 (나만 빼고) 위선자인가』, 한은경 옮김(을유문화사, 2012), 69, 38쪽].

10 이것을 Ellen Spolsky의 놀랍도록 시대에 앞선 책 *Gaps in Nature*에 있는 논변과 비교할 것.

우리가 결코 온전히 이해하고 있지 않을 수도 있다는 심히 불편한 깨달음을 우리는 때로 직면한다. 커즈븐이 말하듯, "너도 나와 같다면, '왜 그렇게 했어?'라는 질문에 '나도 전혀 모르겠어'라고 너는 종종 — 그리고 아주 정직하게 — 대답한 적이 있을 것이다."[11] 우리의 마음 이론은 불연속적인 의식을 다룰 수 있도록, 그리고 이 불연속성으로부터 오는 행동을 다룰 수 있도록, 장비가 아주 잘 갖추어져 있지는 않다.

하지만, 장비가 갖추어져 있건 없건, 마음 이론은 절대 그만두지 않는다. 그래서 우리는 계속해서 설명을 생각해 낸다 — "분명, 내가 그것을 했을 때 X를 원했던 것이 틀림없어!" "오, 그가 이것을 했을 때 Z를 생각하고 있었던 것이 틀림없어!" — 그 설명들이 공허하게 울리더라도 말이다. 우리는 본질주의로 돌아설 수도 있다: "그가 이런 식으로 행동한 것은 그가 바로 이런 사람이기 때문이지." 하지만 본질주의적 사고 역시 그다지 만족스럽지 않다. 왜냐하면 그것은 우리의 마음 이론을 차단하려고 하기 때문이다. 잘 해봐, 행운을 빌게! 최선을 다하여 본질주의적 노력을 하는 가운데도, 우리가 고려하지 않았으나 불가해한 행동을 설명할 수 있을 어떤 동기나 욕망이나 생각이 있을 수 있는지를 우리는 여전히 계속해서 궁금해한다.[12]

허구 캐릭터들은 안 그렇다. 캐릭터가 예측 불가능할 수도 있고 그녀의 의식이 불연속적으로 보일 수도 있겠지만, 어떤 사람이, 어딘가에서, 어떤 특정 상황에서, 그 의식에 대한 특권적 통찰을 갖는다거나 갖고 있었다는 직관을 우리가 놓아버리기는 어렵다.[13] 어떤 이야기가 허구라고 표식이

---

11 Kurzban, *Why Everyone (Else) Is a Hypocrite*, p. 5[18쪽]. 중요한 관련 논변은 Carruthers, *The Opacity of Mind*를 볼 것.
12 본질주의적 사고에 대한 논의로는 Zunshine, *Strange Concepts*를 볼 것.
13 물론 어떤 저자가 자신의 캐릭터들이 무엇을 생각하고 있는지 아무 단서도 가지고 있지 않다고 주장할 수 있을 것이다. 하지만 이것은 우리가 추상적일 때 기꺼이 믿는 그런 종류의 주장이다. 구체적 마음 읽기 미스터리에 직면하기 전까지는 믿는. 예를 들어, 찰스 킨보트가 젬블라를 꾸며낸 것인지 아니면 실제로 젬블라가 존재하는지를 정말로 나바코프가 알지 못한다고 너는 생각해? 자신은 알지 못한다고

될 때(이는 출처-모니터링을 위한 인지적 적응들을 이용하는 복잡한 문화적 과정인데),[14] 그것은 배후에 어떤 마음이 놓여 있는 이야기로 지각된다. 그것의 저자의 마음. 저자가 익명이거나 안 알려져 있다고 해도 그렇다.[15] 그렇기에 그 이야기 속 캐릭터들의 마음은, 적어도 원리적으로는, 인식 가능한 것이 된다. 그래서 저자가 체화된 투명성의 몇몇 순간들을 섞어 넣는 경향이 있다면, 이 투명성은 실생활의 투명성에서는 있을 수 없는 방식으로 믿을 수 있는 것일 수가 있다.

(이 마음 아는 저자에 대한 실생활 유비는 물론 신이다. 어떤 사람이 어떤 일을 왜 했는지 네가 가늠할 수가 없다면, 그래도 너는 너의 배고픈 마음 이론에 뼈다귀 하나 던져줄 수는 있다. "그가 그것을 했을 때 그가 무엇을 생각하고 있었는지를 오직 신만이 알겠지!"라고 말함으로써. 하지만 너의 개인적 우주에 신이 허용되지 않는다면, 너의 마음 이론도 운이 다한 것이다.)[16]

그가 말했지만 나는 그를 안 믿는다. 철학자 콜린 맥긴이 설득력 있게 말했듯이, "허구 캐릭터들은 자신들이 가지고 있다고 표상된 그 마음 상태들을 갖는다. 이에 대한 기본적 이유는 허구 캐릭터들이 저자들이 그들이 갖고 있다고 말한 정신적 내지는 물리적 특징들을 갖기 때문이다. 반대로 실제 사람들은 그들이 주장하는 마음 상태를 안 갖고 있을 수 있다. 그들이 갖는다고 네가 생각하는 마음 상태를 그들이 갖는다는 것은 언제나 한낱 가설일 뿐이다"(*The Power of Movies*, p. 122).

14   자세한 논의로는 Zunshine, *Why We Read Fiction*, 특히 pp. 71~72를 볼 것.
15   마음 이론이라는 맥락에서 바르트와 푸코의 "저자의 죽음" 개념에 대한 논의로는 Zunshine, *Why We Read Fiction*, pp. 66~67을 볼 것.
16   "[작가의] 방해받지 않는 시야, [허구적] 행위자의 마음 가장 깊은 곳까지 꿰뚫어 봄, 시간과 공간 안에서의 자유로운 움직임, 과거와 미래에 대한 앎 같은 신 같은 특권들"에 대한 스턴버그(Sternberg)의 관찰과 비교할 것(*Expositional Modes*, p. 257). 또한 Yu, *Rereading the Stone*, p. 166; 그리고 Booth, *The Rhetoric of Fiction*, p. 3을 볼 것.

산문 허구에서 체화된 투명성을 위한 세 가지 규칙

산문 허구에서 체화된 투명성의 순간을 구성하기 위한 세 가지 "규칙"이 있는 것 같다. 첫째 규칙은 대조이다: 캐릭터의 투명성이 다른 캐릭터나 조금 전이나 후 같은 캐릭터의 상대적 투명성 결여와 대비하여 예리하게 돌출하는 맥락을 작가는 쌓아 가야 한다. 둘째 규칙은 일시성이다: 투명성의 사례들은 그럴듯하여지려면 잠깐이어야 한다. 셋째 규칙은 자제이다: 캐릭터들은 대개 자기감정을 숨기려고 분투하며, 그렇게 함으로써 투명해진다.

이 규칙들은 절대적이지 않다. 금방 보여주겠지만, 어떤 장르들은, 가령 동화라든가 믿을 수 없는 서술자를 등장시키는 이야기들은, 그 규칙들을 아주 자주 위반한다. 하지만 허구 안에서 체화된 투명성의 사례처럼 보이는 것을 만나면 이 규칙들을 점검해 보는 것이 가치가 있다고 제안할 수 있을 정도로는 충분히 일관적이다. 즉 준수되건 위반되건 그 규칙들은, 흥미롭게 독특한 방식으로, 어떻게든 일을 해낸다.

이 규칙들의 기원은 무엇일까? 대조의 필요는 허구 서사가 시각인지로부터 물려받은 것일 수 있다. 눈에 호소하는 어떤 예술이건 기울기gradients를 일구어내야만 한다. 미술사가 에른스트 곰브리치가 말하였듯, "갓 부화한 병아리들조차도 인상들을 연관성에 따라서 분류한다."[17] 따라서 어쩌면, 우리가 읽는 것을 우리가 시각화하는 한에서, 캐릭터들을 상대적 용어를 통하여 생각하는 것은(예를 들어, 그는 그의 친구보다 더 행복해 보인다; 그녀는 그녀의 여동기들보다 키가 더 크다; 그의 얼굴은 그녀의 얼굴보다 더 표정이 풍부하다) 이미지의 감성적 호소력을 높인다.[18]

---

17 Gombrich, *Art and Illusion*, p. 298.[『예술과 환영』, 차미례 옮김(열화당, 2003), 281쪽. 곰브리치는 여기서 지각 심리학자 제임스 깁슨을 참조하고 있다. "실제로 최근에 J. J. 깁슨은 (…) 망막 그 자체를 빛의 개별 자극들에 반응하는 것이 아니라 그것들의 연관성, 즉 기울기에 반응하는 기관으로 묘사했다. 우리는 갓 부화한 병아리들조차도 인상들을 연관성에 따라서 분류한다는 것을 보았다."]

일시성에 대한 강조는 매일매일의 마음 읽기 습관과 직접 관련이 있어 보인다. 어떤 사람이 주변 사람들에게 순간적으로 투명해 보이는 한 맥락을 상상해 보자. 그리고 투명성이 연기演技로 바뀌기 전까지 이 투명성이 얼마나 오래 버티어낼 수 있는지 너 자신에게 물어보라.

가령 네가 나를 잘 안다고 해보자. 그리고 쥐를 내가 끔찍하게 무서워한다는 것을 안다고. 공공장소 어딘가에서 나의 발 근처 바닥을 가리키면서 누군가가 "쥐!"라고 외친다. 보나 마나 나는 비명을 지를 것이다. 그 순간, 무엇을 내가 느끼는지 네가 안다고 너는 아주 확신할 수 있다: 두려움, 혐오감, 그리고 어디로건 그 쥐한테서 멀리 떨어지고 싶은 바람. 바로 그때 나는 투명할 것이다— 즉 실제 삶에서 사람들이 투명할 수 있는 것만큼 투명할 것이다. 하지만 1초 이상으로 내가 계속 비명을 지르거나 공포에 질린 모습을 보인다면, 처음에는 투명성으로 시작하였던 것이 연기로 바뀌어버릴 가능성이 높다. (나의 비명이 술 취함이나 신경쇠약의 표시가 아니라면— 그 경우 나는 여전히 투명하다—하지만 변경된 마음 상태가 고유의 범주를 형성한다.) 즉 비명을 지속함으로써 내가 다른 사람에게 어떤 방식으로 인상을 주려고 노력하고 있는 것일 수 있다: (여자들에게서 약함의 내보임을 매력으로 나의 문화가 간주한다면) 어쩌면 약하고 여성적이라는 인상을 주고 싶은 것일 수도 있다; 아니면 단순히 모든 사람의 관심을 끌고 싶은 것일 수도. 하지만 나의 동기가 무엇이건, 그것이 무엇인지를 너는 안 확신하는데, 이는 내가 더 이상 안 투명하다는 것을 뜻한다.

허구 캐릭터들도 마찬가지다. 캐릭터가 더 오래 투명해 보일수록, 더더욱 그 캐릭터는, 자신의 몸 언어를 자신의 마음 상태를 나타내는 것으로 다른 캐릭터들이 읽고 있다는 것을 알고서는, 그들의 생각을 조종하려고 하는 것일 수가 있다. 맨정신의 캐릭터가, 극심한 생명 위협의 상황이

---

18 제인 오스틴의 대조 사용에 대한 시사적 논의로는 월록(Woloch)의 *The One vs. the Many*, 1장, "Narrative Asymmetry in *Pride and Prejudice*"를 볼 것.

아닌 상황에서, 꾸밈으로 변질되어 다시금 불투명해지기 전에, 투명하게 보일 수 있는 아주 짧은 순간의 기회가 있다.

일시성에 대한 필요의 다른 측면은 윤리이다. 다른 캐릭터가 지켜보고 있는 가운데 어떤 캐릭터가 투명함 속으로 강제되어 들어가고 이 모든 것이 너무 오래 계속된다면, 관찰자는 곧 사디즘적이라고 지각될 것이다. 그리고 네가 작가이고 너의 주인공이 공감적인 인물로 남아 있기를 원한다면, 다른 누군가의 투명함의 광경을 주인공이 즐기기 시작하는 상황 안에 그 주인공을 너는 놓지 않는다. (『오만과 편견』의 최초 청혼 장면을 나는 곧 논의할 것인데, 거기서 자신의 화와 충격을 감추려는 다아시 씨의 고투를 지켜보면서 엘리자베스가 — 그 고투의 순간이, 따라서 투명성이, 분명 아주 잠깐이었지만 — "끔찍함"을 느낀다는 것을[19] 오스틴은 우리에게 확실히 말해둔다.)

이는 실제 삶에서 일어나는 일을, 즉 몸이 사람의 감정을 다른 사람들이 완전히 보는 가운데 폭로할 때 — 가령 어떤 사람이 갑자기 울음을 터뜨리거나 격렬하게 얼굴을 붉힐 때 — 일어나는 일을, 흥미로운 방식으로 반영한다. 그와 같은 상황에 사람들은 맥락에 따라 다양한 방식으로 반응하기는 하지만, 한 가지 쉽게 알아볼 수 있는 반응은 시선을 돌리거나 적어도 시선을 돌리는 척하는 것이다. 이 반응은 이런 것을 함축하는 것 같다. 즉 사람들은 그들의 얼굴이 자기 의지에 반하여 감정을 "누출"할 때 사회적으로 불리한 처지에 놓이게 되며, 그렇기에 다른 사람들이 그러한 취약함의 순간을 이용하여 "누출하는" 사람의 실제 감정에 대해 무언가를 알아내고 나중에 그 사람을 다룰 때 그 지식을 이용하는 것은 잘못이다.

누출 현상은 심리학자들에게 많은 논란이 되어왔다. 어떤 이들은 그것이

---

19 [옮긴이] 맥락상 다아시가 끔찍하다는 뜻이 아니라 다아시의 고통 상태가 끔찍하다는 뜻으로 읽어야 한다. 그 투명한 그 마음 상태의 긴 노출은 다아시에게 가학적이었을 것이다.

실제로는 존재하지 않는다고 생각한다. 즉 사람들은 분명 울음을 터뜨리거나 얼굴을 붉히는 등 비자발적인 몸 언어를 내보인다. 하지만 "진정한" 마음 상태에 대해 이 언어가 주장만큼 그렇게 정보적인 것은 아닐 수도 있다. (이 견해는 "진정한" 감정이라는 개념에 대한 커즈번의 좀 더 포괄적인 의문 제기와 양립 가능하지만 동일하지는 않다.) 그렇기에 심리학자 앨런 J. 프리들런드는 진화적 관점에서 자연 선택이 "신호자에게 해로운" 정보를 제공하는 신호 시스템을 선호할 것이라고 기대하는 것은 말이 되지 않는다고 주장하며, "드러냄은 일반적으로 사람이 감정적일 때 반드시 발생해야 하는 것이 전혀 아니고 드러내는 사람에게 가장 이로움을 줄 때 발생해야 한다"라고 주장한다.[20]

다시 말해서, 사람이 비자발적으로 감정을 내보일 때 그 사람을 빤히 쳐다보는 것을 금지하는 사회 규칙은 마음에 대한 정보의 유일무이하게 가치 있는 출처라고 하는 몸에 대한 우리의 편향된 견해에 기초하고 있다. 이 견해는 마음 읽는 종으로서의 우리의 진화 역사를 반영하고 있을지도 모른다(즉 수십만 년 동안 우리는 마음 상태에 대한 정보를 위해 몸을 읽어왔으며 여전히 아주 많이 그렇게 하고 있다). 하지만 이 견해는 마음 상태에 대한 직접적 접근을 제공하는 몸 언어의 실제 능력을 과대평가하고 있을지도 모른다.

따라서 작가들이 체화된 투명성을 다른 캐릭터들이 오래 관찰하지 못하도록 잠깐 동안 유지할 때, 감정을 누출하는 몸들이 사회적으로 취약하다는 우리의 직관을 그들은 따른다. 이 직관은 아마 어느 정도까지만 정확할 것이다— 사회적 취약성은 "드러내는 사람에게 가장 이로움을" 주기 위해 분명 전략적으로 드러낼 수 있다— 하지만 허구 서사들은 이 관습적 견해를

---

20   Fridlund, "Evolution and Facial Action," pp. 30, 21, 37. 또한 Seyfarth and Cheney, "Signalers and Receivers"; Russell et al., "Facial and Vocal Expressions of Emotion"; Barrett et al., "On the Automaticity of Emotion"; Ekman, "Strong Evidence"; 그리고 Ekman and Fridlund, "Assessment of Facial Behavior in Affective Disorets"를 볼 것.

고수하는 경향이 있다. 몸이 한 사람의 마음에 이르는 특권적 경로로 지각되는 한, 공감적 캐릭터가 다른 사람의 투명성에 마음껏 머무는 것을 작가들은 허락하지 않으려 할 것이다. 그리고 공감적 캐릭터라면 그러한 비정한 욕망을 여하튼 품지 않을 것이다.

끝으로, 자제의 규칙은 복잡한 마음 상태에 대한 우리의 직관적 매혹됨과 관련이 있을지도 모른다. 자기 몸 언어를 다른 사람들이 읽으려고 노력하고 있다는 것을 자각하고 있으며 그렇기에 자기 마음 상태에 대한 그 사람들의 지각에 영향을 주기 위해 몸 언어를 제어하려고 시도하는 캐릭터들은 그것을 그냥 다 방출하는 캐릭터에 비해 더 흥미로운 것으로 다가온다. 자제는 3차 수준 마음 상태 삽입을 필요로 한다(예를 들어, "무엇을 내가 느끼는지를 그녀가 아는 것을 나는 안 원한다"). 그리고 다른 곳에서 내가 말했듯이, 이 수준의 "사회 인지적 복잡성"을 함양하는 문화적 표상들을 우리가 특히 즐거운 것으로 여기는 것일지도 모른다.[21]

화 감추기

『설득』에서 가져온 두 구절 기억나는가? 한 구절에서 저자는 전지적 서술의 특권을 이용하여 한 캐릭터(앤 엘리엇)가 무엇을 느끼는지 우리에게 말한다. 다른 구절에서 저자는 한 캐릭터(프레더릭 웬트워스)를 체화된 투명성 상태로 강제로 밀어 넣어, 그의 몸이 그의 진정한 감정을 **보여주게** 만든다. 말하기와 투명하게 만들기의 또 다른 그와 같은 병치가, 이제는 오스틴의 『오만과 편견』(1813)에서 가져와서, 여기 있다.

다아시 씨는 엘리자베스 베넷에게 사랑한다고 말한다. 그러고는 그녀에게 결혼해달라고 청한다. 그의 청혼은 다정히 수락되질 않는다. 대화가

---

21 Zunshine, "1700-1775"; 그리고 Zunshine, "What to Expect"를 볼 것.

그림 2. 1996년 BBC 제작 〈오만과 편견〉 첫 청혼 장면에서 엘리자베스 베넷 역의 제니퍼 엘.

진행될수록 두 주인공 모두 화가 난다. 그렇지만 주목해. 엘리자베스의 화는 전지적 서술자로부터 단지 우리가 듣기만 한다. 하지만 다아시 씨의 화와 그것을 감추려는 시도를 우리는 실제로 본다.

 엘리자베스에 대한 사랑을 억누르려고 "애를 써보았지만 소용이 없[었던]" 다아시 씨의 고백, 그녀의 환심을 사려는 뜻 같지만 그녀에게는 모욕스럽게 여겨지는 고백을 듣고 있는 엘리자베스가 여기 있다.

 그에 대한 뿌리 깊은 혐오감에도 불구하고, 그녀는 그런 사람의 사랑이라는 영예에 무심할 수는 없었다. 그래서 비록 그 청혼을 거절하려는 뜻에는 한순간도 흔들림이 없었지만, 그럼에도 처음에는 그가 받게 될 고통을 생각하고 안 됐다는 생각이 들기도 했다. 그러나 그녀의 동정심은 이어진 그의 언사로 인해 분노 속에 용해되고 말았다. 그래도 그녀는

그림 3. 1996년 BBC 제작 〈오만과 편견〉 첫 청혼 장면에서 다아시 씨 역의 콜린 퍼스.

그가 말을 마친 뒤 대답할 작정으로 꾹 참고 있었다.[22]

엘리자베스는 마음을 가라앉히는 데 완전히는 성공하지 못한다. 다아시 씨의 연설이 끝날 때쯤, "그녀의 뺨에 색깔이 피어[오른다]"(그림 2). 하지만 고조된 색깔이 그 자체 화의 표시는 아니다. 그것은 다양한 감정 상태를 나타내는 것으로 해석될 수 있다. 어떤 것은 심지어 구혼자를 기분 좋게 해주려는 것으로. 이와는 대조적으로, 청혼에 대한 엘리자베스의 반응을 들은 뒤에 다아시 씨는 화가 나는데, 그의 감정으로의 직접적인 분명한 접근을 그의 몸이 제공한다(그림 3):

---

22 Austen, *Pride and Prejudice*, p. 129[『오만과 편견』, 윤지관, 전승희 옮김(민음사, 2003), 268쪽].

> 벽난로 선반에 기대선 채 그녀의 얼굴에 시선을 고정시키고 있던 다아시 씨는 놀람 못지않게 분함을 느끼면서 그녀의 말들을 받아내는 듯 보였다. 그의 안색은 분노로 창백해졌다. 그의 마음의 소란은 특징 하나하나가 눈에 보였다. 그는 평정의 겉모습을 되찾기 위해 투쟁하고 있었다. 그리고 스스로 평정을 되찾았다고 확신할 때까지 입을 열지 않으려 하였다. (p. 129[269쪽], 강조는 추가)

우리의 세 규칙이 이 장면에서 작동하는 것을 관찰하라(그리고, 앞서 논의된 『설득』의 구절들에도 적용하라). 우선, 다아시 씨의 투명성을 구축하러 들어가는 대조들을 주목하라. 지금 그는 엘리자베스보다 더 읽기 쉽다. 그뿐 아니라 소설 속 이전의 그 자신과 조금 전의 그 자신보다 더 읽기 쉽다. 방금 인용한 구절의 첫 문장에서, 그는 놀람 못지않게 분함을 느끼면서 그녀의 말들을 받아내는 듯 보인다고 묘사된다. 즉 그 지점에는 그의 몸 언어를 오해석할 가능성이 아직은 있다: 그는 분하고 놀란 듯 보인다, 하지만 실제로는 그렇지 않을 수도 있다. 그리고 나서 그다음 문장은("그의 안색은 분노로 창백해졌다 (…)") 그의 몸이 그의 마음을 완전히 그리고 충실히 반영한다는 데 대한 아무 의심도 남기지 않는다. 내적 투쟁의 시간이 지나고(자제의 규칙이 작동하고 있는 것을 관찰하라!) — 그것은 그를 여전히 투명하게 남겨놓는다, 즉 그 내적 투쟁은 엘리자베스의 눈에 보였다 — 다아시는 "평정의 겉모습"을 획득한다, 또는 획득했다고 믿는다. 대조들의 이 신속한 연속, 보임^{seeming}에서 있음^{being}으로 그리고 다시 보임으로의 이 변화는 — 그는 분해 보인다; 그는 화나 있다; 그는 투쟁하고 있다; 그는 차분해 보인다 — 완벽한 접근의 순간이 오래 지속될 수 없다는 인상을 낳으며, 그로써 자생적 감정에 사로잡힌 몸을 보는 것에 대한 우리의 알아봄을 예리하게 만든다.

엘리자베스가 다아시의 내적 투쟁을 지켜보는 동안 엘리자베스에게 시간이 느려진다는 것을 물론 오스틴은 강조한다 — "그 멈춤이 엘리자베스의 감정에는 끔찍하였다"(p. 130[269쪽]) — 하지만 이 멈춤이 실제로는 그다지 오래 갈 수 없었다는 것을 우리는 안다. 짧음은 또한 그것을 윤리적으로 방어할 수 있게 해준다: 다아시 씨가 가장 투명한 지점에서 다아시 씨를 지켜보는 일을 엘리자베스가 즐긴다고 생각하기를 우리는 원하지 않는다.[23]

그건 그렇고 분노는 캐릭터가 억제하려고 투쟁할 것 같은 감정들 가운데 특히 흥미로운 감정이다. 사회심리학자 라리사 Z. 티덴스가 증명하였듯이, 분노는 "억제할 경우 실제로 소속감을 증진시킬 수 있는 몇 안 되는 감정 가운데 하나처럼 보인다 (…) 어떤 사람이 분노를 내보이는 일을 억제하는 경우에 사람들은 그 사람을 더 좋아한다."[24] 허구 작가들은 상호 개인적 역학을 직관적으로 포착하는 가운데 항상 심리학자들을 앞질러 왔다. 여기서 오스틴이 그것을 다시 해낸다. 우리는 다아시 씨를 좋아한다. 우리는 지난 200년 동안 그를 좋아해 왔다. 하지만 지금, 인지심리학과 사회심리학에서의 연구의 발전과 더불어, 그의 일체의 오만과 우월 의식에도 불구하고 그를 매력 있는 캐릭터로 만드는 데 기여하는 작은 세부들을 새롭게 비추어 볼 수 있다.[25]

---

23 이것을 『투명한 마음들』에 나오는 E.T.A. 호프만의 『벼룩대왕』에 대한 콘의 논의와 비교할 것. 콘이 말하기를, 호프만의 이야기에서 "제목의 현미경 마법사는 사람 친구 페레그리누스 튀스에게 작은 마법 렌즈를 준다. 그 렌즈를 동공에 삽입하면 그가 만나는 모든 동료 인간들의 머릿속을 들여다볼 수 있고 그들의 숨겨진 생각을 알아낼 수 있다. '인간의 내밀한 자아를 지배하기에 그 자아를 들여다보는 영원한 존재'에게만 정당하게 속하는 지력을 그에게 주는 이 '파괴할 수 없는 안경'을 페레그리누스는 곧 저주한다"(3). 페레그리누스는 "모든 동료 인간들"을 무한히 지속될 수 있는 체화된 투명성의 상태로 들어가게 만든다 — 이 특권적 접근 때문에 페레그리누스가 불행해지는 한에서 해소될 수 있는 윤리적으로 방어할 수 없는 상황. 관련된 논변으로는 Spolsky, "Elaborated Knowledge"를 볼 것.

24 Tiedens, "Anger and Advancement"(Butler and Gross, "Hiding Feelings," p. 114에서 인용).

그렇다고 화를 숨기는 일이 모든 허구적 맥락에서 매력처럼 작용한다는 말이 아니다. 자신의 분노를 억제하려고 투쟁하는 모든 캐릭터에게 우리가 자동으로 마음을 빼앗기게 되는 것은 아니다. 오히려 그러한 억제의 순간은, 다른 수사학적 기법들과 연동하여 전략적으로 사용될 때, 한 캐릭터에 대한 우리의 좋아함을 증가시킬 수 있는 것이다. (또는 심리학적 기법이라고 말해야 할지도 모르겠는데, 왜냐하면 수사학적인 것이란 우리의 인지적 성향들에 대한 능숙한 말 조종이 아니라면 무엇이겠는가?)

실망 감추기

좀 더 최근의 소설, 헬렌 필딩의 『브리짓 존스의 애인』(1999)에 나오는 체화된 투명성 사례가 여기 있다. 투명성을 취급하는 필딩의 방식은 특별히 흥미롭다. 왜냐하면 일인칭 관점에서 쓰였고 젠더와 소통이라는 이슈에 집착하고 있는 필딩의 소설은 브리짓의 감정 및 그녀들 둘러싼 여자들의 감정을 분명 속속들이 보고하고 있기 때문이다. (오스틴의 전통에서는 — 오스틴의 『오만과 편견』은 『브리짓 존스의 일기』와 『브리짓 존스의 애인』에 영감을 주었는데 — 남자들의 마음은 전략적으로 모호하게 남아 있다.) 체화된 투명성의 특별한 순간들이 전혀 필요해 보이지 않는다. 하지만 여기서도 그런 순간들은 드물고 가치 있는 통찰의 번쩍임처럼 제시된다. 예를 들어, 스키 리조트 장면에서 브리짓은 남자 친구 마크 다아시와 매력적인 여자 레베카와 이야기하고 있다. 레베카는 브리짓에게서 마크를 훔치려는 중이다. 레베카는 마크와 브리짓을 스키 파티에 초대한다. 파티에서 그녀는 마크와 노닥거릴 기회가 더 많을 것이다. 특히 스키를

---

25 [옮긴이] 그림 3에서 다아시 씨의 얼굴에서 우리가 자제를 읽어내는 것이 서사에 영향을 받는다는 전샤인의 관찰은 9장, 238쪽을 볼 것.

잘 못 타는 브리짓을 마크와 떨어뜨려 놓을 수 있다면:

"정말 너무 재밌었어." 고글을 머리 위로 올리고 마크의 얼굴을 향해 웃으면서 레베카가 말했다. "이봐, 너희 둘 다 오늘 밤 우리와 저녁 같이하는 건 어때? 우린 산 위에서 퐁뒤를 먹은 뒤에 야간 스키를 타고 내려올 예정이거든. 아, 미안 브리짓. 넌 그냥 케이블카 타고 내려오면 되겠다."

"아니." 마크가 불시에 말했다. "내가 밸런타인데이에 없었기 때문에 오늘 저녁은 브리짓과 밸런타인데이를 함께할 거야."

레베카에게 좋은 점이 있다면, 이럴 때 얼굴에 아주 잠깐이지만 정말 기분 잡친 표정으로 속을 환히 내비친다는 것이다.

"좋아. 어쨌든 즐거운 시간 가져." 그녀는 치약 광고 미소를 휙 내보이고는 고글을 다시 쓰고 마을 쪽으로 쏜살같이 미끄러져 갔다.[26]

여기서 대조의 규칙과 일시성의 규칙이 두드러진다. 자제의 규칙에 비해 더 그렇다. 우선 레베카의 비자발적인 "정말 기분 잡친 표정으로 속을 환히" 내비침은 조금 전 그녀의 (그녀가 스키로 들뜬 기분을 억제할 수 없는 듯 보일 때의) 가짜 자생성과도 대조되며, 곧 이은 (마크의 거절을 신경 쓰지 않는다는 것을 보여주기 위해 그녀가 활짝 미소 지을 때의) 가짜 친근함과도 대조된다. 그녀의 몸이 감정을 드러내는 것은 또한 마크의 불투명성과 대조된다. 마크가 "아니"라고 말할 때 그것은 "불시에" 나타나며, 이는 그의 몸 언어 가운데 그 무엇도 그가 무엇을 말하려 하는지를 그 두 여자에게 준비시켜 주지 않았다는 것을 의미한다.

둘째, 필딩은 브리짓으로 하여금 이 드러남의 순간의 일시성에 적극적으로 우리의 주의를 끌도록 한다: 레베카는 "아주 잠깐" 동안만 기분 잡쳐

26　Fielding, *Bridget Jones*, p. 73 [헬렌 필딩, 『브리짓 존스의 애인』, 임지현 옮김(문학사상, 2015), 109쪽].

보이며, 따라서 그것을 포착하는 것은 행운이다. 실망감을 숨기려는 레베카의 분투를 등록할 수 있기에는 모든 일이 너무 빨리 일어난다. 그렇기에 우리는 그러한 분투에 대한 아무런 명시적 묘사도 아니 얻는다. 그 장면 안에서 우리는 여전히 그것을 읽어내는가? 아마도 그것은 거기에, 명시적으로 묘사되지는 않더라도, 레베카의 기분 잡친 표정과 치약 광고 미소 획 내보임 사이에 숨어서?

마법적 예외들

이제 장르 관례 덕분에 일시성 규칙을 면제받는 서사들을 생각해 보라. 가령 신화와 동화, 또는 마법 요소를 가진 현대 이야기. 예를 들어 영화 〈왓 위민 원트〉(2000)에서 멜 깁슨 캐릭터 닉 마샬은 헤어드라이어를 들고 있다가 욕조에 넘어지고 감전되어 몸이 막 흔들리는데, 그 덕분에 주변 여자들의 안에 있는 생각들을 들을 수 있게 된다. 이 환상적 전제로 인해 일시성 쟁점은 고려할 가치가 없어진다: 닉에게 여자들은 언제나 투명하다.

전기가 닉에게 해주는 일을 중세 프랑스 우화시 「보지가 말하게 만든 기사Le chevalier qui fist parler les cons」에서는 요정들이 기사에게 해준다. 요정들은 가난하지만 "용맹한" 그 주인공에게 경이로운 선물을 준다. 그는 여자들의 신체 부위들이 그 소유자의 의지에 반하여 말하도록 문자 그대로 강제할 수 있다. 요정 중 하나가 설명하듯:

> 기사님, 나의 선물은 절대 안 작거든:
> 서쪽이든 동쪽이든 어디를 가든,
> 여자나 짐승을 네가 발견하면,
> 두 눈을 그녀가 가졌다면,
> 말을 네가 걸기만 하면 그녀의 보지가

대답을 안 할 수가 없으니까

또 다른 요정이 계속 말한다:

기사님, 이 둘째 선물에 덧붙이자면,
공정하고 올바른 것인데, 만약 그 보지가
앞쪽이 막히거나 마개 꽂히어
곧바로 너에게 답을 못 하면,
지체 없이 똥구멍이 네가 허락을 하면
그것을 대신해 말을 할 거야
그 누구를 아프게나 슬프게 하든[27]

기사는 곧 백작과 백작 부인의 성에 손님으로 머물게 된다. 거기서 그는 새로운 마법의 힘을 보여줄 풍부한 기회를 얻어 여주인과 여자 하인들을 굴욕 시키게 된다. 프랑스 문학 학자 에블린 버지 비츠가 말하듯, 이 "우화시는 여자 몸의 더 아래쪽 안쪽 부분들이 말하는 것을 들으려는 (남자들의) 욕망을 — 그리고 이 부분들 편에서는, 여자들의 입과는 달리, 진실을 말하려는 욕망을 — 상연한다."[28] 다시 말해서, 몸 언어를 "진정한" 마음 상태와 서로 연결하는 것에 대한 똑같은 강렬한 관심이 제인 오스틴의 소설에서도 야한 중세 이야기에서도 체화된 투명성의 묘사를 추동한다. 그렇지만 후자의 환상적 전제로 인해 일시성은 별로 문제가 되지 않는다: 여자 주인공들이 당혹스럽게도, 그들의 아래쪽 몸 부위들이, 원리상, 아무 길이의 시간 동안이라도 의견을 늘어놓을 수 있다. 다양한 역사 시기들과 다양한 국민 문학들에서 초자연적 행위자들과 사건들을 특징으로 포함하는

---

27   Hellman and O'Gorman, *Fabliaux*, p. 111.
28   Vitz, "Tales with Guts," pp. 157~158.

이야기들에서 일시성의 규칙에 대한 동일한 무시를 발견할 것으로 나는 기대한다. 여기서 밑에 깔린 가정은 이렇다. 작가들은 언제나 체화된 투명성을 초래할 새로운 방법들을 찾으며, 또한 그들이 현실 구부리기를 허락하는 장르들을 가지고서 작업할 때면 그들은 몸을 투명하게 만들기 위해 맹렬하게 그 면허증을 사용한다. 다른 사람들이 무슨 생각을 하는지 주인공이 알 수 있게 해주는 마법이 등장하는 이야기를 우리가 읽거나 보거나 듣고 있다면, 우리는 언제나 주인공과 함께 있다—우리는 얻을 수 있는 만큼 그것을 원한다.

즉 적어도 잠시 동안은. 왜냐하면 아마도 뒤에서 윤리가 투덜대기 시작할 것이고, 또한 저자는 주인공에게 오만이라는 죄의 꼬리표를 달아야겠다고 느낄 것인데, 그렇게 되면 마법의 힘의 처벌과 폐지가 필요해진다.

투명한 몸들을 누가 보게 되지?

오스틴, 헬렌 필딩, 〈왓 위민 원트〉, 「보지가 말하게 만든 기사」 등에서 가져온 나의 사례들에 기초해 볼 때, 체화된 투명성은 이야기 자체 안에서 알아보는 관객을 언제나 발견하는 것처럼 보일 수 있다. 다아시 씨가 화가 나 보일 때, 엘리자베스가 거기 있어 그를 관찰하고 그의 몸 언어를 해석한다. 레베카가 기분 잡쳐 보일 때, 브리짓이 거기 있어 그것을 알아차린다. 헬렌 헌트 캐릭터가 광고 문구를 브레인스토밍하고 있을 때, 멜 깁슨 캐릭터가 거기 있어 그녀의 생각을 엿듣고는 직업적 이득을 위해 그것을 훔친다. 그리고 기사가 거기 있어 백작 부인의 … [이쯤 되면] 어떤 상황인지 감을 잡을 것이다. 하지만 상황은 실제로 더 복잡하다. 수많은 허구 캐릭터가 타인의 일시적 투명성을 의식하지 못하는 상태로 남아 있다. 그것을 해석할 충분한 맥락이 그들에게 없기 때문이다.

그리하여 헨리 필딩의 『톰 존스』(1749)에는 제목 캐릭터의 양아버지고결한 올워디 씨가 사랑을 "결혼 생활을 행복하게 만드는 유일한 토대"라고 말하고 있는 장면이 있다. 이 진심 어린 "설교"를 의사 블리필이라는 사람이 듣고 있는데, 그는 올워디 씨의 여동생 브리짓과 결혼할 남자의 형이다. 의사 블리필은 그의 동생이 사랑 때문이 아니라 올워디 씨의 재산을 물려받을 희망으로 결혼하려는 것을 안다. 따라서 그 선량한 남자의 이상주의적 훈계를 경청하면서 비웃음을 삼가는 데는 얼마간 노력이 필요하다. 필딩이 표현하듯, 의사 블리필은 "가끔씩 얼굴 근육이 어색하게 긴장되는 것을 막느라 진땀을 뺐다."[29]

올워디는 반쯤 억제된 이 얼굴 일그러짐을 알지 못하고 있다고 우리는 추론한다.[30] 또는 어쩌면 그것을 그는 보지만 한낱 얼굴 틱으로 지각한다. 여하튼 그에게 그것은 우리에게 그것이 갖는 것과 동일한 의미를 갖지 않는다. 우리는 의사 블리필을 바라보며, 또한 올워디가 안 보는 것을 본다. 즉 읽히는 것을 필사적으로 원하지 않고 그렇기에 읽히지 않으려는 이 소망에 있어 읽기 쉬운 어떤 몸을 본다. 그 순간 의사 블리필은 투명하다. 하지만 우리가 그의 투명성을 알아보는 유일한 관객이다.

의사의 찡그린 표정이 무엇을 함축하는지를 우리가 아는 것은 우리가 알기를 필딩이 원하기 때문이다. 이와는 반대로 한 캐릭터가 감정을 감추기 위해 찡그림 잔치를 하고 있지만 그것이 무엇을 의미하는지를 — 적어도 책 끝에 이르기 전까지는 — 우리가 알기를 필딩이 원하지 않는 또 다른 경우를 고찰해 보라.

브리짓 올워디는 정말로 블리필과 결혼한다. 결국 둘은 다 죽는다. 그들의 아들 블리필 군은 올워디 씨의 눈에 톰 존스가 나쁘게 보이도록 만드는

---

29 Fielding, *Tom Jones*, pp. 62, 63[헨리 필딩, 『톰 존스의 모험』, 최홍규 옮김(동서문화사, 2012), 44, 45쪽].
30 물론 올워디가 보기보다 더 똑똑하고 사실은 의사의 이중 게임을 적어도 부분적으로는 알고 있다고 제안할 수 있다. 이것은 매력적인 읽기이다. 하지만 텍스트 안에는 그에 대한 아무런 증거도 없다.

계략을 꾸민다. 마침내 그는 성공하고 톰은 올워디 씨의 집에서 쫓겨난다. 이후 런던으로 여행하는 동안 톰은 오래전 글로스터에서 알게 된 변호사 다울링 씨를 만난다. 두 사람은 포도주 한 병을 앞에 두고 앉았다. 어느 순간 대화는 블리필에 대한 것이 되고, 톰이 그 젊은이를 좋지 않게 여기는 것을 알게 될 때 다울링은 이렇게 말한다. "아니, 그럴 수가! 그렇다면 그런 자가 도련님 삼촌 올워디 씨의 엄청난 재산을 상속받는다는 건 유감스러운 일 아닌가."[564쪽] 톰의 대답은 — "아아, 그를 삼촌이라고 말해주니 더없는 영광이지만, 내겐 그렇게 불릴 자격이 없어. (…) 나는 올워디 씨와 아무런 관계도 아니야."[564쪽] — 브리짓 블리필이 임종 때 톰이 그녀의 혼외자이고 따라서 올워디의 조카임을 고백했다는 것을 톰이 모른다는 것을 분명하게 한다.

올월디의 재산의 어떤 부분도 상속 자격이 있다고 생각해 본 적이 없다는 톰의 정직한 공언을 들으면서 다울링은 그 앞에 있는 청년이 속임수로 가족과 재산을 빼앗긴 것임을 알아차린다. 브리짓이 임종의 자리에서 자기 고백을 올워디에게 편지로 썼을 때 다울링이 그녀와 함께 있었던 것이다. 톰이 자기 출생에 대해 여전히 모르고 있다면, 올워디 자신이나 그의 집안의 누군가가(어쩌면 블리필 군?) 그 정보를 의도적으로 숨겼다는 것을 의미한다.

자기가 들은 것에 놀라기는 했지만, 다울링은 지금 당장 진실을 밝히지는 않는다. 대신에 그는 "눈을 깜박거리거나, 고개를 끄덕이거나, 코웃음 소리를 내거나, 씩 웃거나 하며" 자기감정을 톰에게 "보이지 않으려" 애쓴다(p. 576[568쪽]). 우리는 그의 얼굴 찡그림을 보지만 그것이 무엇을 의미하는지 알지 못한다. 또다시 300페이지를 읽는 동안 우리는 톰의 태생에 대해 알게 되는 것이 없다. 책을 다 마치고서야 우리는 그 여관 장면으로 돌아가 다울링의 몸 언어가 그를 투명하게 만들고 있었다는 것을 — 읽히지 않으려는 필사적 욕망 가운데 그가 전적으로 읽기 쉽다는 것을 — 하지만 감정을 숨기려는 그의 분투를 알아볼 정도로 그 상황에 대한 충분한 지식을 가진 사람은 거기 아무도 없었다는 것을 — 깨달을 수 있다.

이 마지막 투명성 사례와 더불어 우리는 흥미로운 영토에 진입하고 있다. 캐릭터들은 전혀 보지 못하며 독자들은 소설을 다시 읽을 때야 알아볼 수 있는 투명성. 그것을 우리는 "원영화적protocinematic"이라고 부를 수 있다. 왜냐하면 영화들이 종종 하는 일이 바로 이것이기 때문이다. 영화들은 한 캐릭터의 — 다른 캐릭터들은 지각하지 못하는 — 몸 언어를 우리가 관찰할 수 있도록 만든다. 하지만 그것이 무엇을 의미했는지를 나중이 될 때까지 우리는 알지 못한다. 또는 그것을 우리는 원탐정적protodetective이라고 부른다 — 탐정 소설처럼. 왜냐하면 거기서도 비밀이 마침내 밝혀질 때, 사람들의 몸 언어를 포함하는 단서들로 되돌아가 다시 생각해야 하니까. (그리고 실로, 『톰 존스』의 곳곳에 흩어져 있는 다양한 단서들 때문에, 필딩의 소설은 탐정 서사의 초기 사례라고 불려 왔다.)

결론: 거기서 우리를 위한 것은 무엇이지?

다음 장에서는 체화된 투명성의 문학 사례들로 눈을 돌린다. 윤리적으로 뭔가 불확실한 것부터 아주 충격적인 것까지. 그렇지만 계속 나아가기 전에 고려해야 할 한 가지 실용적 문제가 있다: 이 새로운 개념을 독자들에게 들이대는 것의 이득이 무엇이지, 특히 문화비평에서 전문용어의 확산에 지친 독자들에게?

체화된 투명성 개념이 유용한 것은 장르들, 역사적 시기들, 국민적 표상 전통들을 가로지르는 공통 패턴, 우리의 불완전하고 강력한 마음 읽기 적응들에 뿌리를 둔 패턴을 깨닫게 해주기 때문이다. 육두문자를 사용하지 않고서는 묘사할 수 없는 특별한 재능을 가진 기사에 대한 중세 이야기, 멜 깁슨 캐릭터가 욕조에서 넘어진다는 설정의 영화, 참여자가 당황스러운 상황에 놓이고 그 상황이 정말 얼마나 당황스러운지 의식하게 될 때 클로즈

업으로 찍히는 리얼리티 쇼, 누군가의 언급에 대한 반응으로 한 주인공이 거의 눈에 띄지 않게 시선을 올리고 미소 지을 때 다른 주인공에게 가까이 목격되는 제인 오스틴의 소설 등을 결국 우리는 보통은 나란히 놓고 고찰하지 않을 테니.

이 다양한 서사들이 체화된 투명성의 순간을 위한 맥락을 만든다는 것을 깨닫는다고 해서 그 서사들의 역사적 고유성이나 그 서사들이 각자의 장르와 맺는 복잡한 관련성이 손상되는 것은 아니다— 그리고 왜 그래야 하지? 그렇지만 몸을 완벽하게 읽어낼 수 있다면 그것이 무엇과 같을지를 상상하려고 항상 노력하고 있는— 우리의 상상들 가운데 어떤 것들은 비웃고 있고, 다른 어떤 것들은 아쉬운 듯 한숨짓고 있는— 우리 자신의 모습을 정말로 깨닫게는 된다.

하지만, 이처럼 체화된 투명성을 반복되는 패턴으로서 이야기하는 가운데 명심해야 할 것이 있다. 체화된 투명성은 산문 허구에서 상대적으로 드물다. 캐릭터의 감정에 대한 직접적 접근을 제공하기 위해 사용되는 다른 기법들에 비교하면 특히 그렇다. 인지적 서사학자 앨런 팔머는 지적한다. "소설을 읽는 즐거움 중 하나는 다양한 허구 인물들이 무엇을 생각하고 있는지 이야기 듣는 즐거움이다. (…) 이것은 실제 삶의 업무를 잠시 덜어내는 것인데, 그 업무의 많은 부분이 타인들의 행동을 정확히 해독하는 능력을 요구한다."[31] 우리가 즉각 체화된 투명성을 보기 시작하는 게 아니라는 것이 중요하다. 그렇기에 (캐릭터의 몸이 어느 정도 세부적으로 묘사되는 경우에도) 체화된 투명성에 의지하지 않고서 "허구 인물들이 무엇을 생각하고 있는지" 이야기해 주는 작가들의 사례를 더 많이 소개하는 것으로 마무리를 지을 것이다.

"레빈은 이날 밤 부인들과 함께 있는 것이 견딜 수 없을 만큼 따분했다."

---

31 Palmer, *Fictional Minds*, p. 10; 또한 McGinn, *The Power of Movies*, p. 122도 볼 것.

이것은 『안나 카레니나』의 레프 톨스토이다. 삼인칭 전지적 서술을 사용하고 있다.[32]

"오랫동안 잠자던 양심이 깨어나기 시작했다. 나는 나의 과거를 꾸짖기 시작했다. 과거의 나는 지독한 사악함을 발휘하며 하느님의 정의감을 자극했기 때문에 하느님은 나를 이렇게 때려눕히고 앙심을 품고 다룬다는 생각이 들었다." 이것은 『로빈슨 크루소』의 다니엘 디포이다. 일인칭 서술자 기법을 사용하고 있다.[33]

"하녀가 머리를 말아주고 나간 후, 에마는 자리에 앉아 생각에 잠겼고, 참담한 기분이 되었다. 어떻게 일이 이렇게 엉망으로 꼬일 수 있을까! 모든 게 이토록 달갑지 않은 방향으로만 치닫다니! 해리엇이 받을 충격은 어찌한단 말인가!" 이것은 『에마』의 오스틴이다. 자유간접담화 기법을 사용하고 있다.[34]

"그날 밤 식당에서 스파게티 코스가 나오자 우리 모두는 포크로 너덜너덜한 국수 가닥을 찍어 올려 접시에서 떨어지기가 무섭게 입안에 집어넣거나, 쉴 새 없이 집어 올려 입안에 밀어 넣으며 몹시 빠르게 진지한 표정으로 먹었다. 짚으로 싼 4리터들이 병에서 마음껏 포도주도 따라 마셨다. 포도주 병은 금속제 받침에 매달려 흔들거리고 있어 집게손가락으로 병목을 잡아당기면 투명하게 붉고 떫은맛이 나는 훌륭한 포도주가 같은 손에 든 잔 속에 쏟아져 나왔다. 이 식사 코스가 끝나자 대위가 신부를 놀려 대기 시작했다." 이것은 『무기여 잘 있어라』의 헤밍웨이다. 캐릭터의 별 특징 없는 행동 배후에서 마음 상태를 직관하도록 독자들을 강제하는 그의 트레이드마크 기법을 사용하고 있다.[35]

---

32 Tolstoy, *Anna Karenina*, p. 335[레프 톨스토이, 『안나 카레니나 2』, 연진희 옮김(민음사, 2009), 215쪽. 3부 28장].

33 Defoe, *Robinson Crusoe*, p. 90[다니엘 디포, 『로빈슨 크루소』, 이덕형 옮김(문예출판사, 2011), 113쪽].

34 Austen, *Emma*, p. 123[제인 오스틴, 『에마』, 최세희 옮김(시공사, 2016), 203쪽].

따라서 소설은 삼인칭 또는 일인칭 서술을 포함할 수도 있고, 자유간접담화를 포함할 수도 있고, 아니면 애매한 몸 언어 배후의 마음 상태를 추측하도록 우리를 강제할 수도 있고, 아니면 이러한 기법들의 아무 조합에 의지할 수도 있다. 거기에 덧붙여서 소설은 캐릭터의 몸이 직접 자신의 마음을 말하는 장면들을 포함할 수도 있다. 나는 그런 순간들을 뒤쫓고 있다.

---

35 Hemingway, *A Farewell to Arms*, p. 12[어니스트 헤밍웨이, 『무기여 잘 있어라』, 김욱동 옮김(민음사, 2012), 16~17쪽]. 마음 이론과 헤밍웨이의 양식에 대한 관련된 짧은 논의로는 Zunshine, *Why We Read Fiction*, p. 23을 볼 것.

3장

여기서는 독자들이 필딩이라는 이름의 세 번째 작가[1]와 조우한다 | 한 부유한 남자가 한 아름다운 소녀가 지켜보는 가운데 한 가난한 남자의 감정을 가지고 논다 | 한 아름다운 소녀가 아무런 단서도 가지지 않은 가운데 한 늙은 남자가 한 젊은 남자의 감정을 가지고 논다 | 그리고 『파이트 클럽』의 주인공이 마음 씀을 보여준다.

---

1 [옮긴이] 사라 필딩을 말한다. 이 책에서 헨리 필딩과 헬렌 필딩이 이미 언급되었으니 세 번째.

사드적 은인들

> 내가 가장 사랑하는 이들을, 나는 괴롭힌다; 나의 선물을
> 더욱 지연시켜, 큰 기쁨으로 만들기 위해.
> — 셰익스피어, 『심벨린』 5.4.101~2[2]

어떤 허구 캐릭터들은 다른 캐릭터의 실제 감정을 일별한다. 어떤 캐릭터들은 아무것도 알아차리지 못한다. 그리고 어떤 캐릭터들은 돌이켜 생각하면서 이런저런 표정이나 제스처가 실제로 무엇을 뜻했는지 깨닫는 기회를 얻을 수 있다.

또 다른 캐릭터 범주도 있다. 다른 사람의 감정을 단지 일별하는 것으로는 안 만족하는 것들. 대신 그러한 투명성의 순간의 대본을 스스로 작성하기를 원한다. 즉 타인들이 몸 언어를 통해 감정을 드러내도록 강제하기를 원한다. 이 마지막 감정적 지형은 종종 공포 소설과 심리 스릴러에서 탐사된다. 문학비평가 월터 벤 마이클스가 『아메리칸 사이코』를 논평하면서 말하듯, "네가 네일건을 쏠 때 비명을 지르는 소녀가 고통을 (꾸며낸다는 의미에서) 연기하고 있는 것이 아니라는 것을 너는 확신할 수 있다."[3] 체화된 투명성을 타인에게 조장하는 캐릭터들에게 가해지는 사디즘이라는 비난을 피하거나 완화하기 위해서, 그들의 행동은 (『몬테크리스토 백작』처럼) 복수에 의해 또는 역설적이게도 애정이나 좋은 일을 해주려는 욕망에 의해 추동된 것으로 간주될 수 있다.

---

2 [옮긴이] 『심벨린』, 『셰익스피어 전집』, 이상섭 옮김(문학과지성사, 2016), 1558쪽.
3 Michaels, *The Shape of the Signifier*, p. 70.

후자 상황의 윤리는 극히 애매하다. 정서적 사디즘의 저류가 그러한 윤리를 관통하여 흐른다. 하지만 그러한 캐릭터들은 노골적인 고문이라고 할 수 있는 일을 하지는 않는다. 사실상 그들은 투명성에 이르도록 그들이 강제하고 있는 그 사람들에게 그들의 행동이 궁극적으로 득이 될 것이라고 진지하게 믿고 있을 수도 있다. 이 애매성을 반영하기 위해, 나는 그러한 캐릭터를 사드적 은인sadistic benefactors이라고 부른다.[4]

한 사드적 은인이 또 한 명의 필딩의 작품에서 모습을 내보인다. 사라, 헨리의 누이. 그녀의 소설 『오필리아의 역사』(1760)에서 한 부유한 남자가 한 가난한 남자를 감정의 롤러코스터로 내보낸다. 그 가난한 남자의 감정 스펙터클을 즐기기 위해. 하지만 그는 셰익스피어의 『심벨린』에 나오는 은혜로운 주피터의 원칙에 따라 행동한다. 그는 자신이 "가장" 사랑하는 사람들을 "괴롭힌다", 즉 그들에게 고통을 가한다, 그들의 나중의 기쁨을 강화하기 위해. (주피터를 나는 일부러 꺼내었다. 신들이라고 하면, 사멸자들을 체화된 투명성으로 강제할 끝없는 기회를 그들의 초자연적 힘이 만들어낸다. 내가 만약 고대 세계에서 투명성의 허구들에 대한 글을 썼다면, 나의 설명에서 신들이 가장 현저하게 등장하였을 것이다.)

필딩이 궁극적 기쁨을 구축하는 방법은 이렇다. 소설의 주인공 도체스터 경은 굶주린 반값 군인[5] 트래버스 대위를 우연히 발견하여 그를 돕기로 결심한다. 궁정과의 연줄을 통해 도체스터는 트래버스를 위해 두 일 중 하나를 선택할 수 있도록 은밀히 마련해 놓는다. 그렇지만 그는 첫 번째 일에 대해서만 대위에게 말하는 것으로 시작한다. 가족 사정으로 인해 트래버스가 받아들이지 않을 것을 도체스터는 알고 있는 일. 가난한 대위는 고마운 줄도 모르는 사람처럼 보이기를 꺼리어 "이 소식을 그가 바랐던

---

4 마음 이론과 "과도하게 잔인한 사람들"에 대한 허구적 묘사에 대한 아주 흥미로운 관련 논변으로는 Vermeule, *Why Do We Care?*, p. 86을 볼 것.

5 [옮긴이] 현역에서 물러나 있지만 완전히 퇴역하지 않은, 그래서 월급을 반만 받으며 대기 중에 있는 군인을 의미한다. 18~19세기 영국에 이런 제도가 있었다.

바로 그것이기라도 한 것인 듯 큰 고마움으로" 받아 들고는 정중하게 거절한다. 그런 다음 도체스터 경은 죄책감을 유도하는 말로 실망을 표현하여 대위가 눈물을 터뜨리게 만든다. 이때 대위는 아무도 안 지켜보고 있다고 생각한다. (사실은 몇 사람이 지켜보고 있다. 그중에는 도체스터 경의 애정 상대 오필리아, 즉 이야기를 들려주고 있는 그 젊은 여성도 있다.)[6]

이 감정 쇼에도 아직 아니 만족한 도체스터 경은 옆 방에서 기다리고 있던 대위의 가족을 공개하고는 다시금 첫 번째 일을 받아들이라고 촉구한다. 그에 대한 반응으로 그 즉시 트래버스는 실신해 버린다. 그로 인해 가족은 경악하고 지켜보던 사람들도 그가 생명을 잃을까 겁을 먹는다. 그가 정신이 돌아오자 도체스터 경은 두 번째 일, 곧 전적으로 받아들일 수 있고 또한 온 가족을 굶주림에서 구해줄 일에 대해 말해줌으로써 그의 회복이 야기한 "일반적 기쁨"을 증폭시킨다. 이제 기쁨은 "거대한 황홀의 정도"까지 커지고, "틀림없이 고통스러웠을 높이"까지 올라간다. 대위와 그의 아내는 "흠모하는 마음으로 경을 바라보았고, 타인들의 느낌에 가장 무감각한 마음이라도 타인들의 느낌을 함께 하도록 강제하였을 황홀감을 이기지 못한다"(I:254~255).

도체스터의 행동을 우리는 사드적이라고 부를 수 있다. 그리고 그를 밀실 공포증적 세계의 소형-주피터로 생각할 수 있다. 하지만 필딩 자신이 그를 그렇게 보았는지는 말할 길이 전혀 없다.[7] 그 주제에 대한 그녀의 생각들과 관련하여 우리가 안전하게 가정할 수 있는 전부는 이렇다. 즉

---

6   Fielding, *The History of Ophelia*, 1:252.
7   무엇이 자선 행위를 구성하는지에 대한 잠재적으로 충돌하는 관점들의 기저에 놓인 문화적 차이들에 대한 매혹적 논의로는 웬디 존스를 볼 것. 그녀가 말하기를, "감정의 알아봄이라는 전문적 의미에서 공감이란 인지의 한 자질인 반면에, 문화들과 개인들은 공감적 반응을 차단하거나 무시할 무수한 방법들을 개발해 왔다. 고문자(torturer)와 자선가는 고통을 아주 다르게 볼 것이다"(Jones, "*Emma*, Gender," p. 332).

그녀 이전과 이후의 많은 작가들처럼 그녀는 캐릭터들의 몸이 그들의 마음을 보여주는 상황 속에 어떻게 캐릭터들을 놓을지를 생각해 내는 일에 직감적으로 관심이 있었다. 그녀는 그 시절의 이용 가능한 문화적 맥락들에 의존하였다. 사적인 자선활동에 매료됨, 사회적 계급에 대한 강박, 그리고 (남자들이 울고 실신하고 상대적으로 자유롭게 자기감정을 표현할 수도 있는) 동시대 감상적 담화의 관례들. 인정하건대, 그 감동적인 장면을 우연히 일어나도록 놓아두는 대신에 도체스터가 지휘하도록 하였을 때, 그녀는 이 관례들을 좀 너무 멀리까지 밀어붙였던 것일 수 있다.

2년 뒤에, 감상주의에 심취한 또 다른 18세기 작가가 한층 더 조종적인 사드적 은인을 내놓았다. 루소의 『에밀』(1762)의 서술자 장 자크는 이상한 경우이다. 그는 허구 캐릭터와 루소 자신의 자아 사이의 혼종이다. 소설 속 다른 사람들은 장 자크의 상상력이 꾸며낸 것이다 — 진행 과정에서 자신의 철학적, 교육학적 논점들을 예증하기 위해 그는 그들을 지어낸다. 그들을 그가 지어낸다고 그는 또한 우리에게 말한다, 하지만 우리는 이것을 곧 잊는다, 그리고, 우리의 마음 이론 덕분에, 그들을 실물 교수$^{\text{object lessons}}$를 위해 사용되는 추상적 실체로서가 아니라 보통의 허구 캐릭터들로 취급하기 시작한다(즉 풍부한 생각들과 감정들의 역량을 가진 독립적 행위자로 취급하기 시작한다).

그러한 한 캐릭터가 에밀이라는 이름의 청년이다. 그는 어렸을 때부터 장 자크의 지도 아래 있었다. 소설이 끝날 때쯤 에밀은 꿈의 여인 소피를 만난다. 이제 그는 그녀만 생각할 수 있을 뿐이다. 장 자크는 그의 선택을 온 마음으로 찬성한다. 그 두 젊은 사람을 만나게 한 것이 바로 그였으니까 (사실 그는 오로지 이 경우만을 위해 소피를 발명하였고, 그렇다고 우리에게 말하였다). 그렇지만 그는 또한 그의 제자가 자기 자신과 세계에 대하여 아직 배울 것이 많다고 믿는다. 따라서 장 자크는 에밀에게 남자와 시민으로서의 교육을 완성하기 위해 2년 동안 소피를 떠나야 한다는 것을 설득할 필요가 있다. 그런 다음 가장의 의무를 맡을 준비가 되어 그녀에게로 돌아올 수 있다. 이는 설득하기 어려운 일이다. 그래서 장 자크는 결정한다. 이기려면 우선 에밀을 주어진 그 주제와는 무관해 보이는 감정적 혼란 상태에 빠뜨려야 한다. 그가 그것을 어떻게 해내는지가 여기 있다.

> 그들이 이틀 동안 서로 만나지 않았던 어느 날 아침, 나는 한 통의 편지를 들고 에밀의 방으로 들어갔다. 나는 그의 얼굴을 빤히 쳐다보며 물었다. "만일 어떤 사람이 소피가 죽었다고 말한다면 너는 어떻게 하겠어?" 그러자 그는 비명을 지르며 벌떡 일어났다. 그러고는 아무 말도 없이 절망적인 눈으로 나를 바라보았다. "어서 대답해 봐." 나는 여전히 냉담한 태도로 말했다. 나의 냉담한 태도에 화가 난 그는 분노로 이글거리는 눈으로 나를 바라보며 다가왔다. 그러고는 우뚝 서서 거의 위협적인 태도로 "어떻게 하겠느냐고? 몰라. 하지만 나는 그런 소식을 전해 준 사람을 다시는 보지 않을 것이라는 것만은 알아"라고 말했다. 나는 미소를 지으며 말했다. "안심해. 그녀는 살아 있으며 아무 탈 없이 잘 있어. 그녀의 가족들은 오늘 저녁 우리가 오기를 기다리고 있어. 우리 잠시 산책하며 여러 가지에 대해 이야기하기로 하자."
> 그는 열정에 사로잡혀 있기 때문에 더 이상 예전처럼 순수하게 이성적인 대화에 몰두할 수 없을 것이다. 그의 주의력이 나의 가르침에 기울어지기만 한다면, 그의 바로 그 열정은 우리에게 도움이 될 것이다. 내가 앞에서 끔찍스러운 이야기를 한 것은 바로 그 때문이다. 나는 이제 그가 나의 말에 귀를 기울일 것이라고 확신한다.[8]

장 자크와 에밀의 관계에 대한 이야기에 친숙한 독자들은 그의 접근법에 안 놀랄 것이다. 장 자크는 "에밀의 얼굴에서 영혼의 모든 움직임들을"(p. 226[383쪽]) 읽어낼 수 있는 그런 방식으로 에밀을 키웠다. 다시 말해서,

---

8   Rousseau, *Emile*, p. 442[『에밀』, 민희식 옮김(육문사, 2012), 802~803쪽].

그는 처음 만난 날부터 그 소년을 조종해 오고 있었다. 그렇지만 위의 구절은 감정적 폭력에 있어 두드러진다. 소피가 죽었을지도 모른다는 교사의 "냉담한" 암시는 감수성이 예민한 그의 소년에게 했던 그 어떤 것보다 사디즘에 가깝다.

그런 일을 왜 그가 하고 있는지를 우리는 안다. 소피에 대한 열정 때문에 에밀은 최근에 그의 교사의 시야에서 벗어나는 일이 많아졌다. 장 자크는 에밀의 절대적 투명성을 회복시킬 필요가 있다. 그를 감정의 롤러코스터로 몰아넣음으로써 ― 그녀는 죽었어, 아니, 그녀는 살아있어, 그리고 널 생각해 ― 그 목표를 달성한다. 에밀의 마음을 완벽하게 읽을 수 있는 교사의 그 되찾은 능력을 어떻게 텍스트가 증언하고 있는지 주목하라. 장 자크는 에밀이 "[그의] 냉담한 태도에 화가" 나고, 그에게 분노하고, "거의" 그를 공격할 준비가 되어 있다고 생각한다. 조금 뒤 그 젊은이가 말할 때, 그의 말은 장 자크가 그의 몸 언어를 정확하게 읽고 있다는 것을 증명한다: 소피의 죽음에 대한 정보를 제공한 남자에게 영원히 적대적 태도를 유지할 것이라고 에밀은 말한다.

에밀을 다루는 장 자크의 방식은, 그 젊은 남자에게 최선의 이익이 되도록 그가 행동한 것이 아니었다면, 용서받을 수 없었을 것이다. 그것은 에밀을 투명하고 유순하게 만들며, 2년 동안 소피와 떨어져 있는 일의 중요성에 대한 장 자크의 이어지는 주장들을 수용하도록 만든다. 따라서 에밀이 빠져든 일시적 괴로움은 미래 행복을 위한 전제 조건이다. 더구나, 이야기에서 이 지점이 되면, 장 자크가 세상 그 무엇보다도 에밀을 사랑한다는 것을 우리는 전혀 의심하지 않는다 ― 비록 세상에 다른 누구도 그에게는 없기 때문에 그러는 것이기는 해도. 그 젊은 남자에게 감정적 투명성을 강제하는 행위를 용서하고 벌충하기 위해 이처럼 모든 걸 아우르는 사랑 서사가 호출된다. 혜택이 비용보다 엄청 더 크다. 장 자크는 에밀과 소피, 그리고 (나중에) 그들의 아이들에게도 여전히 사랑받는다.

오늘날의 사드적 은인은 척 팔라닉의 『파이트 클럽』(1996)에 나오는

그림 4. 왼쪽에서 오른쪽으로: 준 B. 김, 브래드 피트, 에드워드 노턴. 데이비드 핀처의 〈파이트 클럽〉의 "레이먼드 헤셀" 장면에서.

타일러 더든이다. 타일러는 방금 만난 남자의 머리에 총을 겨눈다(그 남자는 스물셋의 대학 중퇴자로 밝혀진다). 그러고는 학교로 돌아가 수의학 공부를 마치겠다는 약속을 그에게서 뽑아낸다. 타일러는 "레이먼드 헤셀"(그 남자의 운전면허증에서 그가 읽어내는 이름)에게 중요한 인생 교훈을 심어주기를 원한다: 어느 때건 죽음이 닥칠 수 있다, 그러니 열심히 공부하고 너의 꿈을 추구해.

하지만 그 유익한 너의-꿈을-추구해 부분에 이르기 전에 타일러는 레이먼드에게 곧 있을 끔찍한 죽음을 확신시키기 위해 온갖 소름 끼치는 진부한 표현을 사용한다. 울고 있는 그 남자에게 싸늘하게 "식을" 것이고 "사람"에서 "물체"로 변할 것이라고 설명하고, 그의 "[그의] 얼굴이 많이 남아 있지 않을 테니 엄마와 아빠가 늙은 의사를 누구든 불러 [그들의 아들의] 치과 기록을 확인해야" 할 것이라고 설명한다. 그 장면은 희생양의 마음속에 떠오르는 이미지들을 타일러가 그저 보고하는 것처럼 구성되어 있다. 레이먼드는 체화된 투명성에 이르도록 강제당한다. 두려움으로 반쯤 마비가 되어, 점점 더 크게 울고, 타일러의 명령을 유순하게 따르고, 타일러가 그에게 생각하라고 말하는 것을 생각하면서(그림 4).

타일러가 마침내 레이먼드를 풀어줄 때 그의 생각은 레이먼드에게 계속 머문다. 큰 만족감을 가지고서 그가 이렇게 혼잣말할 때. "레이먼드 헤셀, 너의 저녁은 지금껏 먹어본 어떤 식사보다 맛있을 거야. 그리고 내일은 너의 전 생애에서 가장 아름다운 날일 거야."[9] 주피터와 도체스터 경처럼, 분명 타일러는 누군가의 행복을 강화하기 위해서는 우선 그 사람을 참으로 비참하게 만들어야만 한다고 믿는다. 더 중요하게, 도체스터 경처럼, 타일러는 그의 희생양에게서 그가 쥐어짜 낼 수 있는 투명성의 모든 순간을 대단히 귀하게 여긴다. 레이먼드가 지금 정확히 무엇을 생각하고 있는지 그리고 내일 그가 무엇을 생각하고 있을 것인지를 아는 일을 그는 즐긴다.

또는 그런가 그는?

『파이트 클럽』에서 팔라닉은 믿을 수 없는 서술unreliable narration이라는 문학적 관례를 사용한다. 즉 서술자의 사건 설명을 우리는 신뢰할 수 없다.[10] 이를 염두에 두고서, 타일러가 그의 희생양의 몸을 열린 책처럼 읽는 장면을 다시 보자. "너는 싸늘하게 식을 거야. 놀라운 죽음의 기적.[11] 한순간 너는 사람이다가 그다음 순간 너는 물체이지. 너의 얼굴이 많이 남아 있지 않을 테니 엄마와 아빠가 늙은 의사를 누구든 불러 너의 치과 기록을 확인해야 하겠지. 그리고 엄마 아빠, 그들은 항상 너한테서 훨씬 더 많은 것을 기대했어. 하지만, 그래, 인생은 공평하지 않았어. 그리고 결국 이렇게 되었어"(p. 153[199~200쪽]).

소설을 다 읽고 타일러가 믿을 수 없는 서술자라는 것을 알게 된 후에 이 장면으로 돌아오면, 레이먼드의 몸 언어에 대한 이 확신에 찬 해석에서

---

9 Palahniuk, *Fight Club*, p. 155[척 팔라닉, 『파이트 클럽』, 최필원 옮김(랜덤하우스코리아, 2008), 203쪽].

10 믿을 수 없는 서술자들에 대한 제임스 펠런(Phelan, p. 219)의 범주화를 사용하여, 우리는 타일러가 레이먼드의 마음 상태를 적게 보고하고(underreport) 적게 읽는다(underread)고 말할 수 있다.

11 [옮긴이] "생명의 기적(miracle of life)"을 거꾸로 뒤튼 표현 같다.

아마도 문제들이 보이기 시작할 것이다. 예를 들어, 레이먼드의 생각에 대한 타일러의 설명이 범죄 드라마가 제공하는 관례적 이미지에 의존하고 있다는 것을 알아차릴 수 있다. 폭력적 죽음과 관련된 장면들의 시각적 레퍼토리를 우리는 가지고 있다. 예를 들어, 유가족 컷, 시체 안치소의 시신 컷, 치과의사나 다른 의사가 피해자 신원을 확인하는 컷 등등. 이 진부하고 몰개성화된 레퍼토리가 타일러가 자신의 "보고서"를 위해서 레이먼드의 머릿속에서 읽어내는 것이다.

이와 비슷하게, 타일러의 손아귀에서 벗어난 뒤 레이먼드가 무엇을 생각하고 있을 것인지 타일러가 확신을 갖고 예언할 때("내일은 너의 전 생애에서 가장 아름다운 날이 될 거야"), 그의 요점을 나는 본다. 내일 레이먼드가 살아있다는 것에 거의 참을 수 없을 정도로 행복함을 느낄 것이고 입술에 닿는 빵 부스러기 하나하나와 눈에 보이는 바람에 흔들리는 잎새 하나하나에 고마움을 느낄 것이라고 나는 확실하게 상상할 수 있다. 또한 레이먼드가, 그에게 그렇게 하라고 타일러가 말한 것처럼, 학교로 달려가서 다양하고 어려운 과목들을 "죽어라 공부"할(p. 154[201쪽]) 기회에 깊이 감사하는 것을 나는 상상할 수 있다. 끝으로, 레이먼드가 성공한 수의사가 되고, 가족에게 사랑받고, 이웃에게 존경받고, 총을 든 이방인이 자신에게 인생을 바꾸어 최선을 다하라고 강제한 그 운명적 순간을 이따금 경이와 고마움을 가지고서 기억하는 것을 나는 상상할 수 있다.

하지만 그런 다음 나는 레이먼드가 타일러와의 조우 뒤에 곧 자기 삶이 총을 든 어떤 멍청이의 변덕에 달려 있다고 강박적으로 생각하면서 심각한 우울에 빠지고는 어느 날 방과 후에 자살하는 것도 상상할 수 있다.

또는 그는 총을 구입해서 타일러를 사냥할 수도 있다.[12]

다시 말해서, 우리가 이 장면을 믿을 수 없는 서술의 전통으로부터

---

12 이것과 다른 많은 유용한 제안들에 대해서 나는 존스 홉킨스대학 출판부의 익명의 리뷰어에게 감사한다.

분리하여 고찰하는 한에서 레이먼드의 몸은 투명하게 남아 있고 그의 마음은 접근 가능하게 남아 있다. 왜냐하면 이 전통 안에서는, 일인칭 서술자가 다른 캐릭터의 생각들을 보고할 때, 거의 즉각적으로 그는 의심스러우며, 그의 보고에 비일관성, 기득권, 광기 등의 징후가 있는지 면밀히 조사되어야만 하니까. 그래서 팔라닉의 독자들은 타일러가 믿을 수 없는 서술자라는 것을 아니 알고 있는 한에서만 레이먼드가 무엇을 생각하고 있는지를 타일러가 실제로 안다고 믿는다. 그들이 그것을 일단 알게 되면, 그때의 레이먼드의 실제 감정에 관하여 그들이 거의 알게 된 바가 없다고 가정하는— 물론 그들이 선택하지 않을 수도 있는— 선택지를 그들은 갖는다.

그런데, 우리가 이 에피소드를 믿을 수 없는 서술자 관례와 연결하여 고찰하지 않는다고 해도, 그 안의 다른 무언가가 레이먼드의 몸에 대한 타일러의 확신에 찬 해석과 레이먼드의 실제 마음 상태 사이에 있을 법한 틈새를 우리에게 환기한다. 그 다른 무언가란 일시성의 규칙의 위반을 말한다. 체화된 투명성의 장면들을 구성하기 위한 둘째 규칙. 곧바로 세 페이지 동안 타일러는 레이먼드의 마음을 계속해서 읽는다. 이것은 우리의 다른 예들에서 우리가 보았던 것을 훨씬 넘어서서 지속되는 투명성을 함의한다. 그런데 그 예들에서는 투명성이 몇 분의 일 초 내지는 몇 초 동안 지속되었다.

물론 타일러는 극단적으로 자기중심적이어서 자기가 원하는 한 레이먼드를 계속 투명하게 둘 수 있다고 믿을지 모른다. 그렇지만 대화가 더 길어질수록, 레이먼드가 얼마 후 포획자의 뒤틀린 심리를 무언가 직감하고는 있는 힘껏 두려움과 절망을 연기하기 시작한다는 가능성이 더욱 우리에게로 다가온다. 이것은 단지 추측이다. 레이먼드가 감정을 연기하고 있다는 아무런 직접적인 텍스트상의 증거도 나에게는 없다. 믿을 수 없는 서술자에 의해 체화된 투명성이 유도되고, 관찰되고, 보고될 때, 그냥 내가 보기에는 읽는 이들이 궁금해하기 시작할 것 같다. 투명성이— 자꾸 계속되는 것처럼 보인다면 — 어느덧, 믿을 수 없는 서술자가 알아차리지 못하는 사이에, 연기performance로 바뀌어 있지 않을까?

이렇듯 믿을 수 없는 서술자라는 문학적 관례는 체화된 투명성과 흥미로운 관련성이 있다. 한편으로, 이 관례는 캐릭터들의 몸이 그들의 느낌을 누설하는 상황 안으로 캐릭터들을 집어넣기 위한 기회를 더 많이 작가에게 제공한다. 다른 한편으로, 이야기가 끝날 무렵 독자들은 체화된 투명성에 대한 그 어떤 설명도 설명 뒤의 목소리가 믿을 수 없는 서술자의 것이었다면 믿을 수 없다는 것을 깨닫곤 한다.[13]

이제 이것은 마음 읽기와 권력의 관계에 대한 물음을 불러일으킨다. 이 장에서 논의된 세 명의 — 주피터도 센다면, 네 명의 — 사드적 은인들 중에서 타일러는 직접적(즉 총을 사용하는) 맥락을 벗어나서는 희생양에게 아무런 실제 권력도 갖지 않은 유일한 인물이다. 주피터가 인간에게 고통을 가할 수 있는 것은 신이기 때문이다. 도체스터 경이 트래버스 대위에게 고통을 가할 수 있는 것은 18세기 영국의 가난한 군인에게 도체스터 경은 신에 가장 가까운 인물이기 때문이다. 장 자크가 에밀에게 고통을 가할 수 있는 것은 그만이 사실상 부모가 없는 이 에밀을 지배하는 유일한 어른이기 때문이다. (또한, 신이라고 한다면, 장 자크는 에밀을 창조하였고 우리에게 그렇다고 말했다.) 타일러는 총과 텅 빈 거리, 그리고 사람들의 마음을 읽고 그들의 삶을 변화시킬 수 있는 자신의 권력에 대해 그가 스스로에게 들려주는 이야기 말고는 아무것도 가진 것이 없다.

---

13 이것은 탐정 소설에서 몸 언어를 소급적으로 읽을 때와는 거의 정반대이다. 거기서는 처음에 애매했던 표정들과 몸짓들을 다시 찾아보면서 실제로 그것들이 무엇을 의미하였는지 알게 된다. 여기서는 우리가 안다고 생각한 얼굴 표정들과 몸짓들을 다시 찾아보면서 캐릭터들이 저 경우들에 실제로 무엇을 느꼈는지 결코 확실히 알지 못하리라는 것을 그저 깨닫고야 만다. 탐정 소설들은 애매성으로 시작하여 투명성으로 끝난다. 믿을 수 없는 서술자 이야기들은 투명성으로 시작하여 애매성으로 끝난다.

이처럼 사드적 은혜가 함축하는 확연한 마음 읽기 비대칭은(예를 들어, 도체스터 경은 트래버스 대위의 마음을 조종하지만 트래버스 대위는 도체스터 경의 마음에 전혀 접근할 수가 없다) 언제나 기존 권력 비대칭의 반영이다. 신 대 인간, 부자 대 빈자, 어른 대 아이. 마음 접근은 권력을 의미한다. 효과적인 마음 조종은 이 권력의 남용을 구성한다.[14] 타일러 같은 믿을 수 없는 서술자는, 아무 종류의 권력에 대해서도 객관적 요구 권한을 가지고 있지 않지만, 권력 특유의 현시를—즉 다른 마음을 통제할 수 있음을—곧바로 노린다. 그들이 성공한다고 우리가 믿는 한, 그들의 믿을 수 없음을 우리는 과소평가한다. 즉, 우리는 그들이 실제로 가진 것보다 더 많은 권력을 그들에게 투여한다.

---

14 판옵티콘에서 죄수들과 간수의 각자의 위치가 함의하는 접근 비대칭에 대한 『감시와 처벌』에 나오는 푸코의 논변과 비교할 것.

4장

여기서는 클러리사가 바보가 되고 에블리나가 한 바보를 지켜본다 | 레프 톨스토이, 에른스트 루비치, 알프레드 히치콕이 경마장으로 걸어 들어간다 | 그리고 독자들이 처음에는 캐리 그랜트를 생각하게 되고 그런 다음 콜린 퍼스를 생각하게 된다.

극장, 경마장, 그리고 다른 쥐덫들

극장 가기가 이야기에 왜 좋지

우리는 왜 극장에 갈까? 나 같은 마음 이론 강경파는, 마음 읽기의 렌즈를 통해 모든 것을 보기로 결심하였기에, 우리의 욕심 많은 마음 이론에게 매우 특별하고 풍요로운 대접을 해주기 위해 극장에 간다고 말하겠지. 우리는 배우들의 표정과 몸 언어를 지켜본다. 그것들을 주어진 사회적 맥락들과 상호 연결한다. 그리고 시간이 경과하면서 한 배우가 내보이는 감정들의 연속을 뒤따르면서, 동시에 다른 배우들이 내보이는 감정들의 범위를 뒤따른다. 다시 말해서, 우리는 느끼기 위해 극장에 간다 — 비슷한 느낌을 겪고 있는 사람들에 둘러싸인 채, 풍요로운 갖은 감정들을 경험하기 위해 — 하지만 이 복잡한 감정 경험은 캐릭터들의 마음 상태에 대한 우리의 읽기와 불가분 엮여 있다.

허구 캐릭터들은 왜 극장에 갈까? 작가가 이야기를 발전시켜야만 하기 때문에 그들은 극장에 간다. 주인공들을 극장으로 보내는 것이 플롯을 앞으로 나아가게 한다. 극장은 그들이 다른 사람들과, 가령 애인이나 적과, 마주칠 수 있는 장소이다. 또한 그들이 중요한 소문을 들을 수 있는, 납치될 수 있는, 자신들의 변경된 사회적 지위를 인식할 수 있는, 그리고 지울 수 없는 첫인상을 남기거나 받을 수 있는 곳이다.

극장은 또한 그들이 무방비의 몸 언어를 일별할 수 있는 장소이며, 따라서 다른 캐릭터의 감정에 대해 중요한 것을 알아낼 수 있는 장소이다.

극장 가기 경험에 대한 다양한 허구 이야기들을 읽다 보면, 때로는 무대를 보지 않거나 한 눈으로만 무대를 보면서 동료 관객들과 연극에 대한 그들의 부지불식간의 반응을 지켜보는 관객이 객석에 있다는 것을 알아차릴 수 있다. "곤자고의 살해"의 숨은 저의가 있는 무대 재연 시간에 삼촌을 면밀히 관찰하면서 왕의 자생적 몸 언어를 죄의 증거로 해석하고 있는 햄릿이 있다. 또한 새뮤얼 리처드슨의 소설 『클러리사』(1747~48)의 주인공 클러리사가 있다. 그녀는 연극을 지켜보면서 "아주 감격"하면서도 또한 곁눈으로는 함께 있는 남자 로버트 러블레이스가 "아주 가슴 아픈 장면에서 (…) 상당히 감동"했는지를 확인하고 있다.[1] 또한 닉 혼비의 소설 『하우 투 비 굿』의 주인공 케이티 카가 있다. 그녀는 "연극의 모든 순간"을 사랑하지만, "거의 그만큼의 시간을" 연극을 따라가는 남편의 얼굴에 쓰여 있는 복잡한 감정들을 관찰하는 데 사용한다.[2]

이 은밀한 훔쳐보기는 우연이 아니다. 그것은 중요한 서사적 관례에 해당한다: 주인공을 극장으로 데려오는 일은 체화된 투명성을 위한 또 다른 가능성을 열어놓는다. 이 관례는 극장 가기에 대한 아주 특수한 문화적 가정에 의존한다. 무대 위 캐릭터들을 지켜보고 그들의 행동을 해석하기 위해 사람들이 극장에 간다는 가정. 그 가정은 공연이 진행되는 동안 사람들이 경계심을 내려놓는다는 것을 의미한다. 아무도 그들을 지켜보고 있지 않고 그들의 행동을 해석하고 있지 않으니까. 다시 말해서, 어떤 이들은 공연자로 다른 이들은 관객으로 명확히 구분하고 또한 공연자의 성공이 관객의 주의 집중에 의해 판단되는(관객들을 넋을 잃은 상태로 유지시키는

---

1 Richardson, *Clarissa*, p. 640[새뮤얼 리처드슨, 『클러리사 할로 4』, 김성균 옮김(지만지, 2012), 320쪽].

2 Hornby, *How to Be Good*, p. 69[닉 혼비, 『하우 투 비 굿』, 김선형 옮김(문학사상사, 2013), 93~94쪽].

공연이 최고의 공연인) 그런 사회적 세팅에서는, 관객들은 긴장을 풀고 자신들의 몸이 감정을 드러내도록 놓아둔다.

 이것이 의미하는 바는 물론 이렇다. 객석에 있는 다른 누군가가 배우들을 무시하고 대신 동료 관객들에게 집중한다면, 그 사람은 다른 사람의 진정한 감정에 대해 꽤 많은 것을 알아낼 수 있다.

 적어도 햄릿, 클러리사, 케이티 카는 그렇다. 다시 한번 우리는 실제 삶과 허구에서 체화된 투명성의 차이를 기억해야 한다. 실제 삶에서 나는 다른 사람이 연극을 지켜볼 때 그 사람을 지켜봄으로써 그 사람의 마음 상태와 관련해 무엇이든 알아내려 한 적이 있었다고는 생각하지 않는다. 우선, 어둡다. 어둡지 않더라도(가령 더 작은 실험 극장들이 그런데), 나는 사람 얼굴의 일부만을 볼 수 있고, 또한 무대 위에서 일어나는 일에 여하튼 더 관심이 있다.

 또한, 사회적 복잡성과 투명성 간의 부정적 상관관계도 여전히 유효하다. 함께 있는 사람의 어떤 자생적 몸 언어를 내가 정말로 관찰한다고 해보자. 그것을 해석하기 위해서 더 흥미로운, 즉 사회적으로 더 복잡한, 서사를 내가 내놓을수록, 내가 틀릴 가능성이 높아진다. 좋아 — 저 가슴 아픈 장면에서 그가 살짝 눈물을 훔친다, 그래서 이것이 의미하는 것은… 뭐지? 2주 전 우리가 X에 대해 말할 때 내가 외롭다는 느낌이 들게 만든 일에 대해 그가 마음이 좋지 않다는 것? 여주인공의 곤경이 어떤 복잡한 방식으로 나 자신의 곤경을 나에게 상기시키기 때문인데, 그래서 그도 역시 그것에 대해 이런 식으로 생각하고 있다고 내가 가정하는 것이고? 그렇지….

 허구적 극장 애호가들은 안 그렇다. 그들은 완벽한 능숙함으로 다른 관객들의 얼굴에서 복잡한 마음 상태를 읽어낼 수 있다. 당황스러울 정도의 자신감으로 한 연극에 대한 남편의 자생적 반응을 해석하는 케이티 카가 여기 있다. 데이비드는 언제나 연극을 아주 싫어했다. 하지만 이번에는 즐기기로 결심하였다. 케이티는 그의 얼굴에 쓰여 있는 내적 갈등이 무대

위에서 일어나고 있는 것만큼이나 눈을 못 떼게 하고 정보적informative이라는 것을 발견한다.

연극의 모든 순간이 너무나 좋다. 나는 탈수증에 걸린 사람이 얼음물 한 잔을 들이켜듯이 극을 들이켠다. 내 일과 결혼 생활 이외의 무언가를 생각하게 되었다는 게 너무 좋고, 연극이 보여준 재치와 진지함도 좋다. 그러고는 이런 식으로 좀 더 정기적으로 내 자아에 영양분을 공급하겠노라고 수백만 번도 더 다짐한다. (…) 하지만 데이비드의 옆모습을 훔쳐보려 애쓰는 데 거의 그만큼의 시간을 사용한다. 뭔가 이상한 일이 일어난 건 분명했다. 데이비드의 얼굴에 오늘 저녁을 즐기려고 분투하는 기색이 역력하기 때문이다. 눈이며 입술이며 이마 주위에서는 전쟁이 벌어지고 있었다. 옛날의 데이비드는 얼굴을 찌푸리고 험악한 표정을 지으며 도저히 못 봐주겠다고 말하고 싶어 하지만, 새로운 데이비드는 즐기러 왔으니 즐기는 법도 배워야겠다고 애쓰고 있다. 세계 최고의 극작가 중 한 명의 탁월한 신작을 바라보면서. (p. 69[93~94쪽])

『하우 투 비 굿』을 읽은 독자라면 데이비드가 금방 인격 변화를 겪었다는 것을 기억할 것이다. 또한 "새로운" 데이비드의 사고 과정들이 케이티에게 너무나 당혹스러워서 "그가 [그녀를] 슬금슬금 소름 끼치게 만들기 시작하고 있다"(p. 73[99쪽])는 것을 기억할 것이다. 그래서 이 장면의 개인적 역학은 카의 집에서 현재 일어나는 일들과 예리하게 — 그리고 케이티로서는, 즐겁게 — 대조된다. 집에서 케이티는 데이비드를 "정말로 알지는" 못한다고 느끼는 반면에, 극장에서 그녀는 그를 열린 책처럼 읽을 수 있다.
　이런 비슷한 일이 너에게 마지막으로 일어났던 때가 기억나는가? 나도 안 난다.

연기가 다시 슬금슬금 들어온다

요약: 한 캐릭터의 마음 상태를 이해관계가 있는 한 당사자가 (특히 그 당사자가 그 타자가 무엇을 생각하고 있는지를 대체로는 확신하지 못할 때) 완전히 읽어낼 수 있는 상황 안으로 그 캐릭터를 집어넣기를 작가가 원할 때, 둘 모두를 극장으로 데리고 가는 것이 한 가지 실행 가능한 서사 전략이다. 극장은 체화된 투명성을 위한 직접적인 기회를 창조할 수 있기 때문에 이야기에 좋다.

그렇지만, 특권적 마음 읽기를 위한 이 레시피가 확실한 것은 아니다. 사실 그 어떤 그러한 레시피라도 오랫동안 확실한 것으로 남아 있을 수는 없다 — 기억나는가? — 마음에 대한 가장 좋은 정보 출처로서 몸은 또한 마음에 대해 가장 수상쩍은 정보 출처이다. 어떤 문화적 세팅이 허구적인 체화된 투명성을 위한 인지 가능한 맥락이 될 때마다, 그 세팅은 곧바로 전복을 위한 채비를 한다. 그것이 이제 캐릭터들의 몸이 감정들을 누설하는 공간으로 알려져 있기 때문에, 그것은 이 감정들의 좀 더 기만적인 연기를 위해 사용될 수 있다.

특히 극장은 이런 종류의 동시 상연에 오랫동안 취약했었다. 한 캐릭터가 극장에서 다른 캐릭터를 관찰하면서 그의 자생적 몸 언어에 기초하여 그에 대해 결정적인 무언가를 알게 되는 하나의 장면과 한 캐릭터가 자신의 몸이 자생적 감정을 읽어내려고 세심하게 관찰될 것임을 알고서 극장에 가서 순진한 관찰자를 조종하기 위해 자신의 감정 노출을 세심하게 연기하는 또 다른 장면을 같은 소설이 포함할 수 있다.

『하우 투 비 굿』에서 혼비는 문제를 단순하게 유지하는 쪽을 선택하며, 극장을 체화된 투명성을 위한 믿을 수 있는 세팅으로 묘사하는 쪽을 선택한다. 그렇기에 분명 이 선택지는 여전히 작가에게 이용 가능한 것이다. 그렇지만 250년 전에 쓰인 또 다른 소설에서 무슨 일이 일어나는지 보라. 그 소설은 한 명이 아니라 두 명의 주인공을 등장시킨다. 서로의 생각과 감정에 대해 확신이 없는 두 명을.

리처드슨의 『클러리사』는 감정의 자생적 내보임을 위한 촉매로서의 극장이라고 하는 감상적 클리셰에 의존하는 동시에 이 클리셰를 전복한다. 한 지점에서 소설의 악당 로버트 러블레이스는 18세기 미덕의 모범 클러리사 할로를 초대하여 비극을 보러 간다. 클러리사가 그 연극에 어떻게 영향을 받든, 또한 그녀가 그를 지켜보면서 무대 위에서 일어나는 일에 대한 그의 반응을 통해 (그녀가 전혀 확신 못 하고 있는) 그의 도덕적 가치와 진정한 감성을 판단하려고 할 것임을 그는 확신한다.

러블레이스는 고양된 감정에 알맞은 연기를 할 준비가 되어 있다. 그것만이 아니다. 그는 또한 폴리라는 이름의 매춘부를 공모자로 데려가는 데, 그녀를 그는 올곧고 감수성 있는 젊은 아가씨로 행세하게 만든다. 따라서 클러리사는 러블레이스와 그의 그 동반자 양쪽 모두에게 감동을 받을 것이다. 그렇지만 폴리는 코칭이 좀 필요하다. 그리고 러블레이스가 코칭을 제공한다. 그가 그의 절친에게 보내는 편지에서 보고하듯, "나는 폴리한테 어느 대목에서 울지를 지시했어. 그것은 그녀가 인간적이라는 걸 보여주기 위한 것이기도 하지만(우는 눈은 착한 마음씨를 가리키는 것이지) 자기 얼굴을 부채나 손수건으로 가릴 구실을 위한 것이기도 하지."[3]

계획은 아주 잘 작동한다. 클러리사는 그녀의 절친에게 보내는 편지에서 나중에 이렇게 보고한다: "어제저녁에 러블레이스 씨, 미스 호턴[즉 폴리]과 함께 연극 구경을 갔었어. 너도 알지만 그 작품은 읽어만 봐도 아주 가슴 아픈 거야. (…) 나도 그랬지만 미스 호턴도 공연을 보고 아주 감격했어. 내가 그렇게 말해도 너는 놀라지 않겠지. 아주 가슴 아픈 장면에서는 러블레이스 씨도 상당히 감동했다고 할 수 있는데, 그것도 기쁜 일이야. 내가 이렇게 말하는 건 작가가 훌륭하다는 뜻이야. 러블레이스 씨는 세상에서 보기 드물게 냉혹한 사람이니까 말이야"(p. 640[320쪽]).

---

3   Richardson, *Clarissa*, p. 620[249쪽].

사람들이 무대로 주의를 돌리기면 하면 자기 몸을 연기하는 일을 멈춘다는 것을 오직 클러리사 같은 순진한 사람만이 여전히 믿는다는 것을 여기서 리처드슨이 말하고 있는 것처럼 보인다. 러블레이스와 폴리는 실제 연기가 — 그리고 가장 정교한 속임수가 — 바로 그때야 시작된다는 것을 아는 것처럼 보인다.

그것이 그렇게 간단치 않다는 것 말고. 여기서도 『클러리사』의 다른 곳에서도, 리처드슨은 감상주의적 가정들을 조롱하는 데 성공하며 또한 동시에 그 가정들에 의존하는 데도 성공한다. 그렇다, 폴리는 다정한 가슴과 고결한 감수성을 성공적으로 위조한다. 그리고 러블레이스 역시 그렇게 한다. 하지만 극장에서 자기의 "비자발적" 행동을 냉소적으로 꾸며내는 바로 그 순간에도, 연극 관람이 관객의 진정한 본성을 폭로할 수 있고 폭로할 것이라는 점을 실제로 믿고 있음을 러블레이스는 무심코 인정한다. "폴리한테 어느 대목에서 울지를 지시"했던 한 가지 이유는 그녀가 "자기 얼굴을 부채나 손수건으로 가릴 구실"을 위한 것이었다고 그가 말할 때, 그것은 폴리가 "아주 가슴 아픈 장면"에서 자연스럽게 웃을 것 같고 따라서 그녀의 웃음이 다정함, 이해력, 미덕의 실제 결핍을 폭로하지 않도록 얼굴을 가려줄 부채나 손수건이 필요할 것이라고 그가 예상한다는 것을 의미한다.

러블레이스가 연이어서 덧붙이듯, 극장은 정말로 마음이 "주의를 돌리[도록]"(p. 620[249쪽]) 하고, 무대에서 일어나는 일에 대한 대본 없는 몸의 반응들은 사람에 대해 무언가를 정말로 드러내니까. 폴리의 웃음은 덮어 가리도록 그녀가 유의하지 않는다면 그녀의 실제 자아를 보여줄 것이다. 다시 말해서, 극장은 체화된 투명성을 위한 맥락으로 정말로 작동하며, 하지만 손상되기도 쉬워서 전복에 취약하다(그리고 클러리사는 쓴맛을 보고서야 이를 배운다).

이 특정한 극장 가기 경험이 특별히 조종당하기 쉬운 것은 러블레이스가 하는 모든 것에서 클러리사가 더 깊은 의미를 끊임없이 찾기 때문이다. 그의 모든 행동이 다른 무언가를 나타내야만 하며, 어떤 본질적인 도덕적

그림 5. 1991년 BBC 연속극 〈클러리사〉에서 클러리사(사스키아 위컴)가 극장에서 러블레이스(숀 빈)를 관찰한다.

성질을 드러내야만 한다. 따라서 그녀는 그냥 러블레이스와 극장엘 가서 쇼를 즐길 수는 없다. 그녀는 내내 그를 관찰하고 판단해야만 한다(그림 5). 그렇다면, 그녀가 그렇게 한다는 것을 알고 있는 러블레이스가 그가 갖고 있다고 그녀가 생각하기를 그가 원하는 도덕적 미덕을 그가 체화하고 있는 척하기 위해 그 기회를 이용한다는 것은 거의 필연이다. 여기서도 소설의 다른 곳에서도, 그토록 많은 것이 러블레이스와 클러리사에게 걸려 있다 — 그토록 필사적으로 각자는 상대가 무엇을 생각하고 있는지를 알아내기를 원하며 상대의 의지를 자신의 의지 쪽으로 굽혀놓기를 원한다 — 그렇기에 체화된 투명성을 위한 모든 기회가 오히려 노림수 있는 연기를 위한 기회가 된다.

제멋대로 관객들

"나로서는," 러블 씨가 말했다, "배우들의 말을 거의 듣지 않는다는 것을 인정하겠어: 둘러보느라, 지인이 있나 찾아보느라, 할 일이 너무 많아서 정말로 무대를 신경 쓸 시간이 전혀 없어. 제발," — (그의 새끼손가락 다이아몬드 반지에 그의 눈을 아주 애정 어리게 고정하고서는) "제발 — 오늘밤 연극은 무엇이었어?"

"왜, 빌어먹을," — 대위가 외쳤다, "무언지도 모르고 너는 연극을 보러 와?"

"응 그래, 선생, 그래, 아주 자주. 연극 광고전단을 볼 시간이 없어. 그냥 친구들 만나러 와서 살아 있다는 것을 보여주는 것이지."

— 프랜시스 버니, 『에블리나』

어떤 문화들에서는 극장이 허구 속 체화된 투명성을 위한 설득력 있는 맥락으로 지각되지 않을 수도 있을까? 결국 나의 논변은 아주 특수한 유형의 관객들을 가정하고 있으니 — 조용히 앉아서 숨죽인 채 무대 위 사건들을 따라가면서, 자신들의 몸 언어를 통제하는 일을 잊을 정도로 이 사건들 안에서 자기를 잃어버리는 사람들. 이러한 그림이 우리 자신의 문화적 관행을 반영(하고 이상화)할 수는 있을 것이다. 하지만 다른 역사 시기 극장 애호가들의 관행은 반영하지 않을지도 모른다.

리처드슨의 『클러리사』와 프랜시스 버니의 『에블리나』 같은 18세기 소설이 이 질문을 위한 좋은 시험 사례가 된다. 왜냐하면 18세기 영국 관객들은 무대 위 사건들을 우리처럼 숭배하듯 취급하지 않았으니까. 즉, 지금처럼 그때도, 사람들은 느끼기 위해서, 마음이 "주의를 돌리도록" 하는 경험을 갖기 위해서 극장에 갔다. 그렇지만, 지금 우리에 비해 훨씬 더 많은 정도로, 극장에서 그들은 또한 사교의 기회를 보았다. 최신 소문들을 챙기고 새로운 지인을 만들 기회. 사람들은 같은 연극을 여러 번 보러 갔다 — 반드시 연기가 너무 좋아서가 아니라 저녁에 친구를 볼 수 있는 장소가 극장이라서, 그리고 다른 오락 수단이 많지 않아서. 공연이 진행되는 동안 관객들은 다른 사람들과 이야기하는 것을 대수롭지 않게 생각했다. 다시 말해서 배우들은 객석에서 계속 들려오는 소음 속에서 대사를 말해야 했다.

또 중요한 것이 있다. 오늘날은 일단 연극이 시작되면 극장 조명이 꺼지고 그렇기에 우리가 서로를 볼 수 없다. 반면에 당시에는 극장 불이 항상 다 켜져 있었다. 다시 말해서, 객석의 관객들은 서로를 볼 수 있었고 서로의 몸 언어를 마음껏 읽을 수 있었다. 아마도 그래서 그들은 좀 더 자기의식적이 되었을 것이고, 무대 위 사건들 속에서 자기를 "잃을" 가능성이 더 적었을 것이다.

그렇다고 해서 18세기 극장 애호가들이 무대 위에서 일어나는 일에 관심을 안 가졌다는 말이 아니다. 관심을 가졌다. 연기에 전혀 주의를 기울이지 않는 것은 젠체하기로 간주되었다. 『에블리나』의 러블 씨는, "배우들의 말을 거의 듣지 않는다"라고 주장하는데, 허세 부리는 뽐쟁이다. (반면에 소설의 공감적 주인공, 에블리나라는 이름의 섬세한 소녀는 오페라의 특별히 "느리고 애처로운" 아리아에서 자기를 잃는 것으로 보여진다.)[4] 우리의 기준에는 18세기 극장이 아무리 시끄럽고 제멋대로인 것처럼 보이더라도, 좋은 연기는 정말로 관중의 주의를 끌었으며, 위대한 연기는 — 가령 토머스 베터튼, 바튼 부스, 데이비드 개릭, 또는 세라 시든스의 연기는 — 극장 전체가 집단적으로 숨을 죽이고 오랜 시간 완전 조용히 있도록 만든 것으로 알려졌다.

세라 시든스의 아들이며 그 자신 배우이자 극작가였던 헨리 시든스는 18세기 말과 19세기 초 극장 애호가들이 보여주는 행동들의 범위에 대해 다음과 같은 생각을 우리에게 남겼다.

---

4 Burney, *Evelina*, p. 99.

한 연극을 서너 번 본 사람이 극장에 앉으면, 당연히 그의 마음은 비어 있게 되고 활발하지 않게 된다. 관객들 가운데서 같은 연극을 처음 보는 한 젊음을 그가 우연히 알아본다면, 이 대상이 그에게는, 그리고 다른 많은 이들에게는, 무대 위에서 진행되고 있는 일체의 것보다 더 재미난 볼거리를 제공한다.

이 초보 관객은, 환영illusion에 의해 주의를 돌리도록 만들어져, 그가 보는 모든 것을, 심지어 배우들의 행동까지도, 덜 결정적인 방식으로긴 해도, 모방한다. 무슨 말이 나올지 모르면서도 그는 공연자들이 취하는 어조에 따라서 심각하기도 하고 만족해하기도 한다. 그의 눈은 거울이 된다. 몇 명의 관련 인물들의 다양한 제스처를 충실하게 반영하는 거울.

언짢음, 아이러니, 분노, 궁금함, 경멸, 한 마디로 작품의 모든 감정들이 그의 얼굴 표정에서 반복된다. 그의 고유한 정서들이, 외부 대상들과 교차하면서, 스스로를 표현할 방법을 찾는 동안에만 이 모방 그림은 중단된다.[5]

체화된 투명성 중에 붙잡힌 젊은 남자를 특히 관찰해 보자. 놀랍도록 자기의식적이지 않으며 연기에 완전히 몰입된. 그의 감정에 대한 우리의 직접적 접근은 물론 오래가지 않을 것이다. 그것을 더 설득력 있게 만들기 위해 시든스는 그것의 일시성을 강조한다. 그 "젊음"은 지금 노예가 되어 있다. 하지만 그의 주의가 "외부 대상들"로 떠돌 때면 어느 순간이든 그 주문은 깨질 것이다.

따라서 감성적 관객들은 가슴 아픈 연기를 보면서 자기를 잊고서는

---

5 Siddons, *Practical Illustrations of Rhetorical Gesture and Action*, pp. 35~36. 시든스의 책은 요한 야곱 엔겔(Johann Jacob Engel)의 이전 논고 『표정에 대한 아이디어(*Ideen zu einer Mimik*)』(1785)의 1807년 각색이다. 반쯤은 연기 매뉴얼이고 반쯤은 극장에 대한 철학적 성찰인 이 책은 때때로 허구 작품으로 읽힌다. 특히 시든스가 연기자들과 관객들을 포함하는 다양한 사회적 상황들을 상상할 때 그렇다.

그들의 몸이 그들의 감정을 보여주도록 한다는 감상적 가정을 러블레이스가 교묘하게 조종할 때, 1740년대 말 영국에서 이 가정이 아주 많이 자리를 잡고 있었다는 것을 그의 바로 그 냉소주의가 입증한다. 18세기 관중들이 연극이 진행되는 동안 이야기를 했고 배우들을 지켜보는 만큼이나 서로를 지켜보았다는 사실에도 불구하고 그것은 자리를 잡고 있었다. 다시 말해서 극장 관람의 전통이 우리와는 다른 문화에서도 극장은 소설 속에서 체화된 투명성을 위한 인지 가능한 맥락으로 복무할 수 있다 — 그렇기에 그것은 또한 위조된 투명성을 위한 맥락으로도 복무할 수 있는 것이다.

경마장에서 가장하기

의심 없는 관객들이 관찰 대상이 될 수 있는 사회적 세팅이 극장 말고 또 있을까? 경마장이 아주 비슷하게 작동하는 것으로 확인된다. 관중 가운데 한 명이 말과 기수를 보지 않고 다른 사람의 자생적 몸 언어에 끌리는 상황을 창조하기 위해 작가들은 경마를 이용한다.

톨스토이의 『안나 카레니나』(1877)에 나오는 유명한 장면을 고찰해 보자. 알렉세이 알렉산드로비치 카레닌은 그의 아내 안나가 다른 남자 브론스키와 아주 깊은 사랑에 빠졌다는 것을 알게 되며, 설상가상으로, 그녀가 자기감정을 감출 수가 없다는 것을 알게 된다.

> 알렉세이 알렉산드로비치는 경주에 별 흥미가 없었기 때문에, 기수를 쳐다보지 않고 지친 눈으로 멍하니 관람객들을 둘러보기 시작했다. 그의 시선은 안나에게 멈췄다.
> 그녀의 얼굴은 창백하고 딱딱하게 굳어 있었다. 분명 그녀는 오직 한 사람 외에 그 무엇도, 그 누구도 보지 않는 게 틀림없었다. 그녀는 부채를 쥔 손을 바르르 떨며 숨을 죽였다. 그는 잠시 그녀를 보다 다른

사람들에게로 황급히 고개를 돌렸다.

'그래, 저 여자나 다른 여자들이나 매우 흥분해 있어. 그건 너무나 자연스러운 거야.' 알렉세이 알렉산드로비치는 속으로 중얼거렸다. 그는 그녀를 보고 싶지 않았지만 그의 시선은 저도 모르게 그녀 쪽으로 이끌렸다. 그는 그녀의 얼굴에 너무나도 분명히 적힌 것을 읽지 않으려 애쓰며 그녀의 얼굴을 응시했다. 그러나 자신의 의지와는 반대로 그녀의 얼굴에서 그가 읽고 싶지 않았던 것을 읽어내고는 두려움에 빠졌다.

개울에서 쿠조블레프가 낙마한 첫 번째 사고는 모두를 흥분에 빠뜨렸다. 그러나 알렉세이 알렉산드로비치는 안나의 창백하고도 의기양양한 얼굴에서 그녀가 주시하는 사람이 떨어지지 않았다는 사실을 똑똑히 읽었다. 미호친과 브론스키가 커다란 울타리를 뛰어넘고 그 뒤에 오던 장교가 바로 그 자리에서 곤두박질하여 치명상을 입었을 때, 관중 전체에 공포의 술렁임이 확 퍼졌다. 그때 알렉세이 알렉산드로비치는 안나가 이것을 조금도 알아채지 못하고 있다가 간신히 주위 사람들의 말을 알아듣는 것을 보았다. 하지만 그는 더욱더 빈번히, 더욱더 집요하게 그녀를 쳐다보았다. 말을 달리는 브론스키의 모습에 정신을 온통 빼앗긴 안나는 옆에서 자신을 노려보는 남편의 차가운 시선을 느꼈다.

그녀는 잠시 남편을 돌아보며 의아한 눈으로 그를 바라보더니 살짝 얼굴을 찌푸리고는 다시 고개를 돌렸다.

'아, 어쩌라고.' 그녀는 그에게 이렇게 말하는 듯 더 이상 그에게 눈길도 주지 않았다.[6]

경주에서 돌아오는 길에 알렉세이 알렉산드로비치는 아내에게 그녀의 행동의 부적절함을 지적한다. 점잖은 겉모습으로 감정을 이겨내야만 하는

---

6   Tolstoy, *Anna Karenina*, pp. 209~210[레프 톨스토이, 『안나 카레니나 1』, 연진희 옮김(민음사, 2009), 451~452쪽].

그의 숨 막히는 세계 안으로 그녀를 다시 끌고 오려고 노력하면서. 안나는, 금방 브론스키가 말에서 떨어진 것을 목격했고 그가 살아있다는 것을 알지만 그 이상은 모르고 있는데(더 나아가 브론스키의 아이를 임신하고 있는데), 그녀가 해주었으면 하고 남편이 바라는 일을 할 수가 없다. 즉 모든 것을 부인하고는 남편의 의혹들을 명랑한 무관심으로 비웃어주는 일을. 대신에 그녀는 브론스키를 사랑한다고, 자기가 그의 정부라고, 남편을 "두려워하고 증오한다"고 선언한다. 이 고백을 재촉함으로써 체화된 투명성의 그 순간은 이처럼 소설의 전환점으로 복무한다.

그렇지만 극장과 비교할 때 경마장은 사로잡힌 관객한테서 제한된 범위의 감정들만을 끌어낼 수 있다. 말들을 지켜보는 관객의 감정에 관하여 중요한 무언가를 관찰자가 알아내야 한다는 것이 상황의 전제이다. 그렇다면 관찰자가 무엇을 알아낼 수 있을까? 둘 중 하나를 알아낼 수 있다. 관객이 모종의 금전적 곤란을 겪고 있고 경주에 많은 기대를 걸고 있다는 것, 또는 관객이 기수 가운데 한 명과 감정적으로 깊게 연결되어 있다는 것. 그리고 여하튼 이 둘째 가능성의 경우에는, 톨스토이가 시장을 독식했다고 할 수 있을 것이다. 관객이 기수를 사랑하고 관찰자가 그 관객과 결혼한 상황보다 감정적으로 더 사로잡는 것이 무엇이 있겠는가?

따라서 체화된 투명성을 위한 기존의 여러 가지 산문 허구 트릭들을 영화감독들이 채택하였을 때 흥미로운 발전이 영화에서 일어났다. 영화에서 관찰자들은 동료 관객들을 염탐하고 그들의 감정에 대해 무언가를 알아내기 위해 말들을 역시나 실제로 무시한다. 하지만 관찰당하는 관객들 역시 말들을 신경 쓰지 않는다. 대신에 보통 그들은 말들을 보는 척한다. 그들이 말들에 관심이 있다고 다른 모두가 생각한다는 가정하에 사실은 그들 자신의 용무를 보면서.

한편으로 이는 관찰당하는 관객들이 진열할 수 있는 감정들의 범위를 엄청나게 열어놓는다. 왜냐하면 그것은 경주의 금전적 결과나 특정 기수의 안녕에 대한 것이 더 이상 아니기 때문이다. 다른 한편으로 그들을 관찰하는 사람들은 이제 이 감정의 진열에 대한 해석에서 아주 틀릴 가능성이 더 높아진다. 정확히 왜냐하면 그것은 경주의 결과나 특정 기수의 안녕에 대한 것이 더 이상 아니기 때문이다. 이 상황을 묘사할 한 가지 방법은 이 체화된 투명성이 맥락에서 도망쳤다고 말하는 것이다. 말들은 더 이상 중요하지 않다. (또는 다른 사람들에게 말들이 중요하다고 그 관객들이 생각하는 정도로만 말들은 중요하다.) 사람들은 자신의 용무를 보기 위해서 그리고 서로를 훔쳐보기 위해서 경주에 간다.

(내 말을 오해하지는 마. 경마가 등장하는 모든 영화에 이것이 적용된다고 말하는 것이 아니다. 체화된 투명성을 위한 맥락을 창조하기 위해 감독이 경마를 이용하는 영화에 대해서만 나는 말하고 있다. 즉 어떤 관찰자가 의심 없는 관객을 염탐하는 영화. 물론 관중의 일원을 염탐하는 일이 아니라 말과 기수에 초점을 맞추는 경마 영화도 많다.)

에른스트 루비치의 무성영화 〈윈더미어 부인의 부채〉(1925)에 나오는 유명한 장면을 생각해 보라. 한 귀족 집단이 경마장에 와서는 아무도 말에는

그림 6. 에른스트 루비치의 〈윈더미어 부인의 부채〉(Warner Bros., 1925)에서 다른 관객 염탐하기.

그림 7. 에른스트 루비치의 〈윈더미어 부인의 부채〉에서 에를린 부인(아이린 리치)이 쌍안경으로 프레임 잡힌다.

주의를 기울이지 않는다. 대신에 그들은 온갖 쌍안경, 오페라 안경, 손잡이 안경으로 다른 관람객을 염탐한다(그림 6, 7).

그렇지만 가장 중요한 염탐은 육안으로 이루어진다. 달링턴 경(로널드 콜먼)이 그의 친구 윈더미어 경(버트 라이텔)의 몸 언어를 가까이서 관찰한다. 최근에 런던에 나타났으며 아무도 알지 못하는 에를린 부인이라고 하는 여자를 보고는 그가 놀라는 것처럼 보일 때(그림 8). 에를린 부인에 대한 윈더미어의 관심, 다른 사람들이 그녀에 대해 수근거리기 시작할 때 그의 동요, 감정을 숨기고 무관심해 보이려는 그의 노력을 달링턴은 알아차린다. 달링턴은 윈더미어를 가장 투명한 순간에 붙잡은 것처럼 보인다. 그리고 자신이 본 것으로부터 그는 윈더미어와 에를린 부인이 연인이라고 추론한다. 이 발견은 달링턴에게 중요하다. 왜냐하면 그는 윈더미어의 아내를 사랑하고 있고 윈더미어의 부정이 윈더미어 부인을 더욱 추구할 면허증을 그에게 주기 때문이다.

물론 윈더미어의 동기에 대한 달링턴의 해석이 틀렸다는 것을 우리는

그림 8. 에른스트 루비치의 〈윈더미어 부인의 부채〉에서 에를린 부인에 대한 윈더미어 경(버트 라이텔)의 관심을 달링턴 경(로널드 콜먼)이 알아차린다.

안다. 윈더미어는 다정하고 충실한 남편이다. 에를린 부인을 보고 그가 그렇게 강하게 반응하는 이유는 이 시점에서 그가 그의 서클 가운데서 에를린 부인이 과거의 성적 행동 때문에 평판이 영원히 더럽혀진 그의 장모라는 것을 아는 유일한 사람이라는 것이다. 그 정보를 아내에게(아내는 어머니가 도덕적이었고 죽었다고 생각하는데) 그리고 험담을 퍼뜨리는 나머지 친구들에게 숨기기 위해서 그는 돈을 보내주면서 에를린 부인을 떨어져 있게 하고 있다. 그렇게 예기치 않게 그렇게 가까운 거리에서 지금 그녀를 보면서, 그리고 그녀가 누구일지 다른 사람들이 추측하는 것을 들으면서, 그는 극도로 불편하다. 다시 말해서, 달링턴이 윈더미어의 몸언을 아주 예리하게 지각하고 있기는 해도, 체화된 투명성의 이 순간에 대해서 우리만이 정말로 알아보는 유일한 관중이다.

다른 사람들이 에를린 부인에 대해 수근거리기 시작할 때 불편한 자기

그림 9. 에른스트 루비치의 〈윈더미어 부인의 부채〉에서 달링턴 경과 윈더미어 경이 프로그램에 관심이 있는 척한다.

마음을 숨기기 위해 윈더미어는 프로그램을 열심히 들여다보면서 경주에 관심이 있는 척한다. 이와 비슷하게, 윈더미어와 에를린 부인이 모종의 특별한 관계를 갖는다는 것을 깨달을 때 "아하" 순간을 숨기기 위해 달링턴 역시 말들에 대해 생각하는 척한다. 윈더미어가 프로그램을 손에 들고 그에게로 몸을 돌릴 때 그는 적당히 관심 있는 표정을 하며, 타인의 척하기에 자신의 척하기로 장단을 맞추며, 프로그램을 동조하듯 들여다보고, 그러는 내내 윈더미어를 교활하게 몰래 훔쳐보면서 말들에 대한 그의 설득력 없는 관심 보임을 즐긴다(그림 9).

또한 이 장면의 시작을 생각해 보라: 거대한 집단의 남자들이 부지런히 말들을 응시하는 동안 에를린 부인(아이린 리치)이 그들 가운데 서 있다. 하지만 그녀가 걸어 나가기 시작할 때 그들은 즉시 몸을 돌려 그녀를 눈으로 좇는다. 이 시퀀스는 그들 가운데 있는 이 동반자 없는 여성 이방인을

그림 10. 경마에 누가 정말로 신경을 쓰지? 에른스트 루비치의 〈윈더미어 부인의 부채〉에서 남자들이 몸을 돌려 에를린 부인을 본다.

그들이 내내 생각하고 있었다는 것을 보여준다. 여기서도 이 장면의 다른 곳에서도, 경주에 주의를 기울이는 것은 다만 다른 무언가를 하기 위한 구실에 불과하다(그림 10).

경마는 〈오명〉에서도 동일한 방식으로 작동한다. 잉그리드 버그만, 케리 그랜트, 클로드 레인스가 나오는 알프레드 히치콕의 1946년 영화. 앨리샤 후버만(버그만)과 데블린(그랜트)은 리우데자네이루에서 위장하고 활동하는 미국의 비밀 요원이다. 그들은 알렉산더 세바스찬(레인스)이 있는 한 나치 집단을 노린다. 앨리샤와 데블린은 작전 진행을 논의하기 위해 경마장에서 만난다. 그들의 대화가 앨리샤로서는 너무 감정적이 될 때(즉 그들은 서로를 사랑하지만 데블린은 이를 인정하기에는 감정이 너무 양가적인데), 그녀는 정력적으로 주의를 말들에게로 돌린다. 이것이 그 유명한 숏, 그녀의 얼굴은 볼 수가 없고 그녀의 쌍안경에 반사된 경주만을 볼

그림 11. 앨프레드 히치콕의 〈오명〉(RKO, 1946)에서 경마.

수 있는 숏이다(그림 11).

 그리고 나서, 경마를 무시하는 것은 앨리샤와 데블린만이 아니었다는 것이 확인된다. 앨리샤를 사랑하는 알렉스가 쌍안경으로 멀리서 내내 그녀를 지켜보고 있었다. 하지만, 경마에서 체화된 투명성의 다른 영화 사례들이 그렇듯, 앨리샤의 몸 언어에 대한 그의 해석은 약삭빠른 동시에 틀렸다. 그는 그녀의 강한 감정들을 등록한다. 하지만 그는 그것들이 무엇을 의미하는지 확신하지 못한다. 바로 그렇기에 다음에 나오는 대화에서 앨리샤는 자기가 데블린을 "혐오"한다는 것을 그에게 거의 설득시킬 수 있다(알렉스보다 사랑에 덜 눈이 먼 남자라면 놀라게 했을 언어):

앨리샤 멋진 경주였어. 우승자에게 돈 많이 걸었어?
알렉스 경주 안 봤어.
앨리샤 안 봤어? 망원경으로 보는 줄 알았는데.

알렉스 너와 너의 친구 데블린 씨를 보고 있었지. 그래서 나의 어머니와
        날 두고 갔군. 그와 약속이 있어서.
앨리샤 말도 안 되는 소리 마. 그냥 우연히 만난 거야.
알렉스 그 사람을 떼어내고 싶어 하지도 않던데.
앨리샤 아, 그는 그냥….
알렉스 널 지켜봤어. 그를 사랑한다고 생각했어.
앨리샤 그렇게 말하지 마. 난 그를 싫어해.
알렉스 정말? 그는 아주 잘생겼잖아.
앨리샤 알렉스, 전에도 말했잖아 데블린 씨는 나한테 아무 의미 없어.
알렉스 나도 설득이 되었으면 좋겠어. 나를 설득해 줄 수 있어, 앨리샤,
        데블린 씨가 너한테 아무 의미도 없다는걸?

  알렉스를 "설득"하기 위해, 앨리샤는 알렉스와 결혼해야 한다. 그들의 결혼은 알렉스의 나치 친구들을 상대로 성공적인 스파이 작전이 시작되게 하고, 앨리샤와 데블린이 서로 반감을 갖게 하고, 영화가 끝날 때 앨리샤를 거의 죽음에 이르게 하고, 크레딧이 오를 때 알렉스를 확실한 죽음에 이르게 한다. 따라서 경마는 종종 스파이 영화 주인공들의 삶을 돌려놓는 세팅이다. 그곳은 그들이 관찰하는 사람들에 대해 어떤 중요한 진실을 그들이 알게 된다고 그들이 생각하는 곳이다. 하지만 사실 그곳은 그들이 잘못된 해석들을 내놓는 곳이며, 그러한 해석들은 플롯을 복잡하게 만드는 데 복무한다.
  다시 말해서, 의심 없는 캐릭터들이 자신들이 살고 있다고 생각하는 세계와 영화감독들이 그들에게 달려드는 세계 사이에는 사랑스럽도록 아이러니한 단절이 있다. 첫째 세계에서 경마는 여전히 『안나 카레니나』에서 그랬던 경마이다: 체화된 투명성을 위한 단순한 세팅. 기대를 품은 달링턴 경들과 알렉산더 세바스찬들이 모자를 쓰고는 무방비 순간에 타인들을 붙잡기 위해 경마장으로 출발한다. 하지만 그들이 그곳에 도착할 때

경마장은 모든 이들이 각도, 책략, 척하기 등을 알아내려고 분주한 장소라는 것이 확인된다. 다만 누구도 이에 대해 그들에게 경고하지 않았을 뿐. 그래서 그들은 다른 사람들의 몸 언어를 부지런히 관찰하는 일을 진행한다. 그렇지만 마음을 읽어내는 대신에 그들은 마음을 오독하는 것으로 끝나고 만다(이것이 바로 좋은 이야기가 필요로 하는 것이다).

축구: 마지막 방어벽

하지만 축구는 다르다. 영화가 경마를 타락시켰을 수는 있다. 하지만 운동 경기는 아니다. 스타디움은 체화된 투명성의 믿을 수 있는 출처로 여전히 남아 있다. 축구(즉 영국 사커), 농구, 하키 그리고 여타 스포츠 경기를 지켜보면서 캐릭터들은 아직도 무아지경에 빠지고, 따라서 전략적으로 자리를 잡은 관찰자는 희석되지 않은 직접적 마음 읽기 숏을 얻을 수 있다.

닉 혼비의 『피버 피치』(1992)를 예로 들자. 한 축구 팬의 자서전적 회고록. 열한 살이라는 어린 나이에 주인공이 참관하는 바로 첫 경기, 혼비의 인생 도식으로는 부모의 이혼과 관련된 불행을 아스날 팀에 대한 강박적 집착으로 돌려놓은 그 경기(운명적 경기!)는 타인들의 마음에 직접 접근하는 경우로 『피버 피치』에서 묘사되고 있다. 서술자가 말하듯,

> 선수들보다는 오히려 관중들을 바라보았던 것을 나는 기억한다. (…) (…) 나에게 가장 인상적이었던 것은, 거기 있다는 것을 내 주위의 사람들 대부분이 아주 많이 증오했고, 정말로 증오했다는 것이었다. (…)
> 나는 그전에도 대중 오락을 보러 간 적이 있었다. 영화나 팬터마임을 보러 간 적도 있었고, 어머니가 시민회관에서 「화이트호스 여관」의 코러스를 부르는 것을 보러 간 적도 있었다. 하지만 축구 경기를 보러 가는

것은 그런 것과 사뭇 달랐다. 내가 지금까지 가 보았던 공연이란, 관객들이 즐기기 위해 돈을 내고 모이는 곳이었다. 그런 공연장에 가 보면 이따금 칭얼거리는 아이나 하품하는 어른은 있었을지 몰라도, 분노나 절망이나 좌절감에 사로잡혀 얼굴을 찡그리는 사람은 한 명도 없었다. '고통으로서의 오락'이란 완전히 새로운 개념이었고, 나는 내가 찾던 바로 그것을 발견한 기분이었다.[7]

위에서 "증오했다, 정말로 증오했다"는 내가 강조한 것이 아니다—혼비가 했다—하지만 그가 하지 않았다면 내가 했을 것이다. 이 구절이 보여주는 것은 군중 속 사람들이 **정말로** 무엇을 느끼는지를 열한 살 주인공이 볼 수 있다는 것이다: 분노, 절망, 좌절. 극장에서는 그처럼 풍부한 차림을 마주하지 못한다. 극장에서는 하품이면 진귀한 대접이다. 주의, 경건함, 감탄의 웃음, 사려 깊은 슬픔, 지루함 등 이 모두가 다른 관객들에게 인상을 남기기 위해 가장될 수 있겠지. 하지만 끝도 없는 고통과 증오를 가장하려고 한번 해 보라!

하지만 통제 불가능한 감정들에 진정으로 사로잡힌 몸을 보고 싶다면 아스날이 이길 때까지 기다려라. 한 지점에서 서술자는, 이제 완전히 성인이 되었고 완전히 중독되어 있는데, 팀의 예기치 않은 승리에 너무나도 압도되어서 자신이 무엇을 하고 있는지를 모른 채 기쁨을 내뱉고 있고, 그러는 동안 진 팀의 팬들이 그를 지켜보고 있다: "평생 서너 번의 축구 순간 가운데 두 번째였다. 광분 상태에서 내가 무엇을 하고 있는지 아무 생각이 없었고 모든 것이 잠시 멍했다. 뒤쪽의 어느 노인이 내 목둘레를 움켜잡더니 놔주지 않았던 것은 안다. 정상적 의식에 근접한 상태로 돌아왔을 때 나머지 관중석은 비어 있었고, 우리를 지켜보면서 너무 놀라고 메스꺼워 움직이지

---

7 Hornby, *Fever Pitch*, pp. 19-21[닉 혼비, 『피버 피치』, 이나경 옮김(문학사상, 2014), 22, 24쪽].

못하고 있는 몇몇 토트넘 팬들만 있었다는 것도 안다"(p. 181[279쪽]).

이 장면에서 놀라운 것은 체화된 투명성이 모두를 타격한다는 것이다: 관찰자들도 관찰당하는 자들도. 자기 몸이 무엇을 하고 있는지를 서술자가 알지 못한다면 — 자기 자신에 대한 아무런 정신적 그림도 안 가진 그런 상태에 그가 있다면 — 그의 몸 언어를 경유해서 그의 마음에 토트넘 팬들이 직접 접근할 뿐 아니라, 그 순간 그가, 또는 그의 독자들이, 그에 대해 알 수 있는 것보다 항상 더 많은 것을 그들이 알 것이다. 다시 말해서, 혼비의 정신이 멍했을 때 혼비가 무엇을 했는지 관찰자들은 알며, 다른 그 누구도 모른다. 하지만 동시에 서술자는, 일단 의식이 돌아오고 나면, 토트넘 팬들의 몸 언어를 관찰할 수 있다. 감각 마비의 절망에 빠진 그들이 그에게는 투명하다. 그들이 아스날 팬들의 승리에 도취한 광분의 광경을 즐기고 있기 때문에 그를 지켜보는 것이 아니라 "너무 놀라고 메스꺼워 움직이지 못하고" 있기 때문에 지켜보는 것이라는 것을 그는 안다. 방금 그들이 그들의 몸 언어를 어느 정도로 의식하고 있는지 우리는 궁금하다. 서술자의 자기의식 결핍이 그들 자신의 자기의식 결핍에 반영되어 있으니.

그러고 나서 또 목을 움켜잡는 노인이 있다. 혼비가 의식을 잃는 순간 노인의 그 몸 언어는 그를 혼비에게 투명하게 만든다. 혼비에게 (말하자면) 감기어 있는 동안 그는 분명 자기 행동에 대해 자의의식적이지 않았을 것이다. 체화된 투명성이 폭풍처럼 팬들을 휩쓸고 간다. 체화된 투명성이 타인들에게 하는 일을 그들이 보는 그 순간에도, 그것이 그들에게 하는 일을 그들은 통제할 수가 없다.

책도 그렇고 책에 근거한 영화(영국 판본)[8]도 그렇고 경기의 매력을 설명하기 위해 직접적 마음 접근의 이 순간들에 의지한다는 것이 중요하다

---

8 영국 영화는 1997년에 제작되었다. 주인공을 보스턴 레드삭스의 팬으로 만드는, 2005년에 제작된 미국 판본도 있다. 그렇지만 미국의 〈피버 피치〉는 체화된 투명성을 그 어떤 의미심장한 방식으로도 전경화하지 않는다.

는 것을 나는 발견한다. 그 둘의 설명이 다르기는 하지만. 축구가 그렇게 몹시도 필요한 것은 아스날 서포터즈의 손에 잡히는 고통이 그 자신의 우울과 손을 맞잡고 춤을 추기 때문이라고 혼비는 생각한다. 또는 그가 말하기를, "내가 축구를 보러 가는 이유는 수도 없이 많지만 적어도 오락을 위해서 가는 것은 아니다. 토요일 오후 주위에 모여 앉은 침울한 얼굴들을 보면, 남들도 나와 같은 기분임을 알 수 있다"(pp. 135~36[208쪽]).

어두운 기분일 때 다른 불행한 사람들과 함께 있는 것을 사람이 때로는 고마워한다는 데 나는 동의한다. 하지만 여기서 특별한 유형의 마음 읽기가 발생하고 있다는 데 주목해 보자. 괴로움을 공유하는 그 치유의 시간은 주변의 다른 사람들이 무엇을 느끼고 있는지 혼비가 아는 — 또는 같은 것이지만, 안다고 믿는 — 시간이기도 하다. 이 시간은 강렬한 마음 읽기 쾌감의 순간이다. (또한, 실제의 순간: 단지 무대 위 배우들이 연습했던 감정 폭발을 연기하고 있는 것이 아니라.)

경기의 저항 불가능한 견인력에 경탄하면서 영화 〈피버 피치〉는 경기장에서 일어나는 일에 "몰입"된 관중에 대해 이야기하는 혼비의 회고에서 가져온 한 구절을 출발점으로 삼는다.[9] 아래에서 그 구절을 읽으면서 동사 시제가 과거에서 현재로 바뀌는 것을 관찰하자. 일단 우리가 체화된 투명성의 순간 안으로 들어갈 때, 직접성과 일시성의 인상을 강화하는 시제 변화.

우리는 이날 밤 에버턴을 3-1로 이긴다. 1, 2차전 점수 합계가 4-1이 되어 편안하게 결승에 진출했다. 하지만 우리는 기다려야만 했다. 전반 종료 4분 전에 로캐슬이 에버턴의 오프사이드 트랩을 깬다. 사우솔을 제쳤고 완전히 빈 골문에 슈팅을 날렸지만 크게 벗어났다. 그러고 나서

---

9 몰입은 투명성에 대한 논의에서 아주 유관한 개념이다. 앞으로 출간될 책의 한 장에서 나는 이점을 보여줄 것이다.

3분 후 헤이스도 돌파했다. 하지만 이번에는 사우솔이 골라인 코앞에서 그를 쓰러뜨렸다. 헤이스가 직접 페널티킥을 찼다. 맥클레어와 마찬가지로 골대 위로 넘겨버렸다. 관중들은 좌절과 걱정으로 미쳐가고 있다. 주위를 돌아보면 열중하는 얼굴, 완전히 몰입된 얼굴들이 보인다. (p. 198[307쪽])

영화에서 (혼비에 근거한) 주인공 폴 애쉬워스는, 콜린 퍼스가 연기하는데, 집에 혼자 앉아서 옛 경기 리플레이를 보고 있다(그림 12). 방금 전 그는 여자 친구와 싸움이 있었는데, 그녀는 게임에 대한 그의 강박에 인내심을 잃고 있다. 그리고 그는 축구에서 그를 그토록 강력하게 끌어당기는 것이 무엇인지를 이해하려고 노력하고 있다.

우리는 그의 생각을 보이스오버로 듣는다. 게임의 가장 마법적인 부분은 게임이 유발하는 듯 보이는 다른 마음들에 대한 직접적 접근의 느낌이라고 그가 사실상 우리에게 말하고 있을 때. "이건 어때? 경기 종료 3분 전, 준결승에서 2-1로 너는 앞서고 있어. 주변을 둘러보면 두려움과 희망,

그림 12. 데이빗 에반스의 〈피버 피치〉(Channel Four Films, 1997)에서 폴 애쉬워스 역의 콜린 퍼스.

걱정으로 일그러진 수천 명의 얼굴이 너는 보여. 모두가 빠졌어. 다른 모든 것은 그들 머릿속에서 사라졌어. 그러다 휘슬이 울리고 모두가 미쳐 날뛰지. 그 몇 분 동안 너는 세상의 중심에 있다."

주변의 다른 모두가 무엇을 생각하고 있는지 네가 안다고 느끼는 그 몇 분 동안 너는 세상의 중심에 있다. 그것은 대규모이지만 강렬하게 개인적인 규모에서의 마음 읽기이다. 왜냐하면 너 자신의 감정이 타인들의 감정 안에 반영되기 때문이다. 그들의 몸은 너에게 투명하다, 하지만 너의 몸도 그들에게는 투명하다, 그리고 너의 몸이 그들의 몸 안에 반영됨을 통해서 너에게도. 그 경험은 또한 짧다. 이 "몇 분"이 경기장에서 일어나는 일에 따라서 더 길게도 더 짧게도 느껴질 수 있겠지만.

그렇다면 지금 이 시점에 우리의 문화적 상상력은 스포츠 행사를 아직은 관객의 마음에 직접 접근할 수 있는 믿을 만한 장소로 취급하는 것 같다. 소설이 도래하면서 극장은 오래전에 더 이상 그런 장소가 아니게 되었다. 좀 더 최근에는 — 영화가 도래하면서 — 경마도 그렇게 되었다. 하지만 실생활 축구 팬도 허구적 축구 팬도 여전히 관중석에서 주변의 다른 사람들을 보면서 그들 몸에 강력한 감정들이 역력하게 쓰여있는 것을 볼 수 있다. "다른 모든 것은 그들 머릿속에서 사라[진]" 가운데 말이다. 아무 연기도 여긴 없다. 어떻게든 타인들에게 인상을 남기려는 아무 시도도 없다.

분명 이런 상황은 지속되지 않을 것이다. 욕심 많은 마음 읽는 이의 문화는 믿을 수 있는 투명성을 위한 맥락들을 완전히 의식하게 되면 곧 전복한다. 오늘날의 러블레이스가 그의 클러리사를 축구 경기에 데리고 와서는 그녀가 경기장 위의 사건 대신에 그의 감정에 주의를 기울일 것이라고 기대하면서 자기감정을 가장하는 영화를 우리가 보게 되는 것은 아마 시간 문제일 것이다. 그리고, 그런 일이 일어날 때, 관객이 된다는 것이 (열정적인 동시에 투명한) 쇼가 된다는 것을 의미하는 그다음 사회적 세팅으로 무엇이 출현할지 누가 알겠는가?

5장

여기서는 독자들이 히치콕의 〈오명〉으로 돌아가 수프 그릇도 커피잔도 겉보기와는 다름을 깨닫는다 | 맷 데이먼이 포커 게임을 한다 | 험프리 보가트가 여자를 잃는다 | 헬렌 미렌이 크럼핏을 잃는다 | 레이프 파인즈가 냉정을 잃는다 | 힐러리 클린턴이 기침할 뻔한다 | 그리고 엉뚱한 곳이 비난을 받는다.

영화: 자제의 힘

이제 우리는 인쇄된 페이지에서 벗어나 체화된 투명성의 시청각 경험을 향하고 있다. 대다수 영화에서의 경험, 하지만 연극 무대에서는 이따금 보게 되는 경험.

영화는 물론 욕심 많은 마음 읽는 이들을 위한 향연으로서 소설과 경쟁하는 마음 이론 확장판이다. 지금까지 마음 이론과 장편 영화를 다룬 탁월한 연구로 나는 두 개를 알고 있다. 페르 페르손Per Persson의 『영화의 이해: 움직이는 이미지에 대한 심리학적 이론Understanding Cinema』(2003). 콜린 맥긴의 『영화의 힘: 스크린과 마음은 어떻게 상호작용하는가』(2007). 그렇지만 이 주제는 너무나도 풍부한 것이어서 이를 다루는 더 많은 책이 곧 나오길 기대한다.[1]

---

1   인지 이론 관점에서 문학, 영화, 예술에 대한 최근 연구 및 곧 발표될 연구로는 이런 것들이 있다. Abbott, *The Fine Art of Failure*, "*Conversion*" 그리고 "*Reading Intended Meaning*"; Aldama, "Race, Cognition, and Emotion" 그리고 *Toward a Cognitive Theory of Narrative Acts*; Anderson and Anderson, *Moving Image Theory*; Austin, *Useful Fictions*; Bortolussi and Dixon, *Psychonarratology*; Branigan, *Projecting a Camera*; Carroll, *The Philosophy of Motion Pictures*; Crane, "Surface, Depth, and the Spatial Imaginary"; Currie, *Image and Mind*; Easterlin, *A Biocultural Approach to Literary Theory and Interpretation*; Flesch, *Comeuppance*; Fludernik, "1050~1500: Through a Glass Darkly"; Herman, *Story Logic, Narrative Theory and the Cognitive Sciences* 그리고

이 장에서 내가 하는 일은 결코 영화와 마음 이론에 대한 포괄적 분석이 되지 않는다. 나의 초점은 의도적으로 좁다. 맥긴이 말하기를, 스크린에서 "눈은 진한 감정의 액체 웅덩이가 된다. 우리는 캐릭터의 감정을 보는 것만 같다. 이미지와 감정은 그토록 뒤엉켜 있다(적어도 영화가 제 일을 하고 있을 때는)."[2] 따라서 영화가 제 일을 하고 있다면 영화는 이미 체화된 투명성으로 넘쳐난다는 가정으로 나는 시작한다. 그렇지만 모든 투명성이 동등하게 창조되는 것은 아니다. 이 흠뻑 젖은 매체에서도 접근의 어떤 순간들은 다른 순간들보다 더 풍부하게 느껴진다. 캐릭터들의 감정을 선택적으로 흐려놓음으로써 성취되는 효과. 이어지는 내용에서 나는 그러한 전략적 차단의 한 가지 특정 패턴을 볼 것이다. 캐릭터들이 자신의 감정을 숨기거나 자제하려고 하고, 그렇게 함으로써 자유롭게 감정 표출하는 상대방보다 더 흥미롭게 투명해지는 순간들을.

쿨레쇼프 효과 너머

"Genette Meets Vygotsky"; Hart, "The Epistemology of Cognitive Literary Studies"; Hogan, *Cognitive Science, Literature, and the Arts*, "Literary Universals", *Empire and Poetic Voice, The Mind and Its Stories* 그리고 *Understanding Nationalism*; Tony Jackson, "Issues and Problems"; Keen, *Empathy and the Novel, Thomas Hardy's Brains* 그리고 "Strategic Empathizing"; Kramnick, "Some Thoughts on Print Culture and the Emotions"; McConachie, *American Theater* 그리고 *Engaging Audiences*; Palmer, *Fictional Minds* 그리고 *Social Minds and the Novel*; Plantinga and Smith, *Passionate Views*; Richardson, *British Romanticism, The Neural Sublime*, "Studies in Literature and Cognition" 그리고 (Ellen Spolsky와 함께) *The Work of Fiction*; Scarry, *Dreaming by the Book*; Spolsky, "Darwin and Derrida", "Narrative as Nourishment", *Gaps in Nature, Satisfying Skepticism* 그리고 *Word vs Image*; Starr, *Feeling Beauty*, "Multisensory Imagery" 그리고 "Poetic Subjects"; Turner, *The Literary Mind*; Vermeule, "God Novels", "Satirical Mind Blindness", *The Party of Humanity* 그리고 *Why Do We Care*; 그리고 Zunshine, *Why We Read Fiction, Strange Concepts* 그리고 *Introduction to Cognitive Cultural Studies*.

2　McGinn, *The Power of Movies*, p. 104.

체화된 투명성이 영화에서 특히 쉽게 발생하는 것은 두 요인의 조합 때문이다. 마음 이론과 몽타주. 스크린에서 우리는 한 얼굴을 본다. 그 사람의 마음에 무언가가 있다고 가정할 준비가 우리는 되어 있다(우리의 마음 이론은 절대 일을 안 멈추니까!) 영화 초창기의 유명한 실험을 기억할 것이다. 러시아 영화감독 쿨레쇼프는 중립 표정의 배우 숏을 수프 그릇, 관 속의 아이, 소파에 기댄 여자의 이미지와 번갈아 병치하였다. 각 경우에 관객들은 그 남자의 얼굴에서 다른 감정을 보았다고 보고하였다. 수프 숏 뒤에서는 배고픔을, 관 속의 아이 숏 뒤에서는 슬픔을, 여자 숏 뒤에서는 행복을.

영화배우들은 아무것도 할 필요가 없고 감독들이 일련의 이미지들을 얼굴과 병치하기만 하면 된다는 것을 "쿨레쇼프 효과"는 함축하는 듯 보인다. 감정들은, 따라서 장면의 의미는, 관객들이 제공할 것이다. 하지만, 몸 언어에서 감정들을 읽어내려는 우리의 준비됨 때문에 영화가 존재한다는 데는 의문의 여지가 없는 반면에, 영화가 실제로 들려주는 이야기는 남자 얼굴과 수프 그릇의 병치에서 태어나는 "이야기"보다 훨씬 더 복잡하다. 히치콕의 〈오명〉에서 앨리샤의 얼굴 숏과 이를 뒤잇는 커피잔 숏을 고찰해 보라(그림 13과 14). 그녀가 목이 마른다는 것을 의미한다고 보면 잘못이다. 남편과 시어머니가 자신을 천천히 독살하고 있으며 앞에 놓인 커피잔에 그 독이 들어 있다는 것을 깨닫고 그녀는 충격을 받는다. 앨리샤의 마음 상태를 정확히 해석하고 그 장면의 의미를 파악하려면 전체 배경 서사가 필요하며 그 서사의 마음 귀속들의 복잡한 그물망이 필요하다. 알렉스와 그의 어머니는 앨리샤가 미국의 첩자라는 것을 꽤 오랫동안 알고 있었고, 하지만 그들의 나치 서클에 있는 다른 사람들이 이를 알게 하지는 않았는데, 왜냐하면 그럴 경우 그들이 알렉스를 죽일 것이기 때문이다. 앨리샤는 그들이 자신의 정체를 알고 있으며 천천히 조용히 죽이려 한다는 것을 방금 깨달았다. 그들은 필사적이다. 그리고 그녀는 그들

그림 13. 알프레드 히치콕의 〈오명〉(RKO, 1946)에서 앨리샤 휴버먼이 커피잔을 바라본다.

수중에 있다. 사실 그녀는 완전히 그들 수중에 있는데, 왜냐하면 데블린이 그녀를 사랑하지 않는다면 — 그리고 그가 그녀를 사랑하지 않는다고 그녀는 믿기 시작하는데 — 그녀를 구하러 오지 않을 것이기 때문이다. 우리가 앨리샤의 공포를 감지할 때, 〈오명〉은 공포 영화처럼 느껴지기 시작한다.

따라서 감독들은 쿨레쇼프 효과를 이용하는 동시에 그 너머로 나아간다. 그들은 대상 숏과 병치된 얼굴에서의 우리의 감정 읽기에 의존한다. 하지만 그 얼굴을 정확히 읽기 위해서는 단지 이 직접적인 숏들의 연속 이상의 것이 필요하다는 것 또한 그들은 확실히 해둔다. 우리는 이 특정 장면 이전의 모든 이들의 생각과 느낌에 대한 정보가 필요하다. 따라서 영화에서 임의의 주어진 시점에 한 캐릭터의 마음 상태에 대한 우리의 해석을 인도하는 것은 다른 마음 상태들에 대한 우리의 이전 해석들이다.

물론 이 모든 해석들을 마음속에 간직하고 현재의 숏들의 연속에 그것들

그림 14. 〈오명〉: 커피잔.

을 적용하는 일은 꽤 많은 인지적 노력과 불확실성을 수반하는 일이다. 우리는 '수프 한 그릇+남자의 얼굴=남자는 배고프다'라는 단순한 등식을 훨씬 넘어서 있다. 한 캐릭터가 무엇을 생각하는지 우리는 알고 있고, 다른 캐릭터가 무엇을 생각하는지 우리는 확신하지 못하고 있고, 또 다른 캐릭터가 무엇을 생각하는지 아무 단서도 없다. 예를 들어, 데블린은 앨리샤를 사랑할까? 사랑한다고 우리는 짐작하지만, 영화의 끝에 이를 때까지는 확실하게 알 수 없을 것이다. 또는, 알렉스와 그의 어머니는, 앨리샤가 커피잔을 보고 그런 다음 그들을 쳐다볼 때, 천천히 그녀를 독살하려는 그들의 계획을 그녀가 이제는 안다는 것을 깨달을까? 깨닫는다고 우리는 짐작하지만 그럼에도 그것은 애매하게 남아 있다.

   캐릭터들의 마음 상태에 대한 우리의 해석들 안으로 의심과 애매성을 끌어들임으로써, 실생활 사회적 복잡성의 스크린 판본들을 감독들은 창조한다. 다시 말해서, 그들이 우리에게 우리의 "아하!" 순간을 승인할 때

— 즉 캐릭터들이 무엇을 생각하고 있는지를 우리가 정확히 안다고 우리가 느끼도록 만들 때 — 우리는 캐릭터들이 내내 투명했을 때보다 훨씬 더 그것을 알아본다. 이따금 있는 완전한 접근의 순간들은 우리로 하여금 뛰어난 사회적 경기자처럼 느끼게 해준다. 우월한 사회적 안목과 힘의 이 환영을 우리는 소중히 여긴다. 왜냐하면 그러한 환영들은 우리의 엉망진창 일상 마음 읽기 불확실성 가운데서 그리고 영화감독들이 신중하게 구성한 불확실성 가운데서 튀어나오기 때문이다. (그리고 물론 어떤 영화 장르들은 마음 읽기 불확실성을 그 존재 이유로 삼는다; 탐정 영화에서는 우리가 캐릭터들의 마음을 읽는 일을 가능한 한 오랫동안 방지하는 쪽으로 모든 것이 맞추어져 있다.)[3]

앨리샤가 처음에 커피잔을 보고 그다음 남편과 시어머니를 볼 때 앨리샤의 얼굴 숏은 체화된 투명성의 사례이다. 그 직전에 나치 친구 앤더슨 박사가 앨리샤의 독이 든 커피를 돌발적으로 집어 들어 마시려는 것을 막을 때 알렉스의 걱정스러운 외침 역시 그렇다. 완벽한 접근의 그러한 순간들을 찾아 영화들을 살펴보기 시작한다면, 그러한 순간들이 영화 관람을 보기 드문 마음 읽기 경험으로 만들기에 충분히 자주 발생한다는 것을 너는 깨닫는다. 자제가 — 너도 기억하겠지만, 그것은 소설에서 체화된 투명성을 위한 세 "규칙들" 가운데, 아마도 가장 중요한 것은 아닐지라도, 여하튼 하나인데 — 스크린에서 새로운 중요성을 띤다는 것도 너는 알아차린다. 캐릭터들이 자신들의 감정을 억제하기 위해 분투하도록 해주는 사회적 맥락들을 감독들은 직관적으로 하지만 집요하게 찾으려는 것처럼 보인다.

왜 이래야 하지? 스크린에서 자제는 무엇이 그렇게 특별하지?

---

3   관련된 논의는 나의 *Why We Read Fiction*에 있는 탐정 소설을 다룬 장을 볼 것.

체화된 투명성의 왕도

험프리 보가트가 이 이야기를 들려주었다. 그들은 〈카사블랑카〉를 찍고 있었다. S. Z. (커들스) 사칼인가 누군가가 그에게 와서 "그들이 '마르세예즈'[4]를 연주하고 싶어 하는데 어떻게 하면 좋지? 나치가 여기 있고 우리는 '마르세예즈'를 연주하면 안 되는데"라고 말하자, 험프리 보가트가 그냥 밴드에게 고개를 끄덕인다. 밴드 장면으로 넘어간다. 그들이 연주를 시작한다. "바-바-바-바".

그 아름다운 장면이 먹히게 하려고 그가 뭘 했는지를 누군가가 물었다. 그가 말한다. "하루는 그들이 나를 불렀어. 감독인 마이클 커티즈가 이렇게 말했지. '저기 발코니에 서 있어. 그리고 내가 "액션"이라고 말할 때 잠시 미루다 고개를 끄덕여.'" 그는 그렇게 했다. 그것은 위대한 연기였다. 왜? 그가 무엇을 더 할 수 있었겠는가? 고개를 끄덕이라고 요구받았고, 그는 고개를 끄덕였다. 그게 바로 그거다. 감정적 상황에서 그의 단순한 자제restraint에 관객들이 엄청 감동받는다. 이것이 좋은 극장theater의 본질이다.

— 마멧, 『영화 연출에 대하여』

마멧은 보가트 일화를 꺼내어 좋은 연기를 과잉 연기와 구별하는 것이 무엇인지에 대한 그의 더 큰 논증을 예시한다. 배우들은 감정을 보여주려고 노력하는 대신에 "굴절 없는uninflected" 신체 행동이라고 그가 부르는 것을 연기해야 한다. 단순한 고개 끄덕임이 큰 효과가 있는 것은 — 쿨레쇼프 효과 기억하는가? — 보는 이들이 장면의 맥락을 바탕으로 그것에서 감정들을 읽어내기 때문이다.

그렇지만, 영화의 한 장면을 묘사하면서 감정적 상황에서 자제가 "좋은

---

4 [옮긴이] 프랑스 국가.

극장의 본질"이라고 한 마멧의 말을 우리가 얼마나 중시해야 하는 것일까? 아마도 그는 "극장"이라는 말을 넓은 의미로 사용했을 것이다. 무대 위에서 펼쳐지건 스크린 위에서 펼쳐지건 아무 공연으로서. 하지만 연극 무대도 그는 정말 염두에 두는 것이고, 그의 사례 선택은 아마도 연극보다는 영화에서 자제의 용도가 더 클 수 있다는 사실을 무심코 반영하고 있을 것이다.

자제는 몸을 가까이서 볼 때 탐지할 수 있고 알아볼 수 있는 감정이다. 연극과 영화 모두가 이런 종류의 주의 집중을 배양한다. 하지만 영화는 연극에서는 이용 가능하지 않은 노골적인 힘에 기댈 수 있다. 클로즈업은 캐릭터의 얼굴에 주의를 집중하는 것 말고는 선택의 여지를 남겨놓지 않는다. 반면에 연극에서는 캐릭터가 눈이라도 깜박일 것이라고 예상될 때 근육 하나 역력히 안 움직이는 동안 관객들이 딴 데를 바라보고 있을 가능성이 항상 있다. (무대와 멀리 떨어져 앉으면 배우들의 표정을 그냥 볼 수가 없어서 자제의 미세한 지점들을 놓친다는 것은 말할 것도 없고.)

〈카사블랑카〉의 저 장면에 대해 마멧이 말할 때 배우와 캐릭터를 구별하는 일에 그가 신경 쓰지 않는다는 것도 주목하자. "감정적 상황에서 그의 단순한 자제에 관객들이 엄청 감동받는다"라고 그가 말할 때, 대명사 그의*his*는 험프리 보가트의 캐릭터 리처드 블레인을 지칭하는 만큼이나 험프리 보가트를 지칭한다. 이는 꽤나 이해할 만하다. 감독으로서 마멧은 배우들의 행동과 그들의 행동이 관객들에게 미치는 효과에 관심을 둔다. 보가트는 과장된 연기를 하지 않음으로써, 사실은 거의 전혀 연기하지 않음으로써, 자제를 보여준다 — "고개를 끄덕이라고 요구받았고, 그는 고개를 끄덕였다" — 그리고 관객들은 감정적 상황에 대한 그의 통찰력 있는 묘사에 제대로 반응한다.

그렇지만 우리의 논의를 위해서 나는 배우와 배역을 구별해야 하고, 캐릭터가 내보이는 자제에 왜 관객들이 감동하는지 물어야 한다. 결국은 우리 문화에서 자제에 무슨 절대적 가치가 부여되어 있어서 자제의 모든 내보임이 미덕의 표시로 인정되어 칭송되는 것 같지는 않다. 다문 입술을 어떤 상황에서 어떤 사람들은 좋게 평가하지만, 다른 사람들은 못마땅해한다. 더구나 〈카사블랑카〉에는 릭이 자제를 보여주는 대신에 강한 감정을 내보이는 다른 많은 순간이 있다(예를 들어, 그가 주먹으로 테이블을 내리치고는 일자의 갑작스러운 재등장에 대해 "온 세상, 온갖 마을, 많고 많은 술집 중에 여기로 들어오다니"라고 말할 때). 그런 장면들은 감동적이고 기억에 남는다. 그리고 우리는 릭이 다 내보일 때 그에게 반감을 갖지 않는다.

그렇다면 나는 이렇게 제안한다. 캐릭터가 자제를 내보일 때 우리가 이를 좋아하는 것은 자제가 그 자체로 좋기 때문이 아니라 **흥미로울 정도로 복잡한** — 예를 들어, 〈오명〉에서 앤더슨 박사가 독이 든 커피를 마시려는 것을 알렉스가 헉 하면서 막을 때 내보이는 것이나 심지어 주먹으로 테이블을 내리칠 때 릭이 내보이는 것보다는 더 복잡한 — 체화된 투명성을 위한 수단으로 사용될 수 있기 때문이다. 영화에서의 자제가 매력적인 점은 어떤 특정 감정을 캐릭터가 자제하려 하고 있는지를 종종 우리가 알지도 못한다는 것이다 — 투명한 것은 자제를 위한 분투 그 자체이다.

예를 들어, "마르세예즈"를 연주하라고 오케스트라에 릭이 고개를 끄덕일 때 자존심, 반항, 희망, 개인적 비탄, 무모함 등의 정확히 어떤 조합을 그가 경험하고 있는지를 우리는 알지 못한다. 하지만 아무것도 말하지 않음으로써 또는 이 감정들 중 아무것도 직접 표현하지 않음으로써 그가 자신을 통제하고 있다는 것은 우리가 확실히 안다. 따라서 그는 자신의 복잡성에 있어서 우리에게 투명하다. 단 하나의 감정이 아니라 한 묶음의 감정들 전체에 대한 접근을 약속하면서 우리의 마음 이론에 이를테면 그는 아첨을 떨고 있는 것이다.

그리하여 자제는 영화에서 체화된 투명성의 왕도이다. 왜냐하면 자제는 우리가 완전하게 접근할 수 없는 감정을 포함해서 그 어떤 감정 내용 위에라도 얹을 수 있기 때문이다. 앞서 소설의 체화된 투명성을 논의하면서 말했듯이[5] 자제는 매력적으로 복잡한 마음 상태의 내보임을 감안한다. 가령 "무엇을 내가 느끼는지를 그녀가 아는 것을 나는 안 원한다"에서 그렇듯. 영화에서의 자제는 동일한 3차 수준 인지 삽입을 감안하며, 하지만 그에 더하여 캐릭터가 감추려 하고 있는 감정들의 팔레트를 눈에 띄게 확장할 수도 있다. 이 3차 수준 삽입은 말하자면 울창한 3차 수준 삽입이 된다. "무엇을 내가 느끼는지를 그녀가 아는 것을 나는 안 원한다, 하지만 나는 엄청 많은 것을 느끼고 있다." 그렇기에, 소설 『오만과 편견』도 그것의 영화 판본도 엘리자베스가 청혼을 거절할 때 다아시 씨가 화를 자제하려고 노력한다는 것을 우리에게 말해주지만, 콜린 퍼스의 표정에서 우리는 그것보다 더 많은 것을 읽어낼 수가 있다(그림 3을 볼 것). 배우의 얼굴이 방정식에 포함되면, 우리의 마음 읽기 적응들은 추가로 처리해야 할 것이 생긴다.

쿨레쇼프의 실험에서 "중립" 얼굴이 "러시아의 발렌티노"로 알려진 이반 모주힌의 얼굴이었다는 것은 우연이 아니다. 초창기 때부터 영화는 자제 뒤에서 복잡함의 인상을 전달하는 일을 특히 잘하는 배우들을 애써 찾았다. 앤서니 레인이 영화 〈비우티풀〉에 대한 리뷰에서 쓰듯, "하비에르 바르뎀의 머리를 내게 가져와. 그보다 더 고귀한 머리통을 본 적 있어? (…) [바르뎀의 캐릭터가] 엄마에게 버림받고 멍든 얼굴로 혼자 있는 [그의 아들을] 발견하는 장면은 정말 뒤집어지겠다. 분출하려는 충동을 억제하면서 너무 차분하게 연기하기 때문에 더욱 지우기가 어렵다. 으르렁거릴 준비가 된 휴화산은 언제나 볼만하다."[6] 고요함의 가면은 복잡함과 접근의 아주 맛있는 조합을 우리의 마음 이론에 제공한다(그리고 어떤 영화들은 기꺼이 우리의 마음 이론을 미식가로 만든다.)

---

5   [옮긴이] 69쪽.
6   Lane, "Miles to Go," p. 83.

사진 잘 받는 직업들

> 요즘은 사람들이 화려함과 눈물, 웅장한 공연을 원해. 나는 그런 건 잘 못 해. 잘해 본 적이 없어. 나는 내 감정을 혼자 간직하는 걸 더 좋아해. 그리고 어리석게도 사람들이 여왕에게 바로 그런 것을 원한다고 믿었지. 소란을 피우지 않는 거, 감정을 노골적으로 드러내지 않는 거.
> — 엘리자베스 2세, 〈더 퀸〉

자제의 발휘를 요구하는 직업을 가진 사람은 흥미로운 영화 캐릭터로 하기가 좋다. 의사, 변호사, 스파이는 — 직업상 상황의 직접적 감정적 내용과는 자신을 분리시켜야 하고 따라서 자기감정을 억눌러야 하는 누구든 — 체화된 투명성을 위해 써먹기에 아주 적합하다. 그녀가 어쩌다 지금의 상황 안에 개인적으로 얽혀 있다면 한층 더 좋다. 오, 저 고요한 얼굴 뒤의 격정들! 영화는 이런 종류의 내적 갈등을 좋아한다.

스티븐 프리어스의 영화 〈더 퀸〉(2006)은 직업적 자제의 궁극의 사례가 되려고 한다. 프리어스의 주인공 엘리자베스 2세 여왕(헬렌 미렌)은 24시간 내내 자기감정을 억누른다. 왕족과 관련된 예의 때문에 그녀는 마음을 겉으로 드러내지 못한다. 그리고 그녀는 이를 사랑하게 된다. 자제가 곧 그녀가 된다. 엘리자베스는 자기 위안이 되는 그 "조용한 품위"에 자부심을 갖는다. 이것이 바로 "세계가 그녀를 항상 존경해 온 이유"라고 그녀는 믿는다. 다이애나 공주가 죽은 뒤 영국 국민이 그들의 여왕에게 슬퍼할 것을 요구하고 대중에게 감정을 보여줄 것을 요구하자 그녀는 흔들린다.

그녀는 흔들린다 — 하지만 그것을 그녀가 드러낼까? 영화는 여왕의 감정 표현을 기대하게끔 우리를 자극한다. 주변의 다른 사람들은 — 토니 블레어, 셰리 블레어, 찰스 왕자, 필립 왕자 등은 — 자신들의 화, 조급함, 두려움, 놀람을 내보인다. 그녀도 그럴까?!

영화에서 자제는 체화된 투명성의 왕도라고 전에 나는 말했다. 지금

그림 15. 스티븐 프리어스의 〈더 퀸〉(Pathé, 2006)에서 여왕(헬렌 미렌)이 크럼핏을 포기한다.

그것을 왕자제[7]로 만들어 보자 — 문자 그대로. 그러면 너는 감독으로서 우리의 마음 읽기 적응들에게 제공되는 아주 특별한 요리를 위한 레시피를 갖게 될 것이다. 8시부터 5시까지만이 아니라 항상적으로 자기감정을 통제하고 억눌러야만 하는 그러한 위치에 주인공이 있을 때, 영화 전체를 자제의 다양한 색조들과 방식들을 이용해서 만들 수가 있다. 다시 말해서 체화된 투명성의 순간들을 선별하여 원하는 두께로 쌓을 수 있다.

프리어스가 바로 그것을 한다. 예를 들어, 영화 가운데 몇 번, 식사를 막 시작하려고 할 때, 다이애나 위기에 대해 토니 블레어와 긴급하고 스트레스받는 대화를 나누어야 하는 전화 호출을 받는다. 한 번은 여왕이 이미 입을 벌리고 무언가 분명 맛있는 것을 한입 물었고, 다시 그 전화가 걸려 온다. 여왕은 물론 감정을 자제한다. 하지만 그녀가 방을 떠나기 전 초콜릿케이크를 포기하면서 잠깐 바라볼 때 어떤 감정일지 우리는 상상할 수 있다(그림 15).

---

7   [옮긴이] '왕도'는 'royal road'이다. 그래서 'royal restraint'를, 다른 대안이 없이, '왕자제'라고 번역하였다.

다이애나의 장례식에 코드명 테이 브리지로 알려진 의식 행렬이 사용될 것이라는 사실을 여왕이 비서를 통해 알게 될 때 또 다른 자제의 표현을 볼 수 있다. 테이 브리지는 여왕 모후의 장래 장례식을 위해 고안되고 연습되었으며, 그렇기에 엘리자베스는 더 이상 왕실의 일원으로 여겨지지도 않는 불명예스러운 며느리에게 그것을 낭비하는 부적절함에 틀림없이 충격을 받았을 것이다. 하지만 아무리 충격을 받았더라도 그녀는 그것을 억누른다. 비서가 테이 브리지에 대해 이야기하자 그녀가 하는 일은 조용히 "다른 것은?"이라고 말하고 이마를 잠깐 만지는 것뿐이다.

여왕은 가장 가깝고 소중한 사람에게도 자제를 발휘해야 한다. 어느 시점에서 그녀는 조수석에 아들 찰스를 태우고 사슴 사냥 준비를 하고는 차를 운전하고 있다. (발모럴의 왕실 영지에서 그들은 사냥 장소로 운전해야 한다.) 찰스는 다이애나가 얼마나 따뜻했는지, 영국 국민이 얼마나 그녀를 사랑했고 나머지 왕실 가족을 얼마나 미워했는지, 그리고 지금 암살을 당하지나 않을까 얼마나 두려운지 계속 이야기한다. 여왕은 분명 몹시 짜증이 나지만 자제한다. 그녀는 단지 방금 마음이 바뀌어 찰스와 다른 가족들과 사슴 사냥을 가고 싶지 않으며 대신 개들과 함께 산책할 것이라고

그림 16. 스티븐 프리어스의 〈더 퀸〉에서 여왕이 카메라에 등을 보이고 운다.

쾌활하게 말할 뿐이다. 그러고는 차에서 내린다.

혼자 있을 때도 엘리자베스는 오래 긴장을 늦출 수 없다. 발모럴에서 혼자 돌아다니던 중 얕은 개울을 지나다가 차가 고장 난다. 구조대가 도착하기를 기다리고 있다. 다이애나의 죽음에 따른 스트레스와 언론과 측근들의 압박에 지쳐 그녀는 울기 시작한다(그림 16). 하지만 그곳에서도, 아무도 그녀를 관찰하지 않고 그녀의 전설적인 "조용한 품위"를 알아보지 않지만, 카메라에게서(즉, 우리에게서) 얼굴을 돌린 채 운다.

그녀가 우리를 향하기 시작하는 바로 그때, 수사슴이 기슭으로 올라오고, 엘리자베스는 수사슴의 아름다움에 놀란다. 처음에는 깊은 감탄과 함께 사슴을 바라보며, 그런 다음 총소리와 개 짖는 소리, 사냥꾼이 다가오는 소리가 들리자 강한 경각심을 가지고서 바라본다. 그녀는 사슴을 쉬이 하고 쫓아내고는 잠시 거기 그냥 서 있으면서 강과 산과 하늘을 음미하고, 갑자기 다시 행복해하고, 그 만남으로 활력을 되찾는다. 하지만 그러고 나서 그녀는 감정을 자제해야 한다고 느낀다. 스카프로 눈과 코를 닦고는 이목구비를 다잡아 꿰뚫을 수 없는 엄격한 가면을 하고서는 강인하고 위엄 있는 엘리자베스 여왕으로서 세상과 마주할 준비를 한다.

굉장히 인상적인 장면이다. 아마 가면이 완전히 벗겨지고 여왕이 일련의 감정들의 거치고 있는 것을 보게 되는 영화의 유일한 장면. 지금까지 프리어스는 이미 우리를 부스러기에 — 눈에 보이지 않을 정도로 미세한 감정 표정들에 — 고마워하도록 훈련시켰고, 그래서 우리는 이러한 내보임을 풍성하고 예외적인 것으로 지각한다.

다시 말해서 이야기 내내 여왕이 발휘하는 자제는 두 가지 방법으로 작동한다. 첫째, (사슴 장면처럼) 그녀가 자제를 풀고는 감정을 자유롭게 보여주는 경우, 이는 드물고 가치 있는 것으로 느껴진다. 둘째, 자제는 복잡한 감정에 대한 특권적 접근의 환영을 만들어낸다. 예를 들어, 여왕이 블레어의 전화를 받으러 떠나기 직전에 초콜릿케이크를 바라보는 잠깐의 아쉬운 표정은 간식을 빼앗긴 실망한 아이의 이미지를 순간적으로 떠올리게 한다. 어린아이는 체화된 투명성의 전형일 수는 있다. 하지만 자제된 실망의 이 특정 순간은 복잡한 감정들의 전 영역에 대한 개방을 약속한다. 물론 우리는 이 감정들을 볼 수 없다. 하지만 현재의 자제된 모습과 블레어와 다이애나에 대한 여왕의 양가적 태도에 대한 이전 정보로 인해 불붙은 우리의 마음 이론은 그것들이 무엇인지를 계속해서 추측하게 한다.

인지적 관점에서 보면, 영화란 다만 체화된 투명성의 연속이며, 그 투명성 각각은 우리의 마음 이론이 약간 다른 방식으로 윙윙거리게 만든다. 자유롭게 감정 표출하는 캐릭터들이(가령, 토니 블레어, 셰리 블레어, 필립 왕자, 그리고 짐작건대 예전에 다이애나 등이) 내보이는 투명성은, 아무도 지켜보지 않는다고 생각하는 여왕에게서 낚아챈 투명성과도 다르게 느껴지고, 누군가 지켜본다고 생각하는 여왕에게서 낚아챈 투명성과도 다시금 다르게 느껴진다. 욕심 많은 마음 읽는 이들에게 접근 환상을 쉼 없이 제공하는 매체들이 "아하" 순간을 내놓기 위한 다양한 전략을 개발해야 한다는 것은 당연하다.

포커페이스

자신들의 업무가 자제의 발휘를 요구하기에 유망한 영화 캐릭터가 되는 이들로는 의사, 변호사, 스파이, 영국 여왕만 있는 것이 아니다. 도박꾼들도 그렇다.[8] 영화는 포커페이스를 사랑한다. 즉 아무 감정도 도무지 보여주지 않는 실생활 얼굴 말고 — 그런 얼굴을 누가 원하겠는가?! — 포커 게임을 하는 사람들의 얼굴. 긴 포커 시퀀스가 있는 — 따라서 포커페이스들의 진열이 있는 — 영화로는 〈오션스 일레븐〉, 〈스팅〉, 〈카지노 로열〉, 〈카산드

---

8 어떤 다른 마음 이론 관점에서 본 도박에 대한 뛰어난 분석으로는 Vermeule, *Why Do We Care?*를 볼 것.

그림 17. 존 달의 〈라운더스〉(Miramax, 1998)에서 카드 테이블에 앉은 마이크 맥더못(맷 데이먼).

라의 꿈〉이 있으며, 또한 〈라운더스〉가 있다(그림 17).

포커 게임이 특히 영화에 좋은 것은 자제의 몇 가지 층들과 함께 하기 때문이다. 첫째, 참여자들은 자신들의 실제 위치를 타인들에게 숨기기 위해서 게임이 진행되는 동안 냉정해야 한다. 둘째, 흔히 이야기에서는 게임의 결과에 돈더미 말고 더 많은 것이 걸려 있다. 이기느냐 지느냐에 따라 주인공의 삶 전체가 뒤바뀔 것이다. (이긴다면 가령 꿈에 그리던 여자와 함께 할 수 있을 것이다, 큰 사례금을 받고 죽이기로 계약한 사람을 죽일 필요가 없을 것이다, 등등.) 따라서 거기 카드 테이블에 그가 단조롭게 무관심한 표정으로 앉아 있을 때, 누가 돈을 딸지 보려고 그가 숨을 죽이고 기다리고 있다는 것만을 우리는 아는 것이 아니다. 두 개의 삶 사이에서, 하나는 열렬히 소망하면서, 다른 하나는 생각만 해도 끔찍한 채로, 괴롭게 유예되어 있다고 그가 느낀다는 것을 우리는 또한 안다.

그리고 다시금, 자제는 다양한 감정 내용들(분노, 슬픔, 기쁨, 고통스러운 불확실성, 실망) 위에 포개어질 수 있기 때문에, 주인공이 블러핑하고 있는지를 곧바로 알 필요는 없다. 그의 감정이 무엇이든 그가 그것을 숨기려고 노력한다는 것은 우리가 정말로 안다. 게임이 끝날 때까지 바로 거기까지가 그의 투명성의 정도이다. 물론 게임이 끝날 때 그리고 그가 블러핑하고 있었는지를 우리가 정말로 알게 될 때, 이는 소급적으로 우리의 접근 인상을 심화시킨다. 그렇게 되면 우리는 테이블에서의 그의 행동을 돌아볼 수 있고 그가 돌처럼 굳은 표정으로(또는 차분하고 편안한 듯 보이도록 꾸민 채로) 거기 앉아 있을 때 틀림없이 그를 사로잡았던 두려움과 희망에 대한 좀 더 뉘앙스가 풍부한 지각을 개발할 수 있다.

이것은 영화들이(그리고 포커 리얼리티 쇼가) 하는 일이다. 그렇지만 2011년 5월 미국 언론은 실제 역사적 사건들을 바탕으로 자제와 체화된 투명성의(물론 이런 용어를 쓰지는 않고) 그럴듯한 서사를 구성할 기회를 얻었다. 파키스탄에 있는 빈 라덴의 은신처에 대한 비밀 급습이 시작될 때 오바마 대통령이 세계에 보여준 "포커페이스"와 이후 아보타바드에서 실제 급습이 전개되는 동안 업데이트를 받으면서 유지한 "스톤 페이스"에 대해 오사마 빈 라덴 사살 직후 기자들이 논평하기 시작했다.

그리하여, 오바마의 미국 출생증명서를 보고 싶어 하는 도널드 트럼프 및 여타 사람들에 대해 오바마가 농담했던 백악관 특파원 만찬을 다루는 글을 쓰면서, 〈뉴요커〉의 데이비드 렘닉은 "그 만찬의 정말로 놀라운 측면은 정치적 농담이 아니었다. 파키스탄 북부의 날씨가 맑아지자마자 오바마 자신의 헬리콥터가 네이비실 부대원들을 아보타바드에 있는 빈 라덴 은신처로 실어 나를 것을 오바마가 알고 있었다는 것이었다"라고 주장했다.[9] 〈뉴욕타임스〉의 모린 다우드는 "대통령의 계획된 냉정하고 읽을 수 없는 표정"이 이 경우 얼마나 완벽하게 그에게 도움이 되었는지를 말하였다. 〈살롱〉의 피터 피노키아로는 실제로 그의 짧은 기사에 "오바마의 포커페이스"라는 제목을 붙이고는 빈 라덴의 불사신 같은 겉모습에 대한 세스 마이어스의 농담에 즐겁게 웃고 있는 오바마의 동영상을 포스팅했는데,

---

9   Remnick, "Exit Bin Laden," p. 36.

그로 인해 우리는 대통령의 그 웃음이 빈 라덴의 임박한 운명에 대한 매우 구체적인 어떤 생각들을 은폐하고 있다는 불가피한 결론에 이르게 된다.

〈뉴욕타임스〉 기사 「빈 라덴 사냥 뒤에서」는 오바마와 그의 국무장관 힐러리 클린턴이 찍힌 기억할 만한 체화된 투명성의 스냅 사진들을 제공했다. 이 기사는 대통령과 그의 국가안보팀이 급습에 대한 보고를 받는 동안 "오바마 대통령은 '스톤 페이스'로 보였다"라고 한 오바마의 한 보좌관의 말을 인용했다.[10] 첨부된 사진에서 오바마는 전혀 무표정하지 않고 강렬하고 집중된 모습을 보였지만 — 38분간의 급습에 얼마나 많은 것이 걸려 있었는지를 고려할 때, 강렬한 감정을 감추고 있었어야 하는 — 대통령의 스톤 페이스에 대한 보좌관의 발언은 즉시 미국과 전 세계 뉴스 매체에서 보도되었다.

같은 사진 속 힐러리 클린턴의 제스처도 마찬가지였다. 클린턴은 손으로 입을 가린 모습을 보였는데, 이는 자신이 듣고 있는 것에 감정적으로 반응하면서 감정을 자제하려고 노력하는 것으로 해석될 수 있다 — 그리고 그렇게 해석되었다. 나중에 클린턴은 그냥 "이른 봄의 알레르기성 기침을 막으려고"[11] 했던 것 같다고 말했지만, 미국 언론이든 해외 언론이든 죄다 체화된 투명성을 불러내는(예를 들어, 그녀의 제스처는 자제하기를 원했던 순간 "충격"을 누설했다고 하는) 더 흥미로운 해석들이 확산되었다.[12]

오바마와 클린턴의 몸 언어에 대한 반응들이 성별에 대한 고정관념과 이 정치인들의 개인적 스타일에 대한 고정관념을 부추긴다는 것이 사실이다. 또한 (급습의 결과가 어떻든) 역사적 순간으로 여겨질 것을 피사체들이

10　Mazzetti et al., "Behind the Hunt for Bin Laden," n.p.
11　Tapper, "Hillary Clinton Explains," n.p.
12　Quigley, "Maybe I Just Coughed," n.p. 또한 Gevorkian, "Ne povod dlia tanzev"를 볼 것.

분명 알고 있었을 상황에서 마련된 사진 기회photo op가 계획되지 않은 진정한 제스처를 포착할 가능성이 낮았다는 것도 사실이다. 하지만 이런 고려 사항들을 잠시 제쳐두면, (강한 감정을 숨기고 있었던 것으로 추정되는) 오바마의 "스톤 페이스" 내지는 "포커페이스"와 간신히 자제되었다고 하는 클린턴의 "충격"에 대한 언론이 부추긴 집착은 투명한 몸 언어가, 특히 "실제 삶"에서 일어나는 것으로 지각될 수 있을 때, 얼마나 거부할 수 없는 매력인지를 보여준다.

지켜보기 거절하기

감정 표출하는 영화 캐릭터들은 자제를 드러낼 수 있고 그렇게 하여 우리의 접근 환영을 더 흥분되게 만들 수 있는 유일한 영화 캐릭터들이 아니다. 강한 감정을 경험하고 있는 어떤 개인을 지켜보는 일을 다른 캐릭터들이 거절하고 카메라가 결정적 순간에 그 개인에게서 멀어질 때, 똑같은 효과가 성취된다. 이 전략 배후에 있는 가정은 이렇다 ― 때로 사람들의 얼굴은, 지켜보는 사람이 사디즘적 구석을 갖고 있는 것이 아니라면, 지켜보기 고통스러울 정도로 감정을 노출한다. 이 전략은 생략에 의한 투명성이다. 즉 실제 얼굴을 우리는 볼 수 없으며, 하지만 우리의 상상력이 그 얼굴의 감정적 벌거벗음을 확대한다. 영화 〈퀴즈 쇼〉(1994)의 감독 로버트 레드포드는 결정적 순간에 이 전략을 사용한다. 한 캐릭터의 투명성에 대한 우리의 인상을 강화하기 위해서, 그리고 동시에 투명성의 쇼를 즐기기 거절하는 또 다른 캐릭터를 더 공감적으로 만들기 위해서.

〈퀴즈 쇼〉의 주인공 찰스 반 도렌(레이프 파인즈)이 포커를 하고 그것도 잘하는 것은 거의 필연적이다. 게임 중 찰스의 행동은 ― 그는 여유롭고, 미소를 지으며, 경계하고, 알 수 없으며, 블러핑을 하는데 ― 영화 전체에 걸친 그의 행동의 모델이 된다. 즉 그는 매력적이고, 알 수 없으며, 거짓말한다. 이 영화는 〈트웬티 원〉과 〈틱택 도우〉 같은 텔레비전 퀴즈 쇼를 둘러싼 1950년대 스캔들 이야기를 들려준다. 컬럼비아대학교의 매력적인 강사이자 저명한 지식인 가문의 후손인 찰스 반 도렌은 〈트웬티 원〉에서 오랜 우승자 허브 스템펠(존 터투로)을 물리치고 챔피언이 된다. "짧은 옆머리의 뚱뚱하고 성가신 유대인" 스템펠은 쇼의 비유대인 기업 스폰서들 입맛에 맞지 않았을 것이다.

반 도렌의 상승세가 눈부신 것은 쇼가 조작되었기 때문이다. 스템펠, 반 도렌, 그리고 그 앞뒤에 등장하는 다른 챔피언들은 사전에 답을 받고는 방송에서 정확히 무엇을 해야 하는지 이야기를 듣는다. 드라마를 구축하기 위해 어떻게 행동할지, 그리고 계속 이길지 아니면 일부러 패배할지. (이것은 본질적으로 원형 리얼리티 TV이며, 즉각성과 자발성의 효과를 유지하기 위해 신중하게 연출된다. 스템펠과 반 도렌은 자력으로 연기할 수도 있었다. 그들은 정보에 밝고 폭넓은 독서를 하였다. 하지만 프로듀서들은 쇼를 진행하고 있는 것이다. 다시 말해서 그들은 아무것도 우연에 맡기지 않는다. 각본을 짜고 모든 감정적 순간을 한층 강화한다.) 찰스는 이런 속임수를 싫어하지만 일단 들어가자 그것을 고수한다. 그의 포커페이스가 그에게 도움이 된다.

그렇지만, 프리어스 감독의 영화에 나오는 여왕처럼 찰스도 냉정을 잃는 순간이 찾아온다. 퀴즈쇼를 조사하는 의외 위원회에 강제로 출두하게 된 그는 "자연발생적" 지적 돌파와 감정 반응에서 답을 제공받고 코치를 받았는지 진실을 말해야만 한다. 위원들과 방청객의 격앙된 반응으로 고통스러운 증언이었지만 찰스는 비교적 평정심을 유지한다. 하지만 이러한 폭로에 분명 엄청난 충격을 받았지만 여전히 아들을 지지하고 평정심을 유지하려고 애쓰고 있는 부모와 함께 청문회실을 나서는 찰스는 이 귀족 가문을 괴롭히려고 작정을 한 기자들의 공격을 받는다.

먼저 기자들은 찰스에게 〈트웬티 원〉 출연이 끝나면 교육 프로그램의 아주 좋은 자리를 약속했던 NBC에서 방금 해고되었다는 것을 아는지 묻는다. 찰스는 당황하지만, 여전히 침착하게 아니, 그는 그걸 몰랐다고 말한다. 그러자 기자들은 그의 아버지를 향한다.

  기자 반 도렌 교수, 아들이 자랑스러운가?
  아버지 난 항상 찰리가 자랑스럽지.
  다른 기자 그가 한 일이 자랑스럽다고?
  아버지 지금 가장 중요한 건 찰리가 다시 가르치는 일로 돌아간다는
      거지.
  다른 기자 컬럼비아 이사들이 바로 지금 회의를 하고 있다는 걸 아나?
      그들은 찰리의 사직을 요청할 거라고.

이 지점에서 찰스 반 도렌의 어머니는 고통을 감추기 위해 눈을 감는다. 기자들은 그녀를 순수한 고통의 상태로 환원시키는 데 분명 성공하였다. 하지만 아버지는 여전히 서 있고, 그래서 그들은 다시 그에게 집중한다.

  기자 반 도렌 교수, 당신은 평생을 컬럼비아에서 보냈어. 그것에 대해선
     어떻게 생각하지?

아버지 반 도렌은 말을 못 하면서 관자놀이를 문지른다. 그 기자가 집요하게 질문한다:

  기자 반 도렌 교수?

 그런 다음 중요한 어떤 일이 발생한다. 〈트웬티 원〉의 이전 챔피언 허비 스템도 거기 홀에 있다. 현 청문회는 쇼가 조작되었다는 것을 의회 위원회에 설득하려는 그의 이전의 실패한 시도가 옳았다는 것을 입증했다. 허비는 찰스를 싫어하고 그의 위신이 추락하는 것에 기뻐할 만한 충분한

그림 18. 로버트 레드포드의 〈퀴즈 쇼〉(할리우드 픽쳐스, 1994)에서 허비(존 터투로)가 찰스(레이프 파인스)의 얼굴을 열심히 지켜본다.

이유가 있다. 기자들이 반 도렌 부자에게 달려들 때 허비는 찰리의 얼굴을 열심히 지켜본다(그림 18). 하지만 그들이 다시 그 노인에게 달려들 때 ― "반 도렌 교수?" ― 허비는 더 이상 참지 못하고는 그 고통스러운 장면을 보지 않기 위해 구석으로 물러난다.

아버지의 극심한 고통을 알고서 찰스 반 도렌은 간신히 이렇게 말한다. "아버지, 어머니와 먼저 가세요. 그리고 나중에 봐요." 한 기자가 "무반응"이라고 말한다(짐작건대, 또 다른 반 도렌에게 창피를 준 것에 만족해서). 그러고는 주요 희생양에 대한 공격을 강화한다. "찰스, 질문 몇 개만 더." 바로 그때 또 다른 기자가 구석에 있던 허비를 발견한다(그림 19).

기자   허브 스템펠. 허비, 사진 어때? ― 당신과 반 도렌 둘이서 같이.
허브   아니, 지금은 아냐. 젠장, 그 사람을 봐.
기자   자 어서, 둘 모두.
허브   너희 놈팡이들 문제가 뭔지 알아? 가만둘 것이 아닌 이상 사람을

그림 19. 로버트 레드포드의 〈퀴즈 쇼〉에서 허비가 모퉁이 뒤로 물러선다.

가만두질 않는다는 거야.

여기서 우리는 허브 스템펠을 마지막으로 본다. 카메라는 찰스에게로 돌아간다. 기자들이 그에게로 몰려든다. "누구 책임이라고 보죠, 찰리?" "위원회가 공정하게 대했다고 느끼나요?" "〈트웬티 원〉과 비교하면 압력이 어떤가요?" 하지만 찰스가 무너질 것처럼 보이기 시작하는 순간, 카메라는 다시 〈트웬티 원〉 프로듀서들이 의회 위원회 앞에서 증언하고 있는 청문회실로 이동한다.

다시 말해서, 주인공의 감정적 붕괴를 실제로는 보게 되질 않는다. 찰스가 자제력을 잃을 때 — 즉 (절대로 우리가 확실히 알지는 못하니까) 그가 자제력을 잃는다면 — 카메라가 전략적으로 다른 곳으로 이동한다: 처음에는 허브 스템펠에게로, 그런 다음 의회 위원회로. 이는 프리어스가 〈더 퀸〉에서 사용한 것과 같은 방식이다. 엘리자베스는 우리에게서 얼굴을 돌린 채 운다. 체화된 투명성이 강력하게 암시되지만 보여지지는 않는다.

이 결정적 순간에 주인공의 얼굴을 우리가 보지 못하게 함으로써 감독들은 관객의 상상력이 더 열심히 작동하도록 하기 위해 비극을 무대 밖으로 가져가는 고대 연극 원리를 따르는 것이라고 주장할 수 있다. 살인과 자살이 실제로 보지 않을 때 더 충격적으로 보일 수 있듯이, 찰리의 포커페이스가 마침내 무너질 때 찰리를 상상하는 것은 이 순간 레이프 파인스의 표정을 실제로 보는 것보다 더 강력한 감정적 경험일 수 있다. 허비가 기자에게 "아니, 지금은 아냐. 젠장, 그 사람을 봐"라고 말할 때, 우리는 그 사람을 본다면 무엇을 보게 될지 몸서리쳐야만 한다.

하지만, 우리가 찰리를 보지 못하도록 하는 것 말고도, 허브 스템펠의 반응은 다른 무언가를 성취한다. 이 순간까지 허비는 다소 얼간이처럼 보였다. 그는 거짓말을 했고 어리석은 사업 투자를 했다. 그의 사회적 스킬은 부족해 보였고, 그의 감정적 반응은 조잡하거나 순진해 보였다. 하지만 찰리의 얼굴을 보지 않기로 한 현재 그의 결정은 이 모든 것을 복잡하게 만든다. 그것은 그의 캐릭터의 어떤 본질적인 고귀함을 드러낸다. 그리고 이것이 우리가 허비를 보는 마지막 만남이기 때문에, 이러한 지각은 영화가 끝난 후에도 우리와 함께 남아 있다.

체화된 투명성은 그것을 목격하는 사람에 관하여 중요한 무언가를 우리에게 전달하는 데 사용될 수 있다. 이렇게 말함으로써 나는 2장에서 엘리자베스 베넷의 거절에 다아시가 화를 감추려고 했던 것 — 그리고 그렇게 하는 데 실패했던 것 — 과 그 "끔찍한" 멈춤의 시간 동안 엘리자베스의 불편함에 대해 말하면서 내가 했던 주장을 확장하고 있다.[13] 네가 작가이고 너의 캐릭터가 공감적인 인물로 남아 있기를 원한다면 다른 누군가의 투명함의 광경을 그 캐릭터가 즐기기 시작하는 상황 안에 그 캐릭터를 놓지는 않는다고 나는 거기서 제안했다.[14] 여기서는 캐릭터가 다른 사람의 투명성의 목격자로서의 자기 위치를 예민하게 의식하면서 이에 대해 무언가를 하기로 선택하는 상황으로 나는 눈을 돌리고 있다.

---

13 Austen, *Pride and Prejudice*, p. 130[269쪽].
14 [옮긴이] 본서 467쪽.

허브 스템펠의 선택은 특권적 목격자의 위치로부터 의식적으로 벗어나는 것이다. 그의 행위가 특히 호소력이 있는 것은 기자들의 행동과 극명한 대조를 이루기 때문이다. 기자들은 찰스 반 도렌과 그의 부모를 투명성 상태로 공격적으로 몰아넣으면서 사진을 찍는다. 물론 우리는 그들의 사디즘이 의도적인 것으로 따라서 그들의 주된 성격 결함을 나타낸다고 생각할 필요는 없다. 오히려 우리는 그들이 단지 "그들의 일을 하고 있다"라고 말할 수 있다. 그렇지만, 그들과 함께하기를 허비가 거듭해서 — 처음에는 본능적으로 구석으로 물러남으로써, 그리고 그다음에는 그에게 새로운 유명세를 가져다줄 수도 있었을 찰스와의 사진 기회를 단호하게 물리침으로써 — 거절한 것은 그를 더 훌륭한 도덕적 자질을 가진 사람으로 나타내준다. 정확히 그가 그의 일을 더 이상 하지 않으려 하기 때문에 말이다.

왜냐하면 체화된 투명성의 광경 또한 그의 일이었으니까. 〈트웬티 원〉에 참여한다는 것은 현장에서 척하는 것을 의미했다. 정답을 찾아 눈에 보이게 흘리고, 답이 맞으면 눈에 보이게 기뻐하고, 답이 틀리면 눈에 보이게 절망하고. 허브 스템펠은 체화된 투명성이 가치 있는 상품인 세계 — 찰스 반 도렌을 소화한 세계, 기자들이 그들의 취재 대상에서 투명성을 짜내는 것을 권리이자 의무로 느끼는 세계 — 의 일부였다. 하지만 그는 더 이상 그 세계의 일부가 아니다. 이 영화가 지지하는 도덕적 경제에서, 체화된 투명성을 사고파는 것을 거절하는 것이 아직 캐릭터를 구원할 수 있다.

누가 퀴즈 쇼를 전복했지?

투명성의 상업화에 반대하는 도덕적 자세를 취함으로써 〈퀴즈 쇼〉는 내가 인지적 용어로만 설명할 수 있는 어떤 수수께끼 같은 문화적 현상을 건드린다. 영화 캐릭터들 중 몇몇이 재빨리 "결국 이건 텔레비전이잖아"라고 하면서 인기 쇼가 각본 없는 감정적 반응에만 국한되어야 한다고 기대하는 것은 순진하다고 지적하지만, 이 캐릭터들이 특별히 공감을 불러일으키지는 않는다. 〈퀴즈 쇼〉는 실제 경쟁과 실제 감정이라고 속은 것에 대한 1950년대 시청자들의 분노를 적어도 일부 공유한다.

이 분노는 어디서 오지? 참여자들의 이마에서 반들거리는 땀이 실제 불안의 표시가 아니라 오히려 불안의 인상을 만들기 위해 촉촉한 손수건을 사용한 결과라는 것을 알게 될 때 왜 화가 나야 하지? 그리고 이 반세기 된 분노가 어떻게 오늘날에도 여전히, 감독이 도덕 이야기의 중심에 그것을 놓을 정도로 충분히, 관객들과 공명할 수 있지?

『우리는 왜 허구를 읽는가』에서 내가 탐사한 것과 동일한 현상을 우리가 여기서 다루고 있는 것일 수 있다. 거기서 나는 처음에는 실제인 것으로 제시된 이야기들이 사실은 허구였다는 것을 발견하고는 화를 내는 사람들에 대해 말한다. 그 책에서 나는 (존 투비와 레다 코스미디스의 출처-모니터링에 대한 연구를 출발점으로 삼아서)[15] 이렇게 제안한다. 우리가 허구 서사를 다루고 있다는 것을 알고 있을 때 우리는 그 서사 안에 포함된 정보를 저자를 가리키는 강한 출처 꼬리표를 가지고서 처리하는데, 이는 그 정보가 우리의 인지 데이터베이스 가운데서 자유롭게 유통되면서 예견할 수 없는 다양한 실생활 결정들에 영향을 주는 것을 방지해준다. 따라서, 진실이라고 생각했던 이야기가 사실은 허구라는 것을 알게 된 결과로 우리의 생각을 조종하는 일은 추정조차 할 수 없는 정도의 인지적 대청소를 수반할 수 있다. 우리의 분노와 배신감의 기저에 놓여 있는 것은 바로 그와 같은 힘든 대청소의 필요성에 대한 직관적 자각이다.

높은 인지적 비용에 대한 이 불행한 자각이 특정한 문화적 환경 안에서 어떻게 모습을 드러내는지가 여기 있다. 찰스 반 도렌이 허브 스템펠을 정정당당하게 이겼다고 관객들이 생각한다고 해보자. 중산층 너드 유대인에 대한 세련된 특권적 와스프WASP의 이 승리를 둘러싸고 사회 계층,

---

15 Tooby and Cosmides, "Consider the Source."

인종, 교육에 대한 끝없이 다양한 문화적 서사들이 — 1950년대 미국에서 관객 집단에 따라서 크게 다른 감정가를 갖는 서사들이 — 소용돌이친다. 이 문화적 서사들과 그것들의 개인적 해석들이 유발하는 감정들은 실제적이며, 따라서 모든 것이 연기였다고 하는 발견은 이 감정들과 서사들에 대한 재평가를 요구한다. 이것은 고통스러운 과정이며, 어느 개인적 서사들이 어느 방식으로 영향을 받았는지 확실할 수 없다는 사실로 인해 불쾌감은 더해진다. 허브 스템펠이 무대 위 저 작은 방음부스 안에서 땀 흘리고 있는 모습을 지켜볼 때 나를 강타한 무언가 때문에 결국 내가 대학에 안 가기로 결심했던 것일까? 스템펠이 연기를 하고 있었다는 것과 그 사람에 대해 분명 아무것도 모른다는 것을 내가 아는 지금, 나 자신에 대한 저 직관을 내가 믿어야 할까?

나는 1950년대를 사는 가상의 한 젊은 미국인이 되어 말하고 있다. 하지만 그러한 상상의 역할놀이가 필요한 것은 아니다. 1955년에 글로리아 로커먼이 퀴즈쇼에서 수행하는 것을 지켜본 일이 인생에 미친 아주 실제적인 효과에 대한 작가 게일 펨버턴의 회상이 여기 있다. 글로리아는 "[게일]처럼 어린 흑인 아이였다. 하지만 무엇이든 철자를 맞출 수" 있었고, 그래서 "'육만 사천 달러 질문'에서 엄청난 돈을 벌었다." 게일의 할머니는, 보통은 TV에서도 실생활에서도 모든 사람의 수행을 신랄하게 비판했지만, 글로리아"처럼 되려고 노력해야 한다"고 게일에게 말했다.

이 말은 게일에게 "충격"이었다. "나는 (…) 절망에 빠졌다. 나는 학교에서 잘했었다. 기대만큼은 잘. 나의 성취들이 나는 조금은 자랑스러웠다. 그리고 내가 매일 치르고 있던 — 그것도, 학교에서의 고통을 집으로 가져온 적이 절대 없었으니, 말없이 치르고 있었던 — 대가를 생각하면, 글로리아 로커먼을 내 얼굴에 들이밀 필요까지는 없었다. 나처럼, 텔레비전에서, 철자를 맞추는 글로리아 로커먼. 나는 항상 철자 대회에서 첫 라운드 탈락자였다."

거의 40년이 지나, 지금은 웨슬리언대학교에서 저명한 영문학 교수로 있는 펨버턴은 골똘히 생각한다. "글로리아 로커먼은 내 인생을 망친 것에 부분적으로 책임이 있었다. 그녀가 없었다면 나는 절대 문학을 가르치는 신세가 되지는 않았을 것이다."[16] 글로리아의 수행이 이처럼 어른들에게도 아이들에게도 미쳤던 개인적 영향을 고려할 때, TV에서 보인 그녀의 수행과 감정 역시 쇼의 제작자들이 짠 각본을 따랐다는 폭로로 인해 그들이 얼마나 동요되었을 것인지를 상상하기는 어렵지 않다.

(사실 그것들은 각본을 짠 것이 아니었다. 몇 년 뒤 〈육만 사천 달러 질문〉은 실제로 퀴즈 쇼 스캔들에 휘말리게 되었다. 하지만 그것들의 문제는 저 끈질기게 괴롭히는 〈트웬티 원〉이나 〈틱택 도우〉의 문제와는 다른 종류의 것이었다. 그 쇼의 기업 스폰서들은 유명인을 참여자로 포함시키되, 아무리 잘 수행하고 대중의 사랑을 받더라도 비유명인은 배제하고 싶어 했다. 글로리아 자신도 그녀 할머니의 조언에 따라 육만 사천 달러 질문에 모든 걸 걸고 싶지 않아서 쇼를 일찍 그만두기로 결정한 것이었다.)

그렇다고 했을 때, 우리가 체화된 투명성을 일별하게 되는 맥락의 상대적 진릿값을 알고 싶어 하는 것은 우리 자신의 감정과 결정을 추적하는데 그것이 도움이 될 수도 있기 때문이다. 어떤 층위에서는 우리가 실제 사람의 마음을 읽는 것과 상상된 사람의 마음을 읽는 것을 구별하지 않지만 — 즉 우리의 마음 이론이 건강한 식욕을 가지고서 양쪽 모두에게 전념하지만 — 그럼에도 우리는 허구적 감정들과는 대립되는 실생활을 다룰 때면 다른 종류의 개인적 인지 운영에 참여하기를 기대한다. 퀴즈 쇼들은 한 가지 종류의 인지 운영을 약속했으며 다른 종류를 제공했다 — 그것이 바로 그 쇼들의 진짜 "스캔들"이었다. 영화는 원래의 대중 반응에서 힌트를 얻어 이 쇼가 도덕적 규범을 위반한 것으로 생각하도록 유도한다. 하지만 그 규범이 실제로 무엇인지를 명확히 말하는 데는 어려움을 겪는데, 그럴 만한 이유가 있는 것이다. 퀴즈 쇼가 대중에게 어떤 잘못을 저질렀는지를 근본적으로 알아내기 위해서는 의심하지 않는 시청자들에게 강요된 높은

---

16   Pemberton, *The Hottest Water in Chicago*, pp. 18, 13.

인지 비용에 대해 말해야만 한다. 하지만 이 언어는 우리의 문화 분석의 용인된 일부가 아직은 아니다.

따라서 〈퀴즈 쇼〉는 텔레비전 역사의 특정 순간을 재상상한다. 체화된 투명성의 믿을 수 있는 맥락—즉 문화정치적 일반상식의 전문가가 되려는 사람들 사이의 열띤 경쟁—처럼 보였던 것이 전복되었다. 영화는 텔레비전 프로듀서와 기업 스폰서를 이 전복의 배후에 있는 악당으로 묘사한다. 하지만 우리가 지금까지 체화된 투명성에 대해 배운 것을 따를 때 우리는 책임을 전가하려는 열망이 줄어들 것이다.

왜냐하면 이것이 체화된 투명성의 방식이니까. 그것은 꽃피기 시작하자마자 시든다. 쥐를 보고 진심의 비명을 마칠 때쯤이면 이미 너는 2초 동안 그것을 꾸며냈을 수도 있다. 퀴즈 쇼는 참여자들의 몸 언어 연기에 면역되어 있지 않다. 18세기 감상소설이나 21세기 리얼리티 텔레비전 프로그램이 그것에 면역되어 있지 않듯이. 우리가 다루고 있는 인지 현상(우리가 몸을 마음에 대한 정보의 가장 좋은 출처이자 가장 의심스러운 출처로서 지각하는 것)을 탓하고, 우리가 볼 수 없도록 한 그 벌거벗은 감정적 얼굴이 연기자의 얼굴이었을 것이라고 받아들이자.

6장

여기서는 〈오피스〉의 제작자들이 우리를 민망하게 만드는 레시피를 보여준다 | 휴버트 험프리와 존 F. 케네디는 화면에 어떻게 나올지 신경 쓰지 않는다 | 영화감독들은 위조될 수 없는 몸 언어를 찾아다닌다 | 그리고 앤디 카우프만이 자신의 죽음을 꾸며내는 일에 대해 말한다.

모큐멘터리, 사진, 그리고 스탠드업 코미디:
괴로움 키우기

민망한

〈오피스〉의 또 다른 하루다.[1] "지옥에서 온 보스" 데이비드 브렌트(리키 저베이스)에 대한 영국 모큐멘터리. 제지 회사 지점장 데이비드는 비서 자리 지원자 두 명을 곧 면담할 예정이다. 새로 사람을 고용하기에는 분명 최악의 시기이다 — 지점은 인원을 줄이려 하고 있고 일자리를 잃을까 모두가 걱정하고 있다. 하지만 데이비드와 그의 직원들을 뒤쫓는 카메라에 데이비드가 젠체하며 설명하듯, 그는 "비서가 필요"하고, 그래서 한 명을 뽑는 중이다.[2]

(데이비드가 일컫기를) 그 "행운의 경쟁자"는 20대 후반의 남자와 여자이다. 데이비드는 매력적인 여자에게 즉시 집중한다. "그녀는 사무실을 밝게 만들 거야, 안 그래?" — 두 지원자가 다 듣는 데서 안내 담당자 돈(루시 데이비스)에게 말한다. 그런 다음 갑자기 멈칫하고 이렇게 덧붙인다. "만약 그녀가 합격한다면." 그리고 남자에게 말한다. "너도 그래. 왜냐하면 너희

---

[1] [옮긴이] https://www.youtube.com/watch?v=NtfUn6b4NBY

[2] Gervais and Merchant, *The Office: The Complete First Series*, disk 1. 모든 참조는 이 판본의 참조이다.

그림 20. 리키 저베이스와 스티븐 머천트의 〈오피스〉(BBC, 2001~3)에서 돈(루시 데이비스)과 데이비드(저베이스).

둘 다 동등하니까. 정해진 결론은 없어. 면접과 평점에 달렸지. 결국은 나에게 달렸고. 하지만 행운을 빌어. 좋은 인상을 내게 남기면 좋겠지."

데이비드의 방식에 익숙하면서도 이 두 이방인 앞에서 그의 이상스러운 행동 때문에 괴롭게 창피해하면서 돈은 조용히 그의 옆에 서 있다. 그녀는 자기가 이중으로 관찰당한다는 것을 안다―피면담자들에게 그리고 다큐 영상 제작진에게. 눈을 굴리면서 보스의 행동에 경멸을 표현하는 모습이 영상에 잡힐 형편이 못 된다. 그래서 그녀는 머리카락을 매만지고 손톱을 살피면서 가차 없는 카메라와 시선 마주침을 피하고 있다(그림 20).

그리고 잠시 돈이 카메라를 피해 다른 일을 할 수 있게 될 것처럼 보인다. 섹시한 피면담자에게 넋을 잃은 데이비드가 그녀의 사진을 찍기로 결심한다―"그냥 음…그냥 어…그냥 파일용으로"―그리고 돈을 종 부리듯 시켜 폴라로이드를 가져오게 한다.³ 하지만 그것을 그녀가 가져오자 본인이 그것을 움켜잡는다―"내가 할게. 내가 할게"―그러고는 여성 지원자에

---

3 [옮긴이] "Nurse, the Polaroid!"

게 더 가까이 다가간다. "그 사랑스런 미소를 지어볼까. … 좋아. 아, 머리카락도 전부… 사랑스러워. 그거 멋지다. 사랑스러운 파란 눈. 좋아. 미소 활짝. 사랑스러웠어. … 이걸 봐." 사진이 현상되기를 기다리면서 데이비드는 다른 지원자를 떠올린다. "너도 해봐"라고 말하면서 대충 젊은 남성이 있는 쪽으로 셔터를 누른다. "우리 스튜어트부터 할 거지," 돈은 겉으로라도 예의를 갖추려고 부질없이 애쓰면서 그에게 상기시킨다. "빨리 끝내자," 데이비드가 시원스럽게 동의한다. "따라 와." 스튜어트가 일어나 데이비드의 사무실로 따라가고 돈은 너무 당황스러워 어느 쪽 지원자도 보질 못한 채 폴라로이드 카메라를 닫는 것으로 숏이 끝난다.

〈오피스〉는 이처럼 거북한 순간들을 마음껏 즐긴다. 다큐 포맷 덕분에 영상 제작진은, 사람들이 보여지지 않기를 차라리 원하는 바로 그때, 무자비하게 사람들 얼굴에 초점을 맞출 수 있으며, 실제 삶에서는 무례하다고 여겨질 종류의 응시를 부추긴다. 그 미니시리즈를 스티븐 머천트와 공동 연출한 저베이스가 말하듯, 〈오피스〉에서 항상 지켜보는 카메라의 한 가지 "장점"은 "괴로움을 결국은 끝장낸다"는 것이다.[4] 돈이 민망해하고 꼼지락 대는 것을 지켜보면서 우리도 괴로움의 일부를 나눌 수 있겠지만 그럼에도 우리는 스크린에 열중한다.[5] 돈은 투명하다, 자기가 투명하다는 것을 그녀는 안다, 안 그러려고 그녀는 노력한다, 하지만 안 그럴 수가 없다, 그리고 이 모든 것을 우리는 다 본다.

투명성의 첫째 규칙이 있다. 〈오피스〉는 대조를 조성한다. 저베이스와 머천트는 한 캐릭터의 투명성을 다른 캐릭터의 투명성이나 조금 전 자신의

---

4 같은 영상, 코멘터리.
5 블룸이 『우리는 왜 빠져드는가?』에서 "당혹스러움에 지나치게 의존하는 코미디를 지켜보는 일이 어려운 한 명보다 많은 사람을 나는 알고 있다. 그들은 그것을 거의 견딜 수 없는 일로 여긴다"(p. 166[232쪽])라고 지적하고 있기는 하지만. [전샤인의 인용은 원문("many find it difficult to watch comedies that rely too heavily on embarrassment; the vicarious reaction to this is too unpleasant")과 좀 차이가 있다."]

투명성과 대조 측정하도록 끊임없이 자극한다. 예를 들어, 돈과 두 명의 지원자 앞에서 데이비드가 바보 같은 짓을 할 때, 두 피면담자는 틀림없이 불쾌하게 놀랄 것이다. 하지만 이 장면은 그 둘 각각의 감정에 대해 우리가 추론할 수 있는 것과 돈의 감정에 대해 우리가 추론할 수 있는 것 사이의 대조를 강조하기 위해 찍힌다. 돈이 당혹스러운 괴로움을 겪으면서 또한 데이비드의 행동에 대한 반감을 감추려고 노력하는 것을 우리는 볼 수 있다. 그렇게 하는 데 얼마나 많은 정신적 에너지가 들어가는지 상상할 수 있기에, 우리는 이 순간 돈이 다른 것을(가령, 그녀의 약혼자 리를, 그녀의 동료 팀을, 또는 이전에 읽고 있던 책을) 생각하고 있을 가능성이 매우 적다고 느낀다. 지금 당장은 돈은 놀랍도록 투명하다.

피면담자 카렌과 스튜어트는 안 그렇다. 카렌은 많이 웃는다. 그리고 한 지점에서 그녀는 또한 돈에게 궁금한 시선을 던진다. 데이비드의 전문성 결핍에 당황했지만 면담을 끝까지 마치기로 결심했다고 우리는 추론할 수 있다. 그렇지만 이런 잠정적 추론을 하는 것 말고는, 데이비드의 장광설을 듣는 동안 그녀가 무슨 생각을 하는지 알 수 있는 방법이 우리에게는 없다.

스튜어트는 카렌보다 한층 덜 투명하다. 우리는 그가 실망하고 화가 나 있다고 추측할 수도 있고 이미 구직을 포기했으며 카메라가 있어서 지금 공손한 관심의 표정을 유지하고 있다고 추측할 수도 있다. 그렇지만 이러한 추측들은 그의 몸 언어가 아니라 장면의 맥락에 더 의존한다. 시종일관 그는 애매한 작은 미소를 짓고 있으며 그 외에는 감정을 드러내지 않고 있으니까.

일시성의 규칙은 어떨까? 〈오피스〉의 제작자들은 앞의 것과 같은 체화된 투명성 사례들을 짧게 하기 위해 특별한 일을 하는가?

그렇다는 것이 확인된다. 비록 그들이 그것을 이런 용어로 생각하는 것은 아니지만, 〈오피스〉에 대한 설명을 하면서 머천트와 저베이스는 "시트콤"의 느낌을 피하고 싶었고 그래서 소재가 조마조마하고 노골적인 것으로 남아 있기를 원했다고 말한다. 이를 달성하기 위해서 그들은 한 장면에서 다른 장면으로 갑자기 컷하는 것을 중요하게 생각했다. 그렇지만 이 편집 기술의 한 가지 예기치 않은 중요한 효과에 주목해 보자. 즉 캐릭터들이 체화된 투명성의 상태로 강제로 들어갈 때, 일반적으로 우리는 그들이 상황을 통제하고 감정을 연기할 수 있을 만큼 오래도록 그들과 함께 머물지 못하게 된다.

이것은 정말로 효과적인 서사 트럭이다. 〈오피스〉는 같은 사람에게 오랜 시간 머물지 않는다. 하지만 오랜 시간 머문다는 강력한 환영 아래 우리를 남겨놓는다. 주인공들이 당혹스러워하거나 바보짓으로 웃음거리가 될 때 실제 삶에서 예의 바른 것보다 더 오래 그들을 응시한다는 것을 우리가 알아차리게 함으로써 말이다. 그래서 (돈에 대해서 그렇게 느끼듯) 우리는 너무 많은 것을 보았다고 느끼게 된다. 사실은 주인공들이 무방비 상태로 허를 찔려서 정신을 집중하여 적절한 연기를 할 시간이 없었다는 것을 확신할 만큼만 본 것인데도 말이다.

죽음이냐 허구냐: 시네마 베리테의 선택?

체화된 투명성을 취급함에 있어 모큐멘터리는 조부모 장르인 일반적 다큐멘터리와 부모 장르인 시네마 베리테와 관련해 특이한 위치를 차지한다.[6] 야망에 있어서는 부모를 닮았고, 이 야망의 실행에 있어서는 조부모를 닮았다. 그 결과는 순수한 허구다. 체화된 투명성이 넘쳐나고, 그 모두가 가짜다. 그렇지만 다큐멘터리 뿌리는 중요하다. 그 뿌리를 살펴봄으로써

---

6 여기서 나는 시네마 베리테라는 용어와 다이렉트 시네마라는 용어를 교환 가능하게 사용한다. 하지만 그 둘 사이에는 중요한 차이들이 있다. 이 차이들에 대한 개관으로는 Ellis and McLane, *A New History*, pp. 216~218[잭 엘리스, 베시 멕레인, 『다큐멘터리의 새로운 역사』, 허욱 외 옮김(비즈앤비즈, 2011), 267~270쪽]을 볼 것.

우리는 "진짜" 감정을 묘사한다는 주장을 의심하는 문화 안에서 그러한 주장을 유지하기 위해 애쓰는 한 장르의 — 이 경우, 시네마 베리테의 — 역사를 재구성할 수 있다.

시네마 베리테는 자생적 감정 쇼를 잘 해냈다 — 실로 최대의 투명성을 용납할 맥락들을 적극적으로 찾았다. 1961년부터 1987년까지 다큐멘터리 영화를 각본, 감독, 제작했고 또한 1960년대 초 시네마 베리테/시네마 디렉트를 개발한 드루 어소시에이츠의 일부였던[7] 호프 라이든이 말하듯, "우리가 하고 있었던 일은 어떤 캐릭터에게 큰 것이 걸려 있는 곧 있을 사건을 찾아내는 것이었다. 그 순간 그는 이기거나 질 것이었다. 그가 이기거나 지는지는 중요하지 않았다. 중요한 것은 자신이 하고 있는 일에 아주 많이 마음을 쓰는지[였다].”[8]

그리고 이 "아주 많이" 마음 씀이 영화에서 의미했던 것은 이러했다. 캐릭터들이 성패가 달린 순간 카메라 앞에서 무엇을 하든, 그들이 실제로 무엇을 느끼고 있는지 관객은 알았다. 그래서 그들이 만약 불안, 행복, 실망 같은 감정을 보여준다면, 그 감정들은 진정한 감정으로 믿을 수가 있었다. 캐릭터들이 아무 감정도 보여주지 않는다면, 그래도 그들은 여전히 투명할 것인데, 왜냐하면 그들이 감정을 숨기려 애쓰고 있다는 것을 관객이 알았기 때문이다.

위스콘신주 예비선거 기간 동안 대통령 후보 휴버트 험프리와 존 F. 케네디가 출연하는 다큐멘터리 〈예비선거〉(1960)를 감독한 로버트 드류의 말에 따르면, "인간의 감정을 일어나는 대로 자연스럽게 포착한다는 아이디어가 〈예비선거〉를 성공으로 이끈 핵심 아이디어였다. 그 아이디어가 우리의 모든 영화들이 작동하는 원동력이었고, 오늘날 텔레비전의 다양한 스펙

---

7 호프 라이든(Hope Ryden)의 공식 웹사이트에서 글자 그대로 인용. www.hoperyden.com/disc.htm (2007년 8월 18일 검색). [옮긴이] [변경된 주소는 이렇다: https://www.hoperyden.net/disc.htm (2024년 10월 28일 검색)]
8 *Cinéma Vérité: Defining the Moment* (피터 윈토닉 감독)에서 인용.

트럼에서 시네마 베리테가 수많은 방식으로 작동하는 원동력이 되고 있다."⁹ 다큐멘터리 영화 역사가 잭 C. 앨리스와 베시 A. 맥레인은 이렇게 말한다:

> 〈예비선거〉[에서] 험프리와 케네디는 자신들이 화면에 어떻게 나오는가보다 선거에서 이기는 것에 훨씬 더 신경을 썼다. (…) 〈무니 대 파울 Mooney vs. Fowle〉(1961, 일명 〈풋볼〉)은 플로리다 마이애미의 두 고등학교 풋볼 라이벌팀 간의 게임으로 절정을 만들어간다. 영화는 이 경기에 목숨을 건 선수와 코치, 선수 가족들에 초점을 맞춘다. 〈의자〉(1962)는 의뢰인인 사형수 폴 크럼프가 사형 집행되기 5일 전, 그의 집행 유예를 얻어내기 위한 시카고 변호사 도널드 페이지 무어의 끈질긴 노력에 집중하고 있다. 〈제인Jane〉(1962)은 리허설 기간부터 시작해서 브로드웨이 초연에서 부정적 평가를 받은 후 공연을 내리자는 결정에 이르기까지 한 연극의 제작 과정 안에 있는 배우 제인 폰다에 집중하고 있다.

그리하여 〈의자〉에서 "의뢰인의 생명을 구하기 위해 노력하고 있는 변호사가 그를 도와주겠다는 낯선 이의 전화를 받고 눈물을 흘리며 믿기지 않는 심정을 표현할"¹⁰ 때, 그 남자를 가장 투명한 순간에 보고 있다는 것을, 그의 몸 언어가 그의 마음에 대한 직접 접근을 제공한다는 것을, 우리는 도저히 의심할 수 없다.

시네마 베리테의 창조자들은 불가능한 일을, 즉 진짜 감정을 표상하는 일을 성취한 것처럼 보였다. 세심하게 구성된 비자발적 감정들의 장면(회화), 존재한 적 없는 사람들의 자생적 몸 언어의 묘사(허구), 전문 배우들에 의한 매개되지 않은 감정적 반응들의 연기(연극과 영화)가 아니라, 실제 사람들이 내보이는, 하지만 카메라에 의해 세심하게 관찰되고 기록된,

---

9　Wintonick, *Cinéma Vérité*.
10　Ellis and McLane, *A New History*, pp. 216, 219[267, 271쪽].

실제 투명성.

하지만, 이미 보았듯이, 겉보기에 믿을 수 있는 체화된 투명성을 위한 표상적 맥락을 한 문화가 일단 의식을 하게 되면, 그 맥락은 수상쩍은 것이 된다. 극장은 관객들이 고양된 감정 반응을 위조하는 장소가 되며, 경마장은 관객들이 말에 대한 생생한 관심을 위조하는 장소가 된다. 우리는 어제까지도 액면 그대로 받아들였던 감정 표현 안에서 감정적 위조를 읽어내는 법을 배운다.

시네마 베리테의 역사는 이러한 특정 학습 곡선보다 앞서 있으려는 다큐멘터리 영화 제작자들 편에서의 시도로 볼 수 있다. 직접 접근에 대한 그들의 주장이 허약하다는 것을 처음부터 그들은 알았다. 이상적으로는 그들의 피사체들은 "남을 의식하지 않고 긴장을 풀고 있을 때나 혹은 어떤 일에 깊이 빠져 있을 때 그들의 실제 감정과 상태를 드러낼" 것이다.[11] 그렇지만 현실적으로는 카메라의 존재는 가장 비자의식적인 피사체들의 감정적 반응에도 여전히 영향을 미쳤던 것이 틀림없다. 시네마 베리테라는 용어를 만든 감독 장 루쉬가 보았듯이, "카메라는 흥분제로 작용한다 (…). 카메라는 사람들로 하여금 익숙하지 않은 방식으로 자신에 대해 생각하도록, 그리고 평상시와는 다른 방식으로 자기들의 느낌을 표현하도록 한다."[12]

11　같은 책, p. 217[269쪽]. 여기서의 언어가 몰입에 대한 논의하는 마이클 프리드의 언어와 아주 유사하다는 사실이 나는 너무 마음에 든다(Fried, *Absorption and Theatricality*를 볼 것).

12　Ellis and McLane, *A New History*, p. 217[269쪽]. 이 쟁점의 이면은 그러한 드러남의 순간들이 세심하게 연출되고 편집되었다는 것이다. 다이렉트 시네마의 개척자 프레더릭 와이즈먼이 말하듯, "그건 전부 조작이다. 그런 종류의 영화와 관련된 모든 것이 왜곡이다"(Wintonick, *Cinéma Vérité*에서 인용). 와이즈먼은 드라마를 강화하기 위한 편집처럼 그의 카메라 편에서 행해지는 자료 조작을 지칭하고 있다. 하지만 다른 이들은 다른 편에서 발생하는 조작에 대해 말했다. 일단 촬영되는 피사체들이 영화의 가치가 "인간 감정을 자생적으로 발생하는 대로 붙잡는" 것에 있다는 것을 직감하는 경우, 전 노력이 전복에 취약해진다. 주인공들이 그들 자신의 체화된 투명성의 순간에 대한 대본을 본능적으로 작성하고 있을 수 있다. 그들이

연기가 베리테[13] 속으로 기어들어 온다(처음에 아무리 많은 베리테가 있었다고 해도).

그렇다면, 관객들이 회의적이 되어가고 그 장르 전체를 불신하기 시작하는 것은 다만 시간문제였다. 감독들이 이러한 반응을 예측하려 했다고 가정해 본다면, 1960년대와 지금 사이에 제작된 특정 영화들을 체화된 투명성을 위한 새로운 믿을 수 있는 맥락들을 찾으려는 그들의 시도로 볼 수 있다.[14]

언제 대본 연기를 시작하고 멈추는지를 아는 것은 불가능하다.

대표적인 사례로 들 수 있는 것은 앨버트 메이슬스와 데이비드 메이슬스 형제의 다큐멘터리 〈그레이 가든스〉(1976)이다. 이 작품은 과거 사교계 명사이자 전설적 미인, 재능 있는 가수였던 두 명의 이디스 비일, 같은 이름의 어머니와 딸의 일상적 루틴을 따라간다. 그들은 지금 여든 살과 쉰일곱 살로, 이스트 햄프턴에 위치한 다 허물어져 가는 저택에서 고립된 채 살고 있다. 한편으로, 앨버트 메이슬스는 "다이렉트 시네마"의 목표를 "더 좋게도 말고 더 나쁘게도 말고 있는 그대로 삶"을 기록하는 것으로 설명한다. 이때 암묵적 전제는 영화에서 우리가 보는 감정들이 일상적 삶의 과정에서 자연스럽게 생겨나며, 체화된 투명성의 순간들이 그러는 내내 자생적으로 발생한다는 것이다. 다른 한편으로, 이 특정 영화의 주인공들은 둘 다 무대 경력이 단절된 좌절한 공연자들인데, 카메라 앞에서 자신들의 감정들을 살아가는 일을 잘 해낸다. 그들이 놀라거나 실망하거나 당황스러워 보일 때, 그들이 얼마나 진실되게 "투명한" 것인지를 말할 수가 없다. 그들이 이러한 "직접적 접근"의 순간들을 서로에게나 관객들에게 과장하고 있을 가능성이 있다.

우연이 아니게도, 나중에 비일 모녀를 "너무 멀리까지" 밀어붙였다고 비난을 받았을 때 앨버트 메이슬스는 "빅 에디"의 죽음과 관련해 "리틀 에디"가 들려준 이야기로 응답했다. 어머니의 임종 자리에서 딸이 "할 말이 더 있는지를" 물었을 때, 빅 에디는 "영화에 다 들어 있다고 말했다. 그것은 일생일대의 연기였다"(피터 키오(Peter Keough), 「회색의 그림자들(Shades of Grey)」에서 인용). 너는 앨버트 메이슬스의 〈그레이 가든스의 비일 모녀(The Beales of Grey Gardens)〉(2006)에서도 그 말을 들을 수 있다. 다시 말해서, 메이슬스 형제는 그 모녀 듀오가 그들만의 "대본"과 감정적 필요에 따라서 카메라를 위해 연기하고 있을지도 모른다는 것을 알고 있었다.

13 [옮긴이] 프랑스어 vérité는 진리, 진실을 뜻한다.
14 여기서 나의 논변은 — 본서의 마지막 두 장에서 논의될 — 프리드의 『몰입과 연극성』에 직접적으로 영향을 받았다. 특히, 눈이 멀어서 아마 관찰자들에게 몸 언어를

그러한 시도로는 록 콘서트 중에 살해당하는 사람들(예를 들어, 〈김미 셸터〉, 1970), 베트남 전쟁의 희생자들(〈하트 앤 마인드〉, 1974), 에이즈로 죽어가는 사람들(〈피터 박사의 방송 테이프〉, 1994), 그리고 문자 그대로 카메라 앞에서 성장하는 사람들(마이클 앱티드의 1970, 1977, 1984, 1991, 1998, 2005년 "업 시리즈")을 보여주는 다큐멘터리들을 꼽을 수 있을 것이다. 이 모든 영화들은 위조될 수 없는 생리학적 과정을 보여준다. 따라서 그것들은 이 몸들이 적어도 어떤 수준에서는 마음에 대한 직접 접근을 제공한다는 아주 강한 느낌을 끌어낸다. 예를 들어, 앱티드가 7년마다 촬영한 사람들은 자신에 대해서 무슨 말이건 할 수가 있다. 하지만 우리가 듣거나 보는 것을(예를 들어, 목소리 음조, 자세, 체형 등을) 지난번 회차 때보다 그들이 지금 일곱 살 더 많다는 사실과 연결할 수 있을 때 그들의 말은 우리에게 특히 만족스럽게 느껴진다.

이런 영화 중 얼마나 많은 것들이 죽음을 묘사하는지 놀랍다. 죽음은 체화된 투명성의 궁극적 사례인 것이다. 물론 1980년대와 1990년대 에이즈 유행 같은 둘도 없는 특정한 상황을 제외하면,[15] 감독들은 이런 종류의 투명성 촬영을 발 벗고 예상하지도 않았고 예상할 수도 없었다. (예를 들어, 알버트 메이즐스와 데이비드 메이즐스, 샬롯 즈웨린은 그들의 영화 〈김미 셸터〉에서 롤링 스톤즈 공연이 진행되는 동안 카메라 앞에서 한 사람이 살해될 것이라는 것을 알 수 없었다.)[16] 그렇다면, 1970년대에 시네마

연기할 수 없을 호메로스와 벨리사리우스에 대한 자크 루이 다비드의 반복된 묘사들이 몰입을 위한 새로운 믿을 만한 맥락에 대한 다비드의 필사적 탐색에 의해 추동되었다는 프리드의 관찰에 영향을 받았다.

15 〈피터 박사의 방송 테이프〉(1994)와 〈실버레이크 라이프: 여기로부터의 시선〉(1990)은 에이즈로 진단받은 영화 제작자들에 의해 만들어졌는데, 그들은 죽음에 이를 때까지의 그들은 질병과의 싸움을 기록했다. 이 영화들에 대한 논의로는 Ellis and McLane, *A New History*, pp. 284~287[335~337쪽]을 볼 것.

16 그 순간의 역사에 대한 논의로는 Ellis and McLane, *A New History*, pp. 290~291[341~342쪽]을 볼 것.

베리테 스타일로 찍은 다큐멘터리처럼 보이는 몇 편의 제작물들이 있었다는 것이 흥미롭다. 가령 "강간을 다룬 연출된 영화" 〈노 라이즈〉(1973)와 자살을 다룬 연출된 영화 〈러시즈^{Rushes}〉(1979).[17] 1960년대의 원래 시네마 베리테의 여파 속에서 이 위조 다큐멘터리들은 직접 접근에 대한 그 장르[18]의 주장을 유지하기 위해서는 "의도적이고 비범한 조치들"[19]이 결국은 필요할 수도 있겠다는 그 장르의 직감적 자각을 보여주었다. 장차 진짜 시네마 베리테가 죽음이나 성장 같은 위조 불가능한 생리학적 경험으로 정말로 고개를 돌린 한에서 그것들은 옳았다.

하지만 한 장르가 위조 불가능한 생리학적 경험의 지점에 도달한 뒤에 감정의 진정성 주장을 유지하기 위해 이제 어디로 가야 하지? 허구의 영역으로 넘어가는 것이 거의 불가피해 보인다. 그래서 모큐멘터리는 감정에의 직접적 접근에 대한 시네마 베리테의 강박을, 그런 접근 환영을 창조하기 위한 시네마 베리테로서는 사실 생경한 기법들과 이종 교배한 파생물이다.

예를 들어, 시네마 베리테는 체화된 투명성의 적어도 어떤 순간들을 붙잡으려고 단지 희망하였고 그러한 순간을 산출할 것 같은 상황을 찾았던 반면에, 모큐멘터리는 모든 상황을 체화된 투명성을 위한 기회로 적극적으로 변형시킨다. 이 변형이 어떻게 일어나는지를 보여주는 한 가지 짧은 예시로서 〈오피스〉의 "말하는 머리들"[20]에 대한 저베이스의 언급을 고찰해 보라. 주인공들이 개별적으로 인터뷰를 하고 따라서 아마도 아무 태도나 개성이라도 취할 수 있는 장면들을 그는 지칭하고 있다.

---

17 같은 책, pp. 236~237[289~290쪽]을 볼 것.
18 [옮긴이] 시네마 베리테.
19 나는 이 문구와 그것의 의미를 곧바로 프리드의 『몰입과 연극성』(p. 61)에서 훔쳐 왔다.
20 [옮긴이] talking heads. 텔레비전 쇼에서 카메라 앞에 머리와 어깨만 나와 의견을 말하는 사람.

나는 쇼에서 말하는 머리들이 정말 좋아. 우리가 그것을 다큐멘터리처럼 찍기 때문에, 사람들이 카메라 앞에서 하지 않을 것들을 우리는 할 수가 없어. 사람들은 문을 닫고 코카인을 흡입할 수 없어. 또는 생각 중인 것들을 불쑥 말할 수 없어.

하지만 아이러니하게도, 홀로 있으면서 그냥 촬영만 될 때 그들은 좀 더 솔직해져. 사람들은 정말로 경계심을 내려놓는다. 그것이 으쓱하게 해주기 때문이야. 카메라가 누군가를 겨눌 때, 그 사람은 이렇게 생각하지. "이것은 내 기회야. 이것은 내 플랫폼이야. 모든 나의 위대한 인생 철학들을 나는 세상한테 말할 수 있어." 그리고 물론, 입을 열어 지껄이고는 철회할 수가 없지.

금방 여기서 무슨 일이 발생했는지 주목해 보라. 자신의 진실된 생각을 드러내기에 가장 그럴듯하지 않은 순간이 그 반대로 바뀐다. 데이비드와 두 일자리 지원자 함께 있는 장면에서 돈이 그러듯이 카메라에 **붙잡혀** 있는 것과 공식 인터뷰 동안 촬영될 별도의 방으로 안내를 받는 것은 전혀 다른 일이다. 후자의 경우 너는 준비를 잘하고 더 나은 자신을 보여줄 모든 기회를 갖는다. 결국 많은 초기 시네마 베리테 감독들은 그들의 피사체들을 결코 인터뷰하지 않은 것에 자부심을 가졌다. 인터뷰는 더부룩한 전통적 다큐멘터리들의 대들보였다 — 그것들은 공연을 상세히 설명했다. 하지만 〈오피스〉에서는 탁월한 이 공연을-위한-맥락이 투명성을 위한 또 하나의 맥락이 된다. 주인공들은 "지껄이고는 철회할 수가 없다". 그리고 그들이 이에 대해 행복해하지 않는다는 것을 관객들이 알 수 있을 것임을 그들은 안다.

이 경우와 다른 경우들에서, 사람들의 얼굴로 카메라는 들이미는 것은 시네카 베리테가 혐오한 낡은 다큐멘터리의 기법이다. 하지만 그것은 〈오피스〉에서 아주 중요하다. 아이러니하게도 〈오피스〉는 "진짜" 감정을 붙잡기 위해 그것을 필요로 한다— 그런데 그것은 또한, 시네마 베리테가 그것의 피사체들이 카메라의 존재에 대해 잊기를 희망했다는 것 말고는, 시네마 베리테가 포착하고자 원했던 무엇이며, 반면에 〈오피스〉는 아무도 그것을 절대 잊지 않도록 확실히 한다. 바로 그렇기에 〈오피스〉가 붙잡는 대표적 "진짜" 감정 — 사회적으로 어색한 상황에서 관찰당한다는 자각에 의해 촉발되는 격심한 당혹스러움— 은 시네마 베리테의 세계에는 생경할 것이다. 이 당혹스러움이 허구적라는 것을 말할 것도 없고, 하여튼….

위조 자기의식 — 〈오피스〉와 더불어 시네마 베리테는 바로 이것에 이르렀는가? 투명성을 위한 이전의 믿을 수 있는 맥락들을 점점 더 빨리 소비하는 것처럼 보이는 문화에서 체화된 투명성을 추구하는 한 장르의 방법들은 뒤얽혀 있다.

죽음과 사진

사진의 체화된 투명성은 솔직 사진과 길거리 사진,[21] 앙리 카르티에 브레송과 아서 펠리그(위지), 수전 손탁과 롤랑 바르트 등을 다루는 세부 항목을 가진 별도의 장을 마련할 만하다. 그렇지만 이 책에서 나는 사진을 다루지는 않는다. 1970년대와 1980년대에 시네마 베리테가 위조 불가능한 생리학적 경험으로 점차로 전환되었던 일을 논하기 위한 비교 지점으로 지금 잠시 동안만 사진을 꺼내 든다.

일반적으로, 매개되지 않은 감정을 포착하려는 사진작가들은 다큐멘터리 영화 제작자보다 한층 더 큰 어려움에 직면한다. 후자와 달리 그들은 서사의 이점을 갖지 못한다. 서사는 직접 접근으로 여겨지는 순간으로까지

---

21   [옮긴이] '솔직 사진'과 '길거리 사진'은 각각 'candid photography'와 'street photography'를 번역한 것이다. 둘 다 연출 없는 자연스러운 사진을 말한다.

그림 21. 인형을 만지는 아이. 사진 제공: 브라이언 코너스 맨케.

자연스럽게 이어져 관객들로 하여금 자신들이 보는 감정들이 카메라를 위해 연기되지 않았다는 것을 보증해 준다. 어쩌면 그렇기에 사진은 말하자면 붙박이 체화된 투명성을 자체로 가지고 있는 피사체에 의지하는 것일지도 모른다. 가령, 아기와 어린아이(그림 21은 아이의 "진짜" 감정을—여기서는 인형에 대한 아이의 몰입을—포착하는 숏을 마련하는 일의 손쉬움을 보여준다); 마음을 빼앗는 공연이나 육상경기의 관객들(위의 "10대 관객"); 기근이나 임박한 처형을 비롯해 생명을 위협하는 상황에 의해, 예상되는 생각과 감정의 범위가 극적으로 좁혀진 사람들.

이것이 의미하는 바는 이렇다. 사진작가들은 "진실한" 마음 상태를 기록하는 일에 착수할 때 불행하게도 다음 두 반응 중 하나를 관객에게서 예상할 수 있다. 한편으로 관객은 직접 접근의 사진 사례를 여전히 좀 거짓된 것으로, 즉 구성되고 꾸며낸 것으로—감정을 단순히 기록하는 것이 아니라 어떤 맥락 안에 감정을 집어넣은 것으로—해석하려고 항상 열심이고 준비되어 있다. 이렇듯 의혹을 품는 태도를 갖는 이유는 내가 앞서 논의한 것과 동일하다. 우리는 몸을 마음 상태에 대한 정보의 가장 좋은, 하지만 가장 믿을 수 없는 출처로 지각하도록 진화되었기 때문에, 마음 상태에 대한 보증된 접근을 약속하는 그 어떤 맥락에 대해서도 우리는 여전히 회의적이다.

다른 한편으로, 궁극의 보증이 주어지는 맥락을 정말로 우리가 갖는다면, 즉 생사가 걸린 상황을 사진이 묘사하고 있다면—그런데 이는 종종 사진이 찍히는 순간 피사체가 죽을 것이라든가 이미 죽었다는 것을 의미하는데—그리고 바로 그렇기에 사진작가가 특정 맥락이나 감정을 꾸몄다고 의심할 수 없다면, 자기가 기록하고 있는 그 죽음을 막으려는 행동을 하지 않았다는 비난을 받을 수 있다. 기소되지는 않겠지만, 그래도 잔인함과 공모의 인상은 오래 남을 것이다.

다시 말해서, 사진에서 체화된 투명성은 흔히—아기 사진처럼 사진이 너무 단순하지 않다면—충분히 설득력 있지 않거나, 아니면 도덕적으로 방어할 수 없다. 사회적으로 복잡한 생명 위협 없는 상황에서 "진짜" 감정의 숏을 얻기는 힘들다.

죽음과 스탠드업 코미디

스크린과 여타 평평한 표면을 버리고 무대로 뛰어들기 위해서는, 체화된 투명성을 위한 기존의 문화적 맥락들의 연약함이야말로 뛰어난 미국 스탠드업 코미디언 앤디 카우프만의 경력을 추동했던 것이라고 주장할 수 있다. 카우프만은 투명성을 중심으로 그의 무대 위 존재를 구축했으며, 사람이 진실된 감정을 무심코 보여주지 않을 수 없는 다양한 사회적 맥락들을 이용했다. 예를 들어, 관객에게 야유받은 뒤의 고통과 실망, 생각했던 대로 일이 풀리지 않을 때의 격심한 당혹스러움, 심원한 영적 경험이 삶을 바꾸어놓고 거의 죽은 경력을 다시 날아오르게 해준 뒤의 조용한 행복. 이 모든 맥락이 물론 위조된 것이었다. 사실, 관찰자와 피관찰자의 역할을 뒤바꾸는 역설적 행위를 통해서 카우프만은, 그가 무대에서 익살을 부리는 동안 관객들이 불편해지거나 짜증이 나거나 화가 나는 것을 지켜보면서, 관객들의 투명성을 즐겼던 것이 틀림없다. (생각해 보라: 〈오피스〉의 돈이 몹시 당혹스러워하는 것을 우리가 지켜보면서 텔레비전 앞에서 불편해서 꿈틀거리는 것을 만약 돈이 볼 수 있다면, 누가 더 투명한가— 그녀인가 우리인가?)

그렇지만 시간이 지나면서 관객들은 그들을 자극하려는 카우프만의 전략을 깨달았다. 한 전기 작가에 따르면, 1980년대 초에는 "속아 넘어가는 사람들이 점점 더 줄어들었고, 속고 싶은 사람들은 훨씬 더 적었다."[22] 이에 대한 반응으로 카우프만은 이번에는 정말로 그의 영혼을 들여다볼 수 있을 거라고 사람들에게 설득하기 위해 점점 더 충격적인 시나리오를 내놓아야 한다고 느꼈다. 그리고 불가피하게도, 얼마 동안은, 물리적으로 상해를 입거나 죽는 것 정도라면 그의 진실된 감정에 대한 적어도 얼마간의 접근을 그의 몸이 제공했다는 것을 증명하기에 충분해 보였을 것이다.

카우프만의 친구이자 협력자인 밥 무다는 카우프만이 그의 작품에 대한 한 "특히 악랄한" 논평을 읽은 뒤에 "소년처럼 열을 내며" 했던 말을 기억한다. "이 글은 내가 무대 위에서 실제로 자살하는 것 말고는 갈 수 있는 데까지 갔다고 말하네. 넌 어떻게 생각해?"[23] 1982년 카우프만은 〈새터데이 나이트 라이브〉 제작자 밥 티슐러에게 털어놓았다. "너 알지,

---

22 Zehme, *Lost in the Funhouse*, p. 256.
23 Zmuda, *Andy Kaufman Revealed!*, p. 253.

내가 정말로 해내고 싶은 장난질은 나의 죽음이야. 하지만 그걸 하기가 두려워. 내가 이런 것들을 하면 진짜로 하는 것이고 그래서 나의 부모에게도 말할 수가 없을 거니까. 그들에게 상처를 주고 싶지는 않아." 당시에 그는 이미 친구들과 친척들에게 "암 같은 것에 걸린" 척하고 싶다는 말을 하고 있었다.[24] 이것은 —카우프만이 화가 난 프로레슬러에게 심각한 부상을 입은 척하는 일을 설득력 있게 해낸— 제리 롤러 에피소드 뒤의 일이었으며, 하지만 그가 1983년 12월 실제로 폐암 진단을 받기 전이었다.

예측할 수 있듯이, 이어진 1984년 5월의 죽음을 그가 꾸며냈으며 자신의 장례식을 연출했다고 많은 사람이 생각했다. 일단 의심이 기어들면, 궁극의 체화된 투명성조차 위태로워질 수 있다.

24　같은 책, p. 321.

7장

여기서는 감정이 정말 기분 좋게 빌드업된다 | 한 독신남이 한 여자를 거절한다(그 여자는 즉시 자책한다) | 리얼리티 TV를 안 좋아하는 개인들 | 한 TV 경영 간부가 사람들은 굴욕당하는 것을 좋아한다고 주장한다 | 〈아메리칸 아이돌〉이 정말이지 너무 짧게 언급된다 | 그리고 많은 정신 에너지가 낯선 이들에게 지출된다.

리얼리티 TV: 실시간 굴욕

감정에 압도되어

이제 리얼리티 쇼는 어떤가? 분명 체화된 투명성은 그런 쇼들이 갖는 호소력에서 막대한 요인이다. 그렇기는 하지만, 리얼리티 쇼라는 용어는 너무나도 다양한 포맷들과 접근들을 포괄하며, 그렇기에 사람들의 몸이 그들의 감정을 누설하는 순간들을 일구는 일이 그러한 쇼들이 하는 일의 전부라고 주장하는 데는 신중해야 한다. 이것은 〈오피스〉 같은 쇼에 대한 나의 논의와는 정반대이다. 모큐멘터리들은 텔레비전 프로그램의 작은 부분에 불과하기 때문에, 그것들이 말 그대로 체화된 투명성의 순간들을 일구기 위해 존재한다고 말하는 것이 정당하다고 느낀다. 그렇지만 빠르게 확장되고 있는 리얼리티 쇼의 세계에 대해 똑같이 포괄적인 주장을 하지는 않을 것이다. 더 겸손한 주장을 할 것이다. 즉 체화된 투명성 개념과 그것을 뒷받침하는 인지적 틀 구조는 이 쇼들의 어떤 반복적 자질들을 이해하는 데 유용한 도구들을 제공한다.

그러한 자질 중 하나는 예측 가능한 감정 반응을 향한 빌드업과 관련이 있다. 즉 어떤 쇼들은 우리가 시청을 하면서 에피소드 끝에서 참여자가 특정 감정을 느끼게 되는 중요한 순간에 점점 더 가까워지도록 구성되어 있다. 우리에게는 놀랄 일이 전혀 없다: 그 감정이 무엇일지 우리는 정확히 안다. 예를 들어, 예상치 못한 군인 가족 상봉을 다루는 〈커밍 홈Coming Home〉에서, 귀환한 군인의 배우자, 부모, 자녀가 사랑하는 그 군인을 보고는 기쁨과 안도감에 압도될 것임을 우리는 안다. 마찬가지로 〈당신의 집을 고쳐드립니다Extreme Makeover: Home Edition〉에서도, 낡은 집의 주인들이 리모델링 팀이 지어준 꿈의 집을 처음 볼 때 환희와 감사에 압도될 것임을 우리는 안다. 그렇지만 우리의 앎은, 참여자들이 마침내 그 감정을 경험하는 것을 우리가 지켜볼 때, 우리의 열렬한 기대와 그에 따른 즐거움을 약화시키지 않는다. 사실상 우리의 즐거움은 참여자들이 울거나 웃거나 아니면 그냥 놀라서 말도 못 하고 거기 서 있을 때 그들이 **정말로** 느끼는 것을 확실히 안다는 — 그리고 내내 상상해 왔다는 — 즐거움이다.

리얼리티 쇼 홍보에 사용되는 예고편을 이제 생각해 보라. 때때로 우리는 울음 같은 강한 감정을 겪고 있는 한 참여자의 얼굴을 본다. 이 시리즈의 맥락을 고려할 때 — 가령 그것이 여러 여성이 같은 남자를 놓고 경쟁하는 〈독신남The Bachelor〉 같은 데이트 쇼라면 — 그 참여자가 매력적인 독신남에게 선택되지 않았고 이제 몹시 실망하고 자신에게 불만을 품고 있다고 추론할 수 있다. 체화된 투명성의 이 일별에 — 참여자의 감정에 대한 완벽한 접근의 그 약속에 — 우리가 어떻게 유혹당하고 있는지 주목하라.

밀접하게 관련된 예고편 전략은 참여자의 몸 언어가 비교적 잠잠한 순간에 참여자를 보여주는 것이다. 그러면서 우리가 아주 특별한 사회적 상황을 목격하고 있다고 보이스오버가 설명한다. 예를 들어, 누군가가 사회적 무례를 범했고, 그 때문에 우리의 주인공이 너무나도 어색한 입장에 놓이게 되었다고. 만약 우리가 이 입장에 놓인다면 놀람이나 굴욕이나 분노 같은 아주 강한 감정을 경험할 것임을 우리는 안다. 따라서 우리는 그가 사실은 놀람이나 굴욕이나 분노를 느끼고 있지만, 사회적 관례로 인해서 바로 지금 그것을 표현할 수가 없다고 추론한다. 그래서 참여자는 우리에게 두 배로 투명하다. 우리는 그가 경험하고 있는 부정적 감정들을 전부 다 알 뿐 아니라 그것들을 드러내지 않기 위해 대단히 노력한다는 것도 안다.¹ 다시금 이것은 우리로서는 저항하기 힘든 미끼(즉 복잡한 마음 상태에 대한 직접적 접근의 일별)인데, 에피소드를 광고하기 위해 이 순간이 선택된 것은 바로 그 때문이다.

그건 그렇고, 우리라는 말을 그토록 자주 사용함으로써 리얼리티 쇼가 모두에게 저항 불가능하다는 것을 암시하려는 것은 아니다. 어떤 사람들은 그것들을 전혀 시청하지 않는다. 내 말뜻은 이런 것이다. 여하한 오락 형식이 다 그렇듯 리얼리티 쇼들은 일부 사람들에게 더 호소력이 있기는 하다. 그렇지만 그 쇼들은 사회적 맥락 안에서 마음을 읽으려는 우리의 능력, 필요, 욕망 같은 인간의 인지적 보편자들을 이용하는 기법들을 중심으로 그 호소력을 구축한다. 좀 더 존중받을 만한 문화적 취미로 인정받는 소설 읽기와 관련해서도 같은 주장을 할 수 있다. 소설은 마음 이론을 중심으로 구축되며, 하지만 모든 사람이 열렬한 소설 독자인 것은 아니다.²

굴욕: 즐거움, 아니면 목적을 위한 수단?

굴욕은 리얼리티 쇼에 대한 공적 논의에서 빈번하게 등장한다. 2003년 로스앤젤레스 텔레비전 라디오 박물관은 "리얼리티 텔레비전의 과거, 현재, 미래"라는 제목의 세미나를 후원했다. 굴욕은 사회자 바바라 딕슨이 리얼리티 텔레비전 제작자와 방송 간부 패널에게 던진 첫 질문 중 하나의 주제였다. 그녀의 말처럼, "사람들이 굴욕당하는 것을 보면서 우리는 즐거워하는

---

1   젊은 여성 참여자의 경우—서양 문화에서 여성 참여자는 감정을 공공연하게 표현할 것으로 예상되며 그렇게 해도 용서가 되기에—첫 번째 전략이 더 자주 사용되고 더 나이 든 남성 참여자의 경우 두 번째 전략이 더 자주 사용되는 것인지 나는 궁금하다.

2   더 나아간 논의는 Zunshine, *Why We Read Fiction*을 볼 것.

것일까? 그건 무엇에 대한 것일까? 그것을 그토록 인기 있는 것처럼 보이게 하는 비법이 무엇이지?"

그에 대한 응답으로 제작자 스콧 A. 스톤은 현대 리얼리티 쇼의 선구자인 〈하루 동안 여왕Qeen for a Day〉과 〈몰래 카메라Candid Camera〉 역시 굴욕에 대한 것이었다는 데 주목했다. 스톤에 따르면 이것은 "그저 텔레비전 시청자의 속성이다. 그들은 굴욕을 보고 싶어 한다." 폭스 TV의 대체 프로그램 담당 부사장 마이크 다넬은 이에 동의하지 않고, 참여자 자신은 모욕당한다고 느끼지 않는다고 말했다. "프로그램이 더 굴욕적일수록 더 많은 사람이 오디션에 나온다." 다넬의 견해에 따르면, 시청자를 끌어들이는 것은 굴욕이 아니라 "사람들이 감정적 분투를 겪는 것을 보고 싶어 하는 관음증적 욕망"이다.

스톤과 다넬의 견해는 실제로는 겉보기만큼 다르지 않다. 일단 우리가 체화된 투명성을 쇼 제작자들이 이루고자 원하는 것으로 여긴다면 말이다. (물론 그들이 이러한 용어로 그것에 대해 생각한다는 것은 아니다.) 즉 참여자들이 생각을 감추고 냉정을 유지하려고 분투하는 바로 그 순간 그들의 생각이 관객에게 더 들여다보이는 상황 속으로 참여자들을 집어넣는 것이 제작자의 목표라면, 참여자들이 굴욕당하는 맥락을 창조하는 것이 한 가지 분명한 승리 전략이다. 그렇기에 스톤이 텔레비전 시청자들은 굴욕을 보기를 원한다고 주장할 때 우리는 동의할 수 있다. 하지만 우리는 또한 그들이 좇는 것은 굴욕 그 자체가 아니라 참여자들의 생각과 감정에 대한 접근이라고 말할 수 있다. 굴욕은 그러한 접근에 이르는 직통로이며, 목적을 위한 수단이다.

그리고 바로 그렇기에 다넬이 말하는 것은 스톤의 견해와 완전히 양립 가능하다. "사람들이 감정적 분투를 겪는 것을" 우리가 보고 싶어 하는 것은 그것이 그들의 감정에 대한 접근을 제공하기 때문이다. 그리고 공공연하게 굴욕당하는 것은 필연적으로 감정적 분투를 내포한다. 반복하자면, 굴욕은 사람들로 하여금 스스로와 분투하도록 만들고 그리하여 관객에게 투명해지는 유일한 전략이 아니다. 하지만 그것은 어쩌다 보니 믿을 수 있고 효과적인 것이며, 그래서 많이 사용된다. 자제에 대한 나의 이전 논의를 생각해 보라. 영화가 문제일 때 자제와 관련해 저항 불가능하게 매력적인 것이라고는 없는 것처럼, 리얼리티 쇼가 문제일 때 굴욕과 관련해 본래적으로 매혹적인 것은 없다. 둘 다 투명성을 낳는 데 기여하며, 바로 그래서 그것들은 감독들과 제작자들에게 호소력이 있는 것이다.

더구나 같은 프로그램이 하나의 특정 전략을 다른 전략과 결합하지 못할 아무 이유도 없다. <아메리칸 아이돌> 같은 경연 쇼들은 굴욕을 사용하며 또한 예측 가능한 감정의 빌드업을 사용한다. 그것들은 참여자들을 초기에, 오디션 기간 동안 굴욕시키며, 또한 끝에 가서 강한 감정들을 노출하도록 빌드업한다. 그리하여 승자는 기뻐 날뛰고, 2위는 눈물을 흘리며 무너지거나 실망감을 감추기 위해 분투한다(그들이 그럴 것이라고 우리 모두가 내내 기대했듯이!).

왜 재방송을 보지?

그건 그렇고, 내가 여기서 하는 주장들이 리얼리티 쇼와 관련해서 종종 나오는 밀접하게 관련된 주장, 즉 사람들의 감정을 지켜보는 일을 우리가 좋아하기 때문에 우리는 리얼리티 쇼를 지켜보는 일을 좋아한다는 주장과 다르다는 점을 주목하라. 한편으로 나는 전적으로 이에 동의하며 우리가 단지 그것만을 할 수 있는 상황 안에 있기 위해 (영화를 빌리거나, 극장이나 미술관에 가거나 함으로써) 시간, 에너지, 돈을 소비한다고 말할 수도 있다. 다른 한편으로, 마음 이론에 대한 연구를 끌어들이지 않는다면, 단순한 후속 질문, 즉 '우리는 왜 사람들의 감정을 지켜보는 일을 좋아하지?'라는 질문에 아무 답도 할 수가 없다. 마음 읽기를 사회적 종으로서의 우리의 (의식적이지는 않아도) 가장 핵심적이고 항상적인 집착으로 생각하기 시작할 때만, 우리가 감정들의 노출을 지켜보는 일을 좋아하는 것은 그것들이 사람들의 생각, 느낌, 의도에 대한 접근을 약속하며 우리는 그러한 접근을 엄청나게 중시하도록 진화했기 때문이라고 우리는 말할 수 있다.

더구나 리얼리티 쇼는 전문 배우가 아니라 보통 사람들의 감정적 반응에 초점을 맞추기 때문에 영화나 연극에서는 볼 수 없는 마음 읽기 형태를 관객에게 제공하는 것 같다. 여기서 가정은 그러한 쇼의 참여자들은 자기감정을 위조하거나 숨기는 데 능숙하지 않다는 것이다. 사실 그들은 그런 일에 아주 서툴다(그들 얼굴의 전략적 클로즈업을 통해 사랑스럽게 구축되는 인상). 따라서, 감정을 연기하도록 훈련받지 않는 사람들을 자신을 놀라게 하거나 불안하게 하거나 굴욕스럽게 하는 상황 안에 놓는 일은 그들의 진정한 마음 상태에 대한 매개되지 않은 접근을 보증하는 것처럼 보이는데, 그것은 귀중하고 얻기 힘든 사회적 상품이다.

이 특별한 경우는 완전히 쓸모없는 상품인데, 왜냐하면 우리는 쇼 참여자들과 아무런 직접적 사회적 상호작용에 연루되지 않기 때문이다. 그렇지만 우리의 마음 읽기 적응들은 현실로부터의 이러한 단절을 "이해하지" 못한다. 그것들은 텔레비전이 없는 환경에서 진화했다. 다시 말해서, 우리가 그 의도나 감정을 알아내려 했던 사람들은 사실상 우리의 (잠재적) 배우자, 친구, 경쟁자, 적이었다. 과거 홍적세 때 우리의 마음 읽기의 성공과 실패는 직접적이고도 심각한 영향을 낳았다. 그렇기에 오늘날 우리는 〈조 슈모 쇼The Joe Schmo Show〉의 캐스트에 의해 설정된 익명의 행인의 이마 주름 하나하나를 놓치지 않을 뿐 아니라 재방송을 통해서 그것을 반복해서 보는 것이다. 〈파자마 미디어Pajamas Media〉의 칼럼니스트 셰릴 롱인이 「리얼리티 정키의 고백들」이라는 에세이에서 쓰듯이,

나는 내 딸에게 이 똑같은 에피소드들을 왜 반복해서 보고 싶어 하는지를 물었다. 실제 사람들을 지켜보는 것이 더 흥미롭다는 명백한 사실을 딸이 말했다. 사실 관음증은 인간의 은밀한 즐거움이다. 하지만 이 쇼들의

참여자들이 내보이는 행동에서는 예측 불가능하거나 충격적인 것이 전혀 없다. 사실 그 반대가 맞다. 그것들이 보기 재미난 것은 바로 우리 모두가 일상생활에서 조우하는 친숙한 캐릭터이기 때문이다. 그들이 정말로 내보이는 드물고 예기치 않은 아무 행동이라도 두 번 보면 더 이상 놀랍지 않다. 하지만 매혹은 남는다.[3]

  매혹이 남게 되어 있는 것은 마음 읽는 종으로서 우리가 사람들의 마음에 대한 직접적 접근을 제공하는 것처럼 보이는 표상들에 특히 취약하기 때문이며, 그러한 표상들을 창조하는 전문가들이 이 접근 환영을 강화하기 위해 다양한 편집 기술과 스크립트를 사용하기 때문이며, 홍적세에는 재방송 개념이 없었기 때문이다. 즉 사람들이 자신의 감정 노출을 완벽하게 복제할 상황이라는 것이 그저 전혀 없었다. 그러한 상황이 있었다면 우리의 마음 읽기 적응들로 하여금 그러한 노출을 두 번째는 무의미한 것으로 취급하도록 조건 지었을지도 모른다.[4] 그렇기에 오늘날 이 적응들은, 재방송을 볼 때, 참여자의 몸 언어를 계속해서 열정적으로 처리하면서, 새로운 신호나 뉘앙스를 골라내고(또는 상상하고), 우리가 중요하고 유의미한 사회적 활동에 참여하고 있다고 느끼도록 만든다.

  물론 나중에 우리는 죄책감을 느낄 수도 있다. 지난 시간 동안 그렇게 열중해서 주의 집중한 우리의 "사회적 파트너들"의 얼굴이 광고로 대체되고, 우리가 완전 낯선 이들에게 많은 정신적 노력을 그저 허비했다는 사실을 정신을 차리고 깨달을 때 말이다. 그렇지만 다음 에피소드가 오면 우리도 다시 돌아온다. 즉 정확히 무엇이 그들의 마음속을 거쳐 가는지를 알아내는 일로 다시 돌아온다 — 우리가 그렇게 느끼도록 쇼의 제작자들이

---

3 https://pjmedia.com/sheryl-longin/2007/08/11/confessions_of_a_reality_junki-n22844에서 인용[2025년 4월 31일 검색].
4 예를 들어, 인간 목소리의 신경인지에 관한 연구를 보자. 그에 따르면, "화자는 결코 동일한 소리를 두 번 생산하지 않는다"(Belin, "'Hearing Voices'," p. 387).

만들어 놓은 그 뛰어난 사회적 경기자들로 다시 돌아온다. 우리에게, 선사적 마음 읽기 적응들을 가진 우리에게, 이 적응들이 즐거움으로 콧노래를 부르도록 만드는 새로운 방법들을 매일 생각해 내는 산업에 대항해서 정말로 무슨 기회가 있지?

8장

여기서는 〈마이 페어 레이디〉에서 피커링 대령이 히긴스의 말을 들을 수 있다. 하지만 〈남태평양〉에서 에밀은 넬리의 말을 들을 수 없다 | 〈아가씨와 건달들〉에서 스카이 매스터슨은 시간을 늦춘다 | 오드리 헵번은 한 열한 시 넘버에서 걸어 들어온다. 그리고 로살린드 러셀은 또 다른 열한 시 넘버를 위한 그녀 차례[1]를 갖는다 | 〈시카고〉에서 「미스터 셀로판」은 그렇게 투명하지 않음이 드러난다 | 손드하임은 〈메릴리 위 롤 얼롱〉에서 그것을 거꾸로 돌려놓으며, 〈일요일에 공원에서 조지와〉에서는 그것의 안팎을 뒤집어 놓는다 | 13세기 한 중국 고전극에서 서생과 소녀가 큰 소리로 떠든다 | 에반 레이첼 우드가 동시에 노래하고 연기하는 것에 대해 불평한다 | 그리고 저자가 한 가지 제안을 소심하게 내놓는다.

---

1   [옮긴이] 본문에 나오는, 〈집시〉에서 그녀가 부른 「로즈 차례」.

뮤지컬: (특히 오후 열한 시를 중심으로)

마음을 다 바쳐 노래해

"마음을 다 바쳐 노래해"[2]라는 표현은 클리셰다. 하지만 무대 뮤지컬과 영화 뮤지컬 속 노래에 대해 우리가 갖는 직관적 마음 읽기 기대를 완벽히 포착한다. 노래하기는 캐릭터들의 마음에 대한 직접 접근을 우리에게 제공하며, 그들의 은밀한 생각, 느낌, 욕망을 드러낸다.[3]

물론, 큰 소리로 노래 부르는 모든 사례가 숨겨진 감정으로의 직통로를 제공하는 것은 아니다. 다른 캐릭터들이 ― 심지어 노래하고 있는 캐릭터 바로 옆에 서 있는 캐릭터들이 ― 들을 수 없는 방식으로 장면이 마련되어 있을 때 주로 그런 일이 발생한다. 이 점을 명확히 하기 위해, 노래를 연극에 도입하는 세 가지 구별되는 방법이 있다는 것을 기억해 보라. 연극 역사가 스콧 맥밀린에 따르면, 한 가지 방법은 캐릭터들이 "일부러 다른 캐릭터를 위해 넘버[4]를 공연하는" 것이다. "백스테이지" 뮤지컬의 전통 일체가 있다 ― 뮤지컬을 상연하는 공연자들에 관한 이야기. 캐릭터들이

---

2 [옮긴이] "Sing your heart out."
3 예를 들어, Dunne, *American Film*, p. 79을 볼 것.
4 [옮긴이] number. 뮤지컬에 삽입되는 곡.

노래하고 춤추는 일을 하는 쇼맨이기 때문에 노래와 춤 가운데 많은 부분이 교과서적으로 요구된다.

〈쇼보트〉는 엔터테이너들을 다룬다. 그래서 그들은 노래하고 춤춘다. … 〈오페라의 유령〉은 뮤지컬-속-오페라라는 장치를 사용한다 — 플롯은 파리 오페라 하우스에서 일어나는데, 그곳에서는 유령 그 자신의 오페라를 포함해서 다양한 오페라들이 연습되고 무대에 오른다. 〈폴리스Follies〉는 과거 폴리스 쇼걸들의 재회에서 일어나는데, 이들은 서로를 위해 옛 넘버 중 일부를 공연한다.[5]

뮤지컬에 노래를 도입하는 또 다른 방법은 한 캐릭터가 다른 캐릭터와 이야기하다가 노래를 부르도록 하는 것이다. 예를 들어, 〈마이 페어 레이디〉(1964) 오프닝 장면에서 히긴스가 「영국인들은 왜 [아이들에게 말하는 법을 못 가르칠까]」를 부를 때, 그는 피커링 대령과 엘리자를 비롯해 코번트 가든에서 들을 수 있는 범위 안의 모든 이들에게 장광설을 늘어놓고 있다. 그리고 뮤지컬이 끝날 때쯤 그가 「여자는 왜 남자 같을 수 없을까?」를 부를 때, 그는 처음에는 피커링에게 말하고 있고 그런 다음에는 그의 가정부에게 말하고 있다.

두 경우 모두 — 한 캐릭터가 일부러 뮤지컬 넘버를 공연할 때와 다른 사람들에게 말을 하면서 노래할 때 — 무대 위 다른 사람이 그의 노래를 듣는다.[6] 반면에 한 캐릭터가 "난데없이 나오는" 것 같은 노래를 갑자기

---

5   McMillin, *The Musical as Drama*, pp. 102~103. 백스테이지 뮤지컬에 대한 중요한 관련 논의로는 Feuer, *The Hollywood Musical*, pp. 5~14를 볼 것.
6   히긴스가 「영국인들은 왜」를 노래할 때, 피커링, 엘리자, 아무 행인들은 그의 열변을 듣지만, 동반된 오케스트라는 그렇지 않다고 주장할 수도 있다. 하지만 사실 오케스트라가 하고 있는 일은 다른 것일 수도 있다. 왜냐하면 오케스트라는 캐릭터가 접근할 수 없는 그 자신의 멜로디를 "노래하고" 있는 것일 수 있으니까. 이것이 뮤지컬에서 어떻게 일어나는지에 대한 논의로는 McMillin, *The Musical as Drama*, pp. 130~145를 볼 것. 오페라에 대한 관련 논의로는 Hutcheon and Hutcheon, "Narrativizing the End," p. 443을 볼 것.

부를 수도 있는데, 그 노래는 연극 세계의 다른 누구도 들을 수가 없다.[7] 그런 노래들은 본질적으로는 생각이다: 캐릭터가 노래하는 동안 그가 무슨 생각을 하고 있는지를 우리는 안다.

뮤지컬에서 이런 종류의 체화된 투명성의 한 사례로, 로저스와 해머스타인의 〈남태평양〉의 1958년 영화 판본을 고찰해 보라. 우리에게 주어지는 것이 공연으로서의-노래도 대화로서의-노래도 아니고 주인공들의 생각과 감정에 대한 직접적이고 완전한 보고로서의 노래라는 것을 아주 분명히 하기 위해서, 한 지점에서 주인공들은 입을 다문 채 "노래하는" 모습으로 보여진다. 이 장면에서 넬리 포부시가 에밀 드 베크의 농장을 방문한다. 넬리가 바다를 응시하는 동안 에밀이 코냑을 따르러 테이블로 가면서 그들의 대화가 잠시 중지된다. 둘 중 누구도 말을 하지 않는다. 하지만 그들 각자의 "생각"이 보이스오버로 노래되는 것을 우리는 듣는다.

넬리 어떤 기분일까, 언덕 위에 사는 건, 아름답고 고요한 바다를 바라보며.
에밀 나에게 필요한 게 이거야. 내가 간절히 원했던 건.
　　　나의 언덕을 오르는, 미소 짓는 젊은 사람.
넬리 우리는 달라. 내가 그를 지루하게 만들겠지.
　　　그는 교양 있는 프랑스 남자. 나는 어린 촌뜨기.
에밀 나보다 젊은 남자들, 장교들과 의사들이,
　　　그녀를 아마 따라다닐 테지. 그녀가 선택을 하겠지.
넬리 어째서 불안하고 초조한 걸까. 난 댄스를 기다리는 여학생 같아.
에밀 그녀에게 지금 물어볼까? 난 남학생 같아. 그녀는 뭐라고 대답할까?
　　　내게 기회가 있을까?[8]

---

7 맥밀린이 말하듯, 그러한 노래들은 "대본에 의해 넘버로서 요구되는 것이 아니라 캐릭터에 의한 자생적 표현의 형태이다"(p. 112).

8 [옮긴이] https://www.youtube.com/watch?v=pJm63X0cpBo 36:26

이 장면은 여러 이유에서 아주 유쾌한 순간이다. 예를 들면, 배우 미치 게이너와 로자노 브라지가 매력적이고 카리스마 넘쳐도 우리는 감정이 상하지 않는다. 그렇지만 우리의 쾌감에 공헌하는 핵심 요소는 이 장면이 우리에게 부과하는 마음 읽기 패턴이다. 넬리가 보이스오버로 "그는 교양 있는 프랑스 남자. 나는 작은 촌뜨기"라고 노래할 때(그림 22), 그리고 에밀 방향으로 그녀가 처음에 아주 약간 고개를 돌리고 그런 다음 "촌뜨기"에서 보일락 말락 찡그리며 고개를 되돌리는 것을 볼 때, 우리의 마음 읽기 적응들은 그녀의 몸 언어가 그녀의 생각과 일치하는 것에 아주 행복하게 사로잡힌다. 에밀이 한 손에는 술병을 다른 손에는 잔을 들고는 걱정하는 표정으로 넬리를 "아마 따라다닐" 젊은 남자들을 생각하면서 잠시 멈출 때도 이 일치는 계속된다. 넬리가 반쯤 웃으면서 자신을 낭만적 여학생에 비교할 때, 그리고 에밀이 다시 잠시 멈추고는 자신을 남학생에 비교하면서 다시금 아주 조금 찡그릴 때 일치는 여전히 계속된다.

우리는 일치시킨다, 우리는 서로 연결시킨다, 우리는 추론한다. 다시 말해서, 우리는 강렬한 인지적 운동에 몰두한다. 이 경험은 일상의 마음 읽기를 자극할 뿐 아니라, 몸 언어와 사고의 있을 법하지 않게 완벽한 일치를 우리에게 제공한다. 넬리가 자기를 어린 촌뜨기라고 생각하기 때문에 얼굴을 찌푸린다고 우리는 추론한다. 그리고 그것이 정확히 그녀가 찌푸리는 이유이다. 와—우리 참 잘한다!

이것이 너무 뻔해 보인다면, 이런 것을 생각해 보라. 실제 삶에서 네가 왜 금방 찌푸렸는지 네가 안다고 네가 생각하고 누구든 물어보는 사람에게 그것을 기꺼이 설명하려고 할 때, 다른 무언가가 너의 마음에 걸렸을 가능성이 있다. 완벽하게 그럴듯한 또 다른 설명이 수중에 있다고 할 때, 너무 뒤엉켜 있고 자세히 설명하기는 따분한 무언가 모호하고 복잡하게 만드는 뉘앙스 같은 것 말이다. 또는 마찬가지로, 그것 배후에 다른 무언가가, 그 당시 너 자신은 알지 못했던 무언가가 있었을 수도 있다. 다시 말해서,

그림 22. 로저스와 해머스타인의 〈남태평양〉에서 넬리(미치 게이너)가 노래하면서 생각한다(사우스퍼시픽 엔터프라이즈, 1958).

우리가 우리 자신의 "실제" 마음 상태에 대해 믿을 수 있게 이야기할 수 있는지는 전혀 분명하지 않다 — 다른 사람의 마음 상태에 대해서는 훨씬 못하다(다시금, 생명을 위협하는 상황 말고는).[9]

그렇다고 이것이 인간 소통은 다 서툰 흉내라는 것을 뜻하는 것은 아니다(우리의 내부 생각 과정을 우리 자신에게나 타인들에게 투명하게 만들지 않고서 우리는 하루하루를 어떻게든 살아가며, 심지어는 이따금씩 무언가를 성취해 내기도 한다). 그렇지만 이것은 위에 나온 것 같은 뮤지컬 장면이 실생활 소통에서는 유사한 것을 찾아볼 수 없고 그렇기에 우리의 마음 이론에는 분명 흔치 않은 대접처럼 느껴질, 복잡한 사회적 상황에서 마음과 몸의 완벽하고 철저한 조응의 환영을 창조할 수 있다는 것을 의미한다.

다시금 이 장면은 우리를 있을 법하지 않게 뛰어난 사회적 경기자로 일시적으로 바꾸어놓는다. 에밀과 넬리의 몸 언어가 결코 중립적이지 않기는 해도, 그렇다고 아주 표현적이지도 않으니까 말이다. 사실 그것은 자기의

9　Kurzban, *Why Everyone (Else) Is a Hypocrite*[커즈번, 『왜 모든 사람은 (나만 빼고) 위선자인가』]를 볼 것.

그림 23. 로저스와 해머스타인의 <남태평양>에서 에밀(로사노 브라치)이 노래하면서 생각한다(사우스퍼시픽 엔터프라이즈, 1958).

식적으로 억눌려 있다. 그 장면에 다른 캐릭터가 있었다고 해도 그들의 멈춤, 반쯤의 몸 돌림, 반쯤의 미소, 반쯤의 찌푸림에서 그들 머릿속에서 무슨 일이 일어나고 있는지를 추측하지는 못했을 것이다. 더구나, 둘 모두가 상당히 자신이 없는 느낌을 가지고 있다고 했을 때, 틀림없이 그들은 태평해 보이려고, 희망을 바로 얼마나 멀리까지 끌고 갔는지 안 보여주려고, 추가적인 노력을 하고 있을 것이다. 하지만 우리는 그들의 은폐 노력을 들여다본다. 정확히 무엇이 밑에 깔려 있는지를 우리는 안다. 지금 당장은 우리의 사회적 능력은 최상급이고, 노력이 필요 없다.

그것은 천천히 사라진다. 우월한 사회적 식별의 흔적들은 노래가 끝난 뒤에도 머물면서 그다음에 일어나는 일에 대한 우리의 해석에 영향을 미친다. 넬리와 에밀이 대화를 재개하고 넬리가 "너는 독서를 많이 하는 것 같아"라고 말할 때, 우리는 그녀의 어조에서 불안을— 분명, 그녀가 내보이는 것보다 더 많은 불안을—읽는데, 왜냐하면 "교양 있는 프랑스 남자"로서 에밀이 교양 없는 "어린 촌뜨기"에게 곧 지루해질 것이라고 조금 전에 그녀가 생각한 것을 알기 때문이다. 물론 에밀은 그의 독서 기량에 대한 그녀의 언급에 관심을 기울이지도 않는다. 우리는 그 이유를

이렇게 추측한다: 그는 틀림없이 넬리를 따라다니는 젊은 구혼자들의 온갖 이미지에 아직도 사로잡혀 있는 거야. 아니면 어쩌면 그는 그녀에게 뭐라고 말할지를 생각하고 있는 거야. 우리는 정보 기반 추측과 사변의 영역으로 다시 움직이고 있다. 완벽한 투명성은 끝났다.

이로써 우리는 뮤지컬에서 시간에 대한 특이한 취급에 이르게 된다. 캐릭터들은 노래가 지속되는 동안에는 투명하게 남아 있는 듯 보이는데, 이는 3분일 수도 심지어 더 길 수도 있다. 이는 체화된 투명성의 순간은 짧아야 한다는 우리의 "일시성 규칙"을 위반하는가?

사실은 안 그렇다. 뮤지컬의 시간은 그 자체의 법칙에 따라서 움직인다. 공연으로서의-노래와 대화로서의-노래는 대부분 실시간으로 펼쳐진다. 하지만 생각으로서의-노래에서 시간은 정지하거나 느려질 수 있다. 생각으로서의-노래(즉 투명성의 순간)가 실제로 노래하는 데 걸리는 시간보다 덜 지속되어 보이도록 만들기 위해 감독들이 사용하는 한 가지 기법은 정지 프레임이다. 〈아가씨와 건달들〉에서 스카이 매스터슨(말론 브란도)이 「행운의 여신이여Luck Be a Lady Tonight」를 부를 때, 실제 노래는 3분 지속된다. 그렇지만 그 장면은 스카이가 빨리 주사위를 던지기를 조바심 내며 기다리고 있는 다른 도박꾼들에게 3분이 안 되는 시간이 — 아마도 그 시간의 절반 정도가 — 흐르는 것처럼 보이도록 촬영된다. 그들의 몸 언어는 느려진다 — 심지어 어느 정도로는 정지된다. 그러는 동안 우리는 스카이의 마음속에 있으면서, 행운의 여신Lady Luck에게 하는 그의 애원에 귀를 기울인다.[10]

〈남태평양〉의 장면에는 넬리와 에밀이 그들의 생각을 노래할 때 다른 캐릭터가 전혀 없기 때문에, 감독은 시간이 느려졌다는 것을 보여주기 위해 특별한 기법을 사용할 필요가 전혀 없다. 그들의 노래에 걸리는 시간이 그들의 생각에 걸리는 시간만큼 길다고 우리는 가정한다. 또는

---

10 1955년 영화 판본에서, 말론 브란도가 일단 노래를 부르기 시작하면, 그를 둘러싼 조명이 바뀌면서 우리가 다른 공간과 시간 속으로 들어가고 있다는 것을 강조한다.

그림 24. 조지프 L 맨키위즈의 〈아가씨와 건달들〉(새뮤얼 골드윈, 1955)에서 스카이 매스터슨(말론 브란도) 뒤의 정지 프레임 숏.

그만큼 짧다고— 왜냐하면, 생각(과 꿈)이 문제일 때 우리는 보통 그 생각이 실제로 얼마나 길게 지속되는지 알 방법이 없으니까.

"존재할 것이냐 말 것이냐" (방백)

일시성의 규칙에 대한 또 하나의 중요한 예외가 있다. 그 규칙은 주로 타인들이 있을 때 적용된다. 캐릭터가 혼자 있을 때는(또는 〈남태평양〉처럼 똑같이 투명한 또 다른 캐릭터가 있을 때는) 아주 긴 시간 동안 투명할 수 있다. 전통적 연극 독백도 바로 그렇게 작동한다. "존재할 것이냐 말 것이냐"는 주인공이 무대에 홀로 서 있고 독백이 지속되는 동안 투명하다는 것을 전제한다. 우리가 듣고 있는 것은 그의 생각들이니.

물론 모든 감독이 애매성 없는 투명성이 이처럼 오래 지속되는 것을 선택하지는 않는다. 그리고 "혼자"라는 개념은 우리의 직접 접근 인상을 복잡하게 만들기 위해 확장되고 조작될 수 있다. 그리하여 로렌스 올리비에의 〈햄릿〉[11]에서 올리비에는 그 독백 대부분을 큰 소리로 낭송한다. 예외는

---

11 [옮긴이] https://www.youtube.com/watch?v=tsPPI_7x1dk 1:01:20부터.

"죽는 건 자는 것 / 그뿐인데"에서 시작해서 "꿈꾸는 것일지도"까지의 부분인데, 이 부분은 보이스오버로 들린다. 이는 특이한 접근 위계 효과를 낳는다. 햄릿의 입술이 움직이지 않고 눈은 감긴 채 우리가 보이스오버로 듣는 생각들은 나머지보다 여하튼 더 "내적인" 더 "진실된" 것이다. 아무도 그 생각들을 들을 수 없을 테니까. 이건 좀 아이러니한데, 왜냐하면 독백의 나머지 역시 아무도 들을 수 없어야 하기 때문이다. 햄릿은 격노하는 바다 옆 고독한 성벽 위에서 그것을 낭송한다. 하지만 입을 닫고 눈을 감음으로써 올리비에는 혼자 있다는 인상을 — 아무런 청중도 없으며, 따라서 타인들에게 그의 감정을 연기해야 할 아무런 사회적 자극도 없다는 인상을 — 강화한다.

 내가 지금까지 본 〈햄릿〉의 모든 판본은 이 독백이 주인공의 감정에 대한 직접 접근을 얼마나 많이 제공해야 하는가 하는 문제에 다소 다르게 응답한다. 올리비에의 판본에서 독백의 "보이스오버" 부분들이 다른 부분보다 더 깊은 투명성의 환영을 낳는다면, 케네스 브래너의 판본[12]에서는 햄릿이 단방향 거울[13] 앞에 서서, 클로디어스와 폴로니우스가 반대편에서 거의 코앞에서 그를 지켜보는 가운데, 독백을 전달하기 때문에 투명성이 내내 손상된 것처럼 느껴진다. 데이비드 테넌트의 햄릿[14]의 경우에는 투명성이 훨씬 덜 애매하다. 그렇다, 그가 말하고 있는 방은 도청되고 있다. 하지만 햄릿은 몰카로는 접근할 수 없는 구석을 찾은 것처럼 보인다. 그에 앞선 올리비에처럼, 테넌트는 "죽는 건 자는 것 / 그뿐인데"에서 눈을 감는다(올리비에의 보이스오버와는 대조되게, 그의 입은 계속 움직이지만). 그래서 우리가 캐릭터의 생각에 더 깊게 다가가고 있다는 인상을 강화한다. 빈방에서 눈을 감고 말하는 캐릭터는 다른 사람에게 자기감정을 연기하고 있는

---

12 [옮긴이] https://www.youtube.com/watch?v=SjuZq-8PUw0
13 [옮긴이] 한쪽이 유리창인 거울.
14 [옮긴이] https://www.youtube.com/watch?v=pEv7hxSnze0 57:30부터.

것이 아니다.

또는 그런 것을 이 관례는 한때 함의했었다. 어쩌면 너는 이미 그것이 전복된 어떤 연극이나 영화를 생각할 수 있을 것이다.

열한 시 투명성

이것은 〈마이 페어 레이디〉의 마지막 장면에서 헨리 히긴스가 부르는 노래이다.

> 난 그녀의 얼굴에 익숙해졌어.
> 난 공기 속 무언가의
> 흔적에 익숙해졌어.
> 그녀의 얼굴에 익숙해졌어.

일라이자 두리틀이 떠난 지금, 그녀가 그에게 얼마나 많은 것을 의미하는지 그는 깨닫는다. 사적인 드러냄으로써 이 노래는 그가 "코번트 가든의 구겨진 양배추 잎에서 창조한" 은혜도 모르는 "것"에 대한 이전의 몰아치는 연설과 뚜렷하게 대조된다. 그것은 또한 조금 뒤에 일라이자가 돌아왔을 때 히긴스의 태연한 척하는 의도적 연기와도 대조된다. 그녀가 집에 들어와서 그가 녹음기로 그녀의 목소리를 듣고 있는 것을 듣자, 그는 얼굴 위로 모자를 덮고 의자 깊숙이 몸을 파묻고는 "일라이자, 내 슬리퍼는 어디 있지?"라고 묻는다. 아마도 자신의 침착함과 고칠 수 없는 성격을 보여주기 위해서 말이다. 「난 그녀의 얼굴에 익숙해졌어」의 투명한 서정적 히긴스는 가고 없다(그림 25).

하지만 그 모자를 가지고서도 그것은 까다로운 일이다. 그것은 얼굴을 지키려는[15] 의도이지만 또한 얼굴을 숨긴다. 아마도 히긴스는 지금 당장

그림 25. 조지 큐커의 〈마이 페어 레이디〉(워너 브라더스, 1964)에서 렉스 해리슨과 오드리 헵번.

표정을 통제할 수 없다는 것을 알고 있을 것이고, 그러한 취약한 상태에서 보여지기를 원하지 않을 것이다. 그렇다고 했을 때 히긴스의 제스처는 자제를 함의하는데, 이 자제는 모자로 얼굴을 덮고 있는 그를 조금 전 고독한 서정적 사색에 잠겨 있을 때만큼이나 투명하게 만든다.

하지만 히긴스의 몸 언어를 자제(따라서 투명성)를 표시하는 것으로 읽든 태연함(따라서 일라이자를 고려해 꾸며낸 연기)을 표시하는 것으로 읽든, 그의 노래와 그 노래가 우리에게 허락해 준 그의 마음속 일별 이후에는 그 무엇도 동일하지 않다. 일라이자에 대해 그가 "실제로" 어떻게 느끼는지 우리는 안다. 그리고 그도 안다. 그 노래가 초래한 직접 접근의 순간은 이야기의 역학을 바꾸어놓았다. 물론 이야기는 끝났다. 이것이 마지막 장면이다. 하지만 〈마이 페어 레이디〉에 대한 비평적 반응들이 보여주듯, 우리는 금방 우리가 알게 된 것에 비추어 그들의 관계를 추측하면서 히긴스와 일라이자 사이에 무슨 일이 일어날지를 계속 생각한다.[16]

연극 비평가들은 "주인공이 일종의 계시를 받거나 뮤지컬을 절정으로

---

15 [옮긴이] 체면을 지키려는.
16 다음에 무슨 일이 일어날지에 대한 다양한 해석들에 대한 논의로는 Miller, *From Assassins to West Side Story*, pp. 187~188을 볼 것.

이끄는 중대한 감정적 순간을 겪는" 노래를 지칭하는 특별한 용어를 실제로 가지고 있다. 그들은 그것을 열한 시 넘버라고 부른다 — "모든 뮤지컬이 오후 8시 30분에 시작하여 11시경에 절정의 노래가 있어야 했던 시절의 잔재. 11시가 지나고 얼마 안 있어 관객이 퇴장하는 것이 바람직했기 때문이다."[17] 히긴스의 「난 그녀의 얼굴에 익숙해졌어」가 열한 시 넘버의 한 가지 유명한 예이다. 〈집시〉의 「로즈 차례」가 또 다른 하나다.[18] (이 용어를 나에게 소개해 준 인지심리학자이자 연극 애호가) 마크 셰스킨에 따르면, 최근의 몇몇 뮤지컬들은 열한 시 넘버를 앞으로 옮겨서 주인공들이 더 이른 막에서 현현epiphanies을 겪도록 하는 실험을 해왔다.[19] 하지만 현현이 발견될 때마다, 우리는 모든 뮤지컬이 열한 시 넘버를 갖는 것은 아니더라도 모든 열한 시 넘버는 체화된 투명성의 사례라고 안심하고 말할 수 있다.

관례를 가지고 놀기

지금까지 나는 단순하게 해왔다. 공연으로서의-노래, 대화로서의-노래, 생각으로서의-노래라는 말끔한 삼중 구분을 예시하기 위해서 1950년대와 1960년대에 제작된 뮤지컬 사례를 사용했다. 그렇지만 1970년대와 1980년대에 일이 더 복잡해졌다. 특히 스티븐 손드하임의 작품에서 그랬다. 손드하

---

17 www.rationalmagic.com/Bursting/Glossary.html (2008년 2월 21일 검색).
18 같은 곳.
19 셰스킨이 말하듯, 얼마간의 뮤지컬들은, 특히 "서사극적(브레히트적) 스토리텔링 전통에서 쓰인" 것들은 열한 시 넘버를 극 앞에 둔다. 예를 들어, 손드하임의 〈스위니 토드〉는 "1막 끝에 '현현'이 있는데, 이는 그 정의에 완벽하게 들어맞는다. 2막 끝 부근의 관례적 자리보다 많이 앞서 나온다는 것 말고는." 우리는 "주인공이 어떻게 계시에 이르게 되는지('그들 모두가 죽어 마땅해') 그리고 그것이 (세상을 향한 분노에서 자신의 상실에 대한 슬픔까지 앞뒤로 왔다 갔다 하면서) 얼마나 감정적인지"를 볼 수 있다. (이메일 소통, 2007년 10월 18일)

임은 그 셋 사이의 경계를 흐려놓는 데서 환희를 느끼는 것처럼 보인다. 그는 대화로서의-노래 안에 체화된 투명성을 도입하고 생각으로서의-노래 안에 공연을 도입한다. (실제로 1950년대와 1960년대에도 일은 그렇게 단순하지 않았다. 고전 뮤지컬들 역시 이 경계를 가로지르는 실험을 했다. 다만 이 실험이 최근 몇십 년 동안 더 흔해졌을 뿐이다.)

손드하임의 〈메릴리 위 롤 얼롱Merrily We Roll Along〉(1981)의 1막 끝에 나오는 넘버인 그 유명한「프랭클린 셰퍼드 주식회사」를 생각해 보라. 프랭크 셰퍼드의 협력자이자 친구인 찰리 크링거스가 텔레비전 생방송에서 감정적 붕괴를 겪는다. 인터뷰어는 찰리에게 프랭크와 어떻게 함께 일하는지 묻는다(찰리는 시나리오 작가, 프랭크는 작곡가로서). 하지만 귀엽거나 상냥한 대답을 하는 대신 찰리는 협력과 우정이 깨진 것에 대해 화가 나서 불평을 터뜨린다. 찰리는 주변의 다른 사람들과 마찬가지로 자신의 폭발에 충격을 받은 것이 분명하다("오, 세상에, 일이 터진 것은 같아. / 침몰하기 전에 날 멈춰줘"). 하지만 프랭크가 그들의 직업적, 개인적 관계를 배신한 것에 대해 억눌린 슬픔과 좌절을 토하는 것을 멈출 수가 없다.「프랭클린 셰퍼드 주식회사」는 극의 시작 부분으로 옮겨진 열한 시 넘버이다. 하지만, 셰스킨이 말하듯, "이것은 뮤지컬이 역순으로 진행되기 때문에 흥미로운 경우이다. 그 넘버는 관객의 밤이 시작되면서 등장하며, 하지만 이야기 안에서는 시간 순서로 정확하게 등장한다."[20] 다시 말해서, 어떤 층위에서는 우리는 이 노래를 여전히 연극을 **결론짓는** 감정적 격변으로 생각할 수 있다.

「프랭클린 셰퍼드 주식회사」가 체화된 투명성의 경우로서 특이한 것은 동시에 생각으로서의-노래이고, 대화로서의-노래이고, (정도 좀 덜하긴 해도) 공연으로서의-노래라는 것이다. 찰리는 자신이 노래 부르고 있는 그 분노와 비탄을 지금 경험하고 있다. 그는 프랭크와 인터뷰어에게 말하고

---

20 Sheskin, 이메일 소통, 2008년 2월 22일.

그림 26. 스티븐 손드하임의 〈일요일에 공원에서 조지와〉(브로드웨이, 1984)에서 드레스 옆에 선 도트(버나뎃 피터스).

있다. 그리고 그는 공연하고 있다(이것은 TV 생방송이고, 또한 적어도 노래 시작 부분에서 찰리가 감정을 더 통제하고 있을 때, 피아노와 타자기 소리를 환기시키는 멋진 쇼를 하고 있다).

손드하임이 노래를 생각으로 간주하면서도 공연의 요소들을 가지고서 그것을 복잡하게 만드는 또 다른 사례 — 그리고 체화된 투명성의 놀라운 사례 — 가 여기 있다. 〈일요일에 공원에서 조지와〉(1984)에서 조르주 쇠라의 모델 겸 정부인 도트는 포즈 취하는 일이 지겨워지자 벽장에서 나와 은밀한 것을 드러내듯 엄격한 빅토리아조 드레스에서 걸어 나와서[21] 속옷 차림으로 공원을 활보하며, 모델로서의 직업과 조지에 대한 사랑에 대해

---

21   [옮긴이] 이 부분에서 드레스 앞부분이 세로로 갈라져 열리고 도트는 말 그대로 걸어서 빠져나온다.

그림 27. 스티븐 손드하임의 〈일요일에 공원에서 조지와〉(브로드웨이, 1984)에서 도트(버나뎃 피터스)가 조지(맨디 파틴킨)를 위해 포즈를 취한다.

노래한다.

표면적으로 이것은 체화된 투명성을 위한 마음-몸 이원성의 뛰어난 시각적 전유이다. 우리는 도트의 노래를 경유하여 도트의 마음에 대한 직접 접근을 얻고, 반면에 연극의 다른 캐릭터들(조지나 공원을 거닐고 있는 사람들)은 아무것도 못 얻는다: 그들은 몸 곁에 머물고 있다. 그들이 볼 수 있는 것이라고는 번거로운 드레스에 감싸인, 물을 바라보고 있는, 까다로운 연인을 위해 포즈를 취하고 있는, 움직임 없는 도트 뿐이다(그림 27).

하지만 다른 무언가가 여기서 일어나고 있다. 직업 모델이라는 것이 무엇을 의미하는지를 — 살아 있는 동안 아무런 "존경"이나 "관심"이나 "연줄"도 얻지 못하고 사후에 "무언가 좀 더 공적이고 좀 더 항구적인 애정 표현"을 얻는다는 것을 — 노래하면서, 도트는 상상의 관객을 향해 계속해서 비웃는 포즈를 취한다. 이것은 그림을 그리는 조지에게는 아무 소용도 없겠지만 다른 사람들이라면 모델 일과 연결할 수도 있는 포즈이다.

그 다른 사람들이란 그녀가 살아있는 동안 그녀에게 "아무런 존경"도 주지 않는 그 상상의 관객들일까? 아마도 그들은 — 조지를 자기 모델이 이런 우스꽝스러운 자세를 취할 필요가 있는 그런 종류의 화가로 생각한다면 — 조지의 예술 역시 이해하지 못할 것이다. 하지만 도트는 이 사람들이 그녀의 노래에 사로잡히게 만들고, 그들이 즉시 환영할 수 있는 (것이라고 그녀가 생각하는) 것을 그들에게 주며, 그러면서도 또한 그들이(또는 그들처럼 생각하는 다른 사람들이) 현재의 편견을 미래에는(즉 조지와 도트가 죽고 조지의 예술이 받아 마땅한 인정을 얻은 뒤에는) 재고할지도 모른다고 생각한다. 따라서 도트는 화가와 모델에 대한 그들의 현재 지각을 가지고 노는 동시에 위대한 쇠라의 모델 역할은 틀림없이 다른 경험이었을 것이고 아주 특별한 종류의 여자를 요구했을 것이라는 그들의 미래의 인정을 가지고 논다.

다시 말해서, 도트의 투명성에는 강한 공연 요소가 있다. 그녀의 노래는 여전히 분명히 하나의 생각이다 — 그녀의 가시적 몸 대신 서 있는 텅 빈 의복은 우리로 하여금 옷을 벗은 도트가 그녀의 "가장 내밀한" 감정을 노래하고 있다는 것을 잊지 않게 한다 — 하지만 그것은 또한 복잡한 마음 읽기 행위이다. 즉 그녀와 조지에 대한 사람들의 미래 견해를 형성하기 위해서 그들이 (추정컨대) 지금 원하는 것을 주기. 도트는 투명한 동시에 조작적이다. 손드하임은 이와 같은 마음 읽기 매시업[22]에 눈부시게 뛰어나다.

이와 유사한 혼합된 마음 읽기 역학을 존 캔더, 프레드 앱, 밥 파시의 1975년 무대 뮤지컬을 개작한 롭 마샬의 영화 〈시카고〉(2002)의 도처에서 발견할 수 있다. 록시 하트의 넘버 「유쾌한 연인Funny Honey」은 남편 에이머스에 대한 그녀의 사적인 생각의 표현인 동시에 나이트클럽에서의 상상의

---

22 [옮긴이] mashups. 음악에서 '매시업'은 둘 이상의 노래를 섞는 어떤 수법을 말한다.

그림 28. 롭 마샬의 〈시카고〉(미라맥스 2002)에서 록시 하트 역의 르네 젤위거와 에이머스 역의 존 C. 라일리.

공연이기도 하다(그림 28). 그리고 나중에 에이머스 하트가 「미스터 셀로판 Mister Cellophane」을 부를 때, 그는 자신의 사회적 하찮음에 대해 사적으로 생각하는 동시에 이 슬픈 사적인 생각들을 무대 위에서 공연하고 있다(아마도 그의 아내가 꿈속에서 살고 있는 그 동일한 상상의 무대 위에서).

이 장면들에서 록시와 에이머스가 여전히 투명하다고 나는 믿는다. 왜냐하면 그들의 공연으로서의-노래는 그들의 생각으로서의-노래 안에 포함되어 있기 때문이다. 록시를 보자. 그녀의 마음에 무엇이 있는지 우리는 정확히 안다. 그녀는 남편이 얼간이라 생각하고 있다. 그녀는 화려한 나이트클럽에서 얼간이 남편에 대해 노래한다면 그녀가 어떻게 보일지를 상상하고 있다. 하지만, 그녀의 상상의 관객들이 그녀를 흠모해 주기를 희망하면서도, 그녀는 절대적으로 확신할 수는 없다. 따라서 록시는, 자신의 가장 사적인 감정을 우리가 들여다볼 수 있게 해주면서도, 그녀의 관객이 어떤 마음 상태를 갖도록 하기 위해 — 그들을 구애하고 유혹하기 위해 — 열심히 노력하고 있다. 다시금 뮤지컬 무대는 경이롭게 혼합된 마음 읽기 경험을 위한 기회를 열어놓는다. 투명성 안의 사회적 복잡성을 위한 기회를.

마음 이론과 노래하기는 무슨 관계지?

관례를 가지고 노는 것이 관례를 버리는 것을 의미하지는 않는다. 어느 편인가 하면, 오히려 그 반대를 의미한다. 생각으로 여겨지는 노래가 공연이기도 하다는 발견이 흥을 돋는 것은 정확히 우리가 투명성을 기대했기 때문이다. 그리고 이 기대는 어느 때보다도 강하다. 여전히 우리의 기본 가정은 캐릭터가 공연(가령, 백스테이지 뮤지컬의 노래)이나 대화로 명확히 표시되지 않은 노래를 부를 때 사적인 생각과 감정을 드러내고 있다는 것이다.

하지만 왜 그래야만 하지? 이것은 뮤지컬 학자들이 묻지 않는 질문이다. 하지만 인지 문화비평가로서 나는 그것을 물어야만 한다. 노래하기와 마음 이론 사이에는 모종의 특별한 관계가 있는가? 노래하는 행위에 사로잡혀 있는 몸이 무엇이기에 캐릭터의 마음 상태에 직접적으로 접근하고 있다고 쉽게 믿도록 만드는 것이지?

이것은 그냥 관례이고 우리가 그것을 계속하는 것은 그것이 그토록 오랫동안 있어 왔기 때문이라고 네가 나에게 말한다면, 나는 동의하지 않아야 한다. 내가 동의하지 않는 것은 노래하기와 투명성의 연결이 얼마나 끈질기며 교차 문화적인지에 내가 충격을 받았기 때문이다. 사실 이 끈질김 때문에 나는 노래하기 행위가 요구하는 특별한 신체적, 정신적 노력을 생각하게 된다. 이 노력에 대한 자각이 가수의 감정적 투명성에 대한 듣는 이들의 지각에 영향을 미칠 수 있을까? 이 논변을 자세히 고찰해 보자.

우선, 노래하기가 생각과 감정에 대한 직접 접근과 연결되는 다른 장르들을 생각해 보자. 지금까지 우리는 뮤지컬을 논의했다. 하지만 물론 오페라도 있다. 오페라에서 기본적 기대는 캐릭터들이 상당한 시간 동안 마음을 노래한다는 것이다. 그리고 오페라 학자들이 주목했듯이, 그들이 그렇게 할 때 무대 위의 다른 누구도 그것을 들을 수 없다.[23] 더 나아가, 이러한 기대는 유럽 오페라 전통에만 있는 것이 아니다. 예를 들어 이는 중국 고전극도 마찬가지인데, 곡가曲歌는 무대 위 다른 누구도 들을 수 없는 가운데 캐릭터의 가장 내밀한 감정을 표현함으로써 강렬한 서정성의 순간들을 생성한다.

중국 고전극의 체화된 투명성과 관련해서 두 가지가 특히 놀랍다. 첫째, 곡가는 잘 알려진 다른 문화적 서사들에 대한 참조로 가득하다. 둘째, 배우들의 몸 언어가 매우 양식화되어 있다. 다시 말해서, 캐릭터들이 다른 노래와 시를 끊임없이 불러내고 복잡한 일련의 정교한 상징적 제스처를 수행할 때 감정적 표현이 자생적으로 보이기가 어려울 것 같을 것이다. 하지만 고전 중국 문학 학자인 강이 선 창Kang-i Sun Chang이 말하듯, 저 언어적, 신체적 참조들로부터 관객들이 특별히 맛있다고 여기는 감정 내보임이 출현한다.[24] 배우들은 양식화된 몸 언어와 문학 유산을 제2의 자연이 될 정도로 통달하고 있어야 한다. 따라서 캐릭터들의 자생적 감정들이 공식화된 제스처들과 풍부한 문학적, 역사적 인용들을 "통해서 빛난다".[25]

그래서, (왕실보의 13세기 고전) 『서상기』에서 절에서 글공부하던 서생 장생이 아름다운 앵앵이 조금 떨어져서 걷는 모습을 보고는 즉시 홀딱

---

23   Citron, *Opera on Screen*, pp. 56, 102, 227; Newcomb, "Once More," p. 234; Abbate, *Unsung Voices*, pp. 24, 26, 69, 119~123, 157; Hutcheon and Hutcheon, "Narrativizing the End," p. 442; 그리고 Taruskin, "She Do the Ring," p. 196을 볼 것.

24   중국 고전극에 대한 나의 논의에서 나는 강이 선 창에게 깊은 빚을 지고 있다. 그녀가 말하듯, "독자들(또는 관객들)은 곡가가 저자/캐릭터의 진정한 감정을 표현한다고 언제나 믿는다"(이메일 논의, 2007년 10월 17일).

25   "예술에 대한 공자의 견해라고 부를 수 있는 것을 관통하는 한 가지 지속되는 논변의 줄기는 자생성과 계산, 자유와 통제에 대한 바로 이 모순적 욕망이다"(Yu, pp. 81~82)라는 유의 관찰과 비교할 것.

반할 때, 그의 노래는 분명 그의 사적 감정의 자생적 분출을 나타낸다. 비록 그것이 또한 역사, 신화, 드라마에 대한 그의 지식을 증명하고 있지만 말이다. 장생은 아찔하고 "어안이 벙벙"하다. 하지만 그는 당대의 드라마에서 전형적으로 환기되는 신화적 지복의 장소 "도솔궁"과 어긋난 연인들의 상상의 거주지 "이한천"에 대해 박식하게 말한다.

> 고운 여자 수없이 보았건만,
> 이처럼 고운 얼굴 본 적 없네.
> 눈이 아찔하고 어안이 벙벙하여,
> 허공으로 넋이 날아가는 것 같네.
> 그녀는 내가 건들든지 말든지,
> 향기로운 어깨 늘어뜨리고,
> 그저 꽃을 만지작거리며 웃고 있네.
> 이곳은 바로 환희의 도솔궁兜率宮이지,
> 이별 한스러운 이한천離恨天이 아니로다.
> 아, 절에서 선녀를 만나게 될 줄이야!
> 화내도 예쁘고 웃어도 고운 봄바람 얼굴이여,
> 머리를 갸우뚱하니,
> 비취 머리 장식 어여쁘구나.[26]

정원에 있는 앵앵도 다른 그 누구도 장생이 앵앵의 "봄바람 얼굴"에 대해 노래하고 절을 도솔궁에 비견할 때 장생을 들을 수 없다. 만약에 듣는다면 그의 스스럼없음에 그들은 불쾌해질 것이다. 일상의 말과 사적인 생각으로서의-노래의 이 대조는 조금 뒤에 장생이 노래를 멈추고는 근처에

26　Wang, *The Story of the Western Wing*, pp. 120~21, 120nn23~24[왕실보, 『서상기』, 양회석 옮김(지만지드라마, 2019), 19~20쪽].

있던 스님에게로 돌아서서 황홀해하면서 이렇게 불쑥 내뱉을 때 강조된다. "스님, 방금 관음보살이 어인 일로 온 거지?" 이에 스님은 이성적으로 대답한다. "허튼소리 마. 그분은 바로 하중부 최 대감의 따님이야."(p. 121[21쪽])

왕실보는 또한 공연으로 의도된 노래들(장생과 앵앵이 즉흥 2행 연구를 교환할 때[140])과 대화로 의도된 노래들(앵앵의 하녀 홍낭이 장생에게 앵앵의 어머니를 두려워하지 말라고 충고할 때[130])도 포함시킨다. 다시 말해서, 『서상기』는 고전적 서양 오페라와 뮤지컬과 마찬가지로 노래를 연극에 도입하기 위한 그 세 가지 전략을 이용한다. 그렇지만 곡가가 지배적이다. 다시금 이러한 측면에서 중국 고전극은 서양 오페라를 앞서서 예견하는데, 서양 오페라에서 대다수 노래들은 캐릭터를 투명하게 만든다.

이제 또 다른 표상 전통을 고찰해 보라. 대충 『서상기』와 시기가 같으며, 서사 안에 노래를 빈번히 삽입하는 중세 유럽 로맨스 다시금 이 노래들의 일부는 — 가령 음유시인이 상류층 모임에서 조신朝臣들을 접대할 때처럼 — 공적인 공연이다. 하지만 대다수는 사적인 낭만적 갈망을 표현하기 위해 사용된다.

1993년 문학비평가 모린 배리 맥캔 볼튼은 1200년에서 1400년 사이에 작곡된, 서정적 삽입곡을 포함하는 72편의 프랑스 서사들 각각에서 "모든 서정적 삽입곡"을 검토했다. "남자 캐릭터(또는 이따금 여자 캐릭터)의 감정을 표현하거나 분석할 목적으로 캐릭터에게 노래를 귀속시키는 것은 (…) 결국은 그 장치의 가장 성공적인 적용이 되었다." 특히 내적인 독백의 일부로서 사용될 때, 노래는 "캐릭터의 내적 사고를 드러내는 주요 장치"였다.[27]

볼튼은 단지 프랑스 중세 이야기 안의 노래가 캐릭터의 숨은 감정을 표현했다는 견해를 확인하기 위해 책을 쓰지 않았다. 사실은 그 반대였다.

27　Boulton, *The Song in the Story*, pp. 19, 20.

그녀는 이 노래 중 다수가 다른 잘 알려진 공연들에 대한 확장된 참조를 포함하고 있었다는 것을 독자들에게 상기시킴으로써 이 견해를 문제 삼으려고 했다. 그녀가 보기에는, 이 재활용 및 의식적 참조 전통은 저 서정적 삽입들을 캐릭터의 사적 생각의 자생적 분출로 계속 간주할 수는 없다는 것을 의미해야만 한다.[28]

내가 왜 볼튼의 논변에 완전히 동의할 수는 없는지 너는 알 수 있다. 다시 중국 고전극을 생각해 보라. 중국 고전극의 구송은 다른 노래, 신화, 역사 서사에 대한 참조들로 가득하다. 하지만 이 때문에 구송이 덜 서정적이 되는 것은 아니다. 다시 말해서, 강이 선 창이 제시한 서정성의 정의를 사용하자면, 구송은 여전히 "현재 느껴지는, [캐릭터들의] 감정의 지속적인 표현"을 포함한다.[29] 따라서, 중세의 서정적 삽입에 대한 볼튼의 분석으로 돌아가면, 참조들과 직접 차용의 풍부함은 내가 보기에 그 자체로 우리가 한 노래를 캐릭터의 마음에 대한 직접적 접근과 연결하는 일을 무효화하지는 않는 것 같다.

이는 우리를 일상의 독립곡으로 이끈다. 그런 노래에 대한 우리의 기본적 기대, 무언의 규칙은 그것이 가수가 맡은 페르소나의 감정을 드러낸다는 것이다. (페르소나라는 낱말이 여기서 아주 중요하다: 나는 노래가 가수의 마음에 대한 접근을 우리에게 제공한다고 주장하는 것이 아니다. 단지

---

28   같은 책, pp. 20, 24. 볼튼의 논변이 클리언스 브룩스와 로버트 팬 워렌의 『시의 이해』(1938)에 나오는 논변과 다소 유사하다는 점에 주목할 것. 이들은 일본의 하이쿠가 화자의 마음에 대한 "갑작스러운 순간적 통찰"을 제공하는 것으로 간주될 수 없다고 제안한다. 그들이 보기에, 번역을 읽는 서양의 독자에게 어떤 이미지가 "심오한 계시"를 제공하는 "갑작스러운 순간적 통찰"처럼 보일 수도 있겠지만 "그러한 시의 권위자들이 우리에게 말해주기를, 동양의 풍부한 상징주의에 흠뻑 젖은 마음에게 그러한 시의 이미지들은 특정한 연상에 있어 풍부한 것이다"(p. 70).

29   Kang-i Sun Chang, *The Evolution of Chinese Tz'u Poetry*, p. 19. 서정시에서 우리는 서술자의 "나"를 시의 저자와 동일시하는 경향이 있다는 수잔 랜서의 관찰과 비교할 것(Lanser, "The 'I' of the Beholder," p. 207).

이 특정한 공연을 위해 가수가 맡은 캐릭터의 마음에 대한 접근을 제공한다는 것이다.)

물론 이 규칙에는 중요한 예외가 있다. 즉 서사 발라드. 주인공의 마음 상태에 초점을 맞추는("아, 나는 어제를 믿어"[30]) 대신에, 그것은 몇몇 캐릭터 사이의 관계에 대해 말해주는데, 우리는 그들의 행위를 뒤따를 수는 있지만 읽을 수가 — 또는 적어도 지금 당장은, 읽을 수가 — 없다. 밥 딜런의 「해티 캐롤의 외로운 죽음」이 그렇다.

> 윌리엄 잰징어는 불쌍한 해티 캐롤을 죽였네.
> 다이아몬드 반지 손가락에서 빙빙 돌리던 지팡이로.
> 볼티모어 호텔 사교모임에서.
>
> 신고를 받은 경찰들이 그의 무기를 빼앗았고,
> 그를 체포하여 차에 태워 경찰서로 데려갔고
> 윌리엄 잰징어를 1급 살인으로 등록했네.

가수가 명시적으로 우리에게 이야기하기를 착수하기 때문에, 서사 발라드는 히긴스의 「영국인들은 왜」의 독립형 등가물이다. 즉 그것은 — 생각으로서의 노래가 아니라 — 말로서의 노래이다. 가수의 마음 상태를 포함할 수도 있고, 또 「외로운 죽음」의 매 절마다 붙는 마지막 세 줄에서 그렇듯 그가 청자들에게 귀속하는 마음 상태를 포함할 수도 있겠지만 말이다.

> 하지만 수치심을 두고 철학을 하고 모든 두려움을 비난하는 너
> 얼굴에서 손수건을 치워
> 지금은 눈물을 흘릴 때가 아니니.

---

30   [옮긴이] 비틀즈의 노래 「예스터데이」의 가사.

따라서, 노래하기에 의해 유도된 체화된 투명성의 완전한 연속체를 상상해 본다면, 그것은 다음과 같은 모양일 것이다. 한쪽 끝에는 가수가 맡은 캐릭터의 완전한 투명성을 내포하는, 가령 「다신 웃지 않을 거야I'll Never Smile Again」 같은 서정적 노래들이 있을 것이다. 반대쪽 끝에는 최소한의 투명성을 가진 노래들이 있을 것이다. 즉 「헝클어진 집시 오Raggle Taggle Gypsy-o」에서 그렇듯 몇몇 불투명한 마음들을 등장시키는 서사적 발라드들.[31] 그 사이에는 오페라 아리아들, 뮤지컬 노래들, 중세 로맨스의 서정적 삽입곡들, 그리고 끝없이 다양한 여타의 뮤지컬 넘버들이 있다. 이 범주들 각각의 안에서 어떤 노래들은 스펙트럼의 한쪽 끝으로 끌릴 것이고 다른 것들은 반대 끝으로 끌릴 것이다. 그렇지만 전체적으로 그 스펙트럼은 투명성 쪽으로 아주 치우쳐 있을 것이다. 다시 말해서, 범주들 내부의 차이들의 범위에도 불구하고, 각각의 범주 전체는 읽을 수 없는 마음을 등장시키는 노래들보다는 체화된 투명성을 위한 맥락을 창조하는 노래들을 더 많이 가지고 있을 것이다.

왜 그것은 이런 식이어야 하지? 노래하기 행위에는 가수가 맡은 페르소나의 진실된 감정을 노래가 드러내고 있다고 우리가 믿기 쉽게 만드는 무언가가 있다는 나의 앞선 제안으로 이제 나는 돌아가고 있다. 이 지점에서 나는 왜 그것이 그럴 수도 있는지를 다만 추측할 수 있을 뿐이다.

나의 추측을 위한 출발점은 역할이 연기와 노래를 동시에 요구하는 공연자들의 증언이다. 뮤지컬 무대에서 시작을 한 배우 에반 레이첼 우드가 말하듯, "가장 어려운 부분은 라이브로 노래하면서 동시에 연기하는 것이야. 감정을 노래해야 하고, 노래를 잘 불러야 하지."[32] 오페라 가수 나탈리

---

31 「헝클어진 집시 오」의 어떤 판본들에서 마음들이 얼마나 읽기 힘들 수 있는지를 나에게 상기시켜 준 에블린 버지 비츠에게 나는 감사한다.

32 Freydkin, "To Wood."

드세이는 동의한다. "노래하면서 동시에 진짜로 연기하는 것은 거의 불가능해."[33] 공연자들이 정말로 노래와 연기를 자주 결합한다는 사실은 거기 수반되는 힘든 작업과 작곡 기술을 흐려놓을 수가 있다. 세스킨이 지적하듯이, 손드하임 같은 최고의 작곡가들은 배우가 노래로 갑작스럽게 폭발하는 것을 더 쉽게 만들기 위해 장면을 구성하는 방법을 안다. 즉 점진적으로 감정을 증가시켜서 어느 시점이 되면 다른 보컬 모드로 전환하는 것이 거의 자연스럽게(심지어 필연적이게) 느껴지는 음높이에 이르도록 하는 방법을 안다.[34]

노래와 연기를 동시에 하는 것이 왜 어려울 수 있는지에 대한 한 가지 가능한 설명은 노래를 하는 데는 노력이 많이 든다는 것이다. 그것은 보컬 톤, 음높이, 리듬에서의 지속적인 전환을 요구한다. 그래서 아마도 우리는 직관적으로 사람들이 이 변화된 보컬 모드에 있을 때 그들의 "진실된" 감정에 대한 더 큰 접근을 기대한다. 왜냐하면 그들이 이미 많은 에너지를 지출했으며, 따라서 척하기라는 추가적 인지적 부담을 짊어질 수 없을 것임을 우리가 알기 때문이다. 이것은 분명 매우 사변적인 제안이기는 하다. 하지만 그것이 틀렸다고 해도, 노래하기와 투명성 사이의 강한 연결은 여전히 우리가 다룰 필요가 있는 아주 흥미로운 인지적 현상이다.

그리고 그러는 사이에 서사 발라드, 공연으로서의 노래, 대화로서의 노래는 직관적으로 이 연결에 의존하면서 이 연결을 전복한다. 루 리드의 「워크 온 더 와일드 사이드」나 빌리 조엘의 「피아노 맨」을 생각해 보라. 이런 노래를 부르는 공연자가 맡은 페르소나가 우리의 마음 읽기 적응들과 벌이는 척하기-게임을 내가 말로 옮기자면 이럴 것이다. "그래, 나의 생각과 감정에 대한 직접적 접근을 틀림없이 너에게 제공하는 보컬 모드에 나는

---

33   Mead, "The Actress," p. 54.
34   Sheskin, 개인적 대화, 2007년 10월 3일. "오직 음악만 표현할 수 있는… 감정들의 경계를 건드리는]" 순간들에 대한 T. S. 엘리엇의 논의(Eliot, *On Poetry and Poets*, p. 87; Yu, p. 97에서 인용)와 비교할 것.

있지. 하지만 다른 일이 일어나고 있는 것 같아. 계속 주변을 둘러봐. 너의 감각들의 증거에도 불구하고, 내가 무엇을 하고 있는지 정말로 알 수는 없어. 이곳의 사회적 상황에 더 관여함으로써, 즉 내 주변의 다른 마음들과 그 다른 마음들에 대한 나의 지각에 주의를 기울임으로써, 너는 내가 무엇을 생각하고 있고 느끼고 있는지를 알아내야 할 거야."

따라서 노래하기는 "전부가 오직" 마음 읽기에 대한 것이라고 결론을 짓지 않고서, 여전히 나는 노래하기와 노래 듣기의 즐거움이 적어도 어느 정도로는 사회 인지적 즐거움이라고 말한다. 마음 읽기가 우리 사회적 종의 핵심적 인지 자질인 한에서 다양한 음악 넘버들은 마음을 읽을 다양한 방법들을 우리에게 제공한다.

그것들을 우리는 결코 충분히 얻지 못할 것이다 ─ 마음도 노래도.

9장

여기서는 비눗방울이 불리고 카드 성이 쌓인다 | 추상 미술을 미워하기 위한 규칙들이 기술된다 | 극단적 조치들이 취해지고 감정이 고조된다 | 자애로운 사위가 대신 나서서 공백을 채우지만, 어떤 사람들은 여전히 비웃는다 / 다빈치가 잠복해 있다 | 루벤스가 정원을 거닌다 | 그리고 저자는 한 축구 회고록에 대해 감상적이 된다.

느낌 그리기

투명성으로서의 몰입

밖은 따뜻하다. 봄꽃들이 집을 어루만진다. 창턱 너머로 몸을 기울이면서, 왼손으로 오른손을 받치고서, 젊은 남자가 비눗방울을 불고 있다. 바로 지금, 특별히 커다란 방울이 그의 대롱 끝에서 떨리고 있다.[1] 남자는 숨을 참고 있다. 세계는 가만히 정지되어 있다(그림 29).

〈비눗방울〉은 1730년대에 그려진 장 밥티스트 시메옹 샤르댕의 "게임과 오락의 그림들"[2] 가운데 하나다. 그가 그린 인물들은 카드 성을 쌓고, 스케치하고, 공기놀이를 한다. 자신들이 하는 일에 그토록 완벽히 몰입해 있기에 누군가가 보고 있다는 것을 안 의식한다. 우리의 현존에 대한 그들의 그 독특한 비의식oblivousness 때문에, 그들의 전적인 연기 결여 때문에, 그들은 우리를 끌어당긴다.

몰입 그림들은 저항 불가능한 동시에 창조하기 어렵다. 이것이 『몰입과 연극성: 디드로 시대의 회화와 보는 이』에서 마이클 프리드의 주장이다.

---

1 프리드가 묘사하듯, "그의 대롱 끝에 달린 투명하고 약간 팽창된 구는 우리 눈앞에서 거의 부풀면서 떨고 것처럼 보인다"(Fried, *Absorption and Theatricality*, p. 51).
2 같은 책, p. 51.

1730년대부터 1780년대 초까지 프랑스 장르 회화의 발달을 추적하면서, 어떻게 미술가들이 미술의 자의식을 최소화하려고 노력했는지를 프리드는 보여준다. "그들은 [미술은] 보여지라고 만들어진다는 태고적 관습"에 저항하기 위하여, 보는 이의 현존을 안 의식하는 사람들을 그렸다.[3] 그는 또한 몰입을 표상하는 확립된 방법들이 얼마나 빨리 진부해지는지를 보여주고, 그림 속 사람들이 관객의 시선을 신경 쓰지 않는다는 것을 관객에게 납득시킬 새로운 방법을 미술가들이 얼마나 필사적으로 찾아다니는지를 보여준다.

1980년 출간된 『몰입과 연극성』은 미술사가들과 문화비평가들에게 계속 영향을 미치고 있다. 개인적으로는 그 책의 주장이 나를 흥분시킨다. 왜냐하면 나는 몰입을 체화된 투명성으로 보기 때문이다(다음 장에서 논의될 한 가지 작은 예외가 있기는 하지만).[4] 샤르댕의 그림 속 젊은 남자가 정확히 무엇을 느끼고 있는지 우리는 안다. 그의 온 주의가 — 그의 온 마음이 — 비눗방울에 집중되어 있다. (몇 초 안에) 그 방울이 터지자마자 그의 마음은 다른 것들로 움직일 것이고 그렇게 되면 그는 더 이상 투명하지 않을 것임을 또한 우리는 안다. 일시성의 규칙 기억하는가?

나는 지금 너무 앞서가고 있다. 몰입 그림들에서 일시성의 규칙과 대조의 규칙이 어떻게 작동하는지를 보기에 앞서, 마음 이론과 미술의 관계라는 더 큰 문제를 짧게라도 나는 고찰하기를 원한다. 더욱이 그에 앞서, 『몰입과 연극성』에 대해 내가 흥분하는 또 다른 이유가 있다는 것을 말하기를 원한다. 즉 프리드가 그 책을 썼을 때 인지과학에 대한 배경도 관심도 가지고 있지 않았다. 이것은 내게 중요하다. 왜냐하면 미술사나 문학이나 문화 연구의 연구들이 인지과학의 연구와 양립 가능하다는 것을 발견할 때면 언제나 행복하기 때문이다. 마음이 어떻게 작동하는지를 알아내는

---

3 같은 책, p. 157.
4 10장의 문제 그림에 대한 절을 볼 것.

그림 29. 장 밥티스트 시메옹 샤르댕, <비눗방울>, c. 1733-34. 캔버스에 유화, 24×24^{7/8}인치.

일에 우리 모두가 종사한다고 할 때, 아주 다른 분과적 관점에서 시작했으면서도 상보적 결론들에 이른다는 것은 우리가 정말로 무언가를 하고 있다는 좋은 징조다.

마음 이론과 미술: 그림을 볼 때 우리는 누구의 마음을 읽는가?

어떤 대상이 미술로 간주될 수 있는지를 결정하는 일조차 마음 읽기 결정이라는 것이 확인된다. 그 일은 대상 뒤의 인물의 의도에 대한 이해에 달려 있기 때문이다.

인지심리학자 수전 겔먼과 폴 블룸은 세 살이면 이미 아이들이 어떤 그림물감 부분을 그것의 창조 배후에 특정 마음 상태가 있어야만 그림이라고 언명한다는 것을 발견했다. "캔버스 위 그림물감 부분을 아이들에게 보여주었다. 그러고는, 어쩌다 우연히 물감을 쏟은 아이에 의해 그것이 창조되었다고 말하거나 아니면 아주 신중하게 물감을 사용한 아이에 의해 창조되었다고 말했다. 예상대로 이것이 차이를 낳았다. 우연한 창조라는 말을 들었을 때, 아이들은 '물감' 같은 낱말을 사용해 나중에 그것을 묘사하는 경향이 있었다. 하지만 의도적으로 창조되었다는 말을 들었을 때, 아이들은 그것을 미술이라고 — '그림'이라고 — 묘사하는 경향이 있었다."[5]

블룸이 말하듯, 발달심리학의 전통적 견해는 아이들이 자신이 그리는 그림을 겉모습에 기초하여 명명한다는 것이었다. 다시 말해, "아이에게 '비행기'라는 낱말은 비행기처럼 보이는 것을 지칭해야 한다." 그렇지만, 블룸과 그의 대학원생들이 일련의 연구에서 밝혔듯,

> 이름은 그림이 무엇을 닮았는지에 따라 정해지지 않으며, 그림의 역사를 바탕으로 선택된다. (…) 3세 아동도 그림을 창조할 때 자기가 무엇을 의도하고 있었는지에 기초하여 그림을 명명하려고 했다. 다른 사람이 그린 그림에 대해서도 마찬가지라는 것을 우리는 발견했다. 3세 아동은 어떤 사람이 포크를 바라보다가 낙서하는 것을 본다면 나중에 그 낙서를 "포크"라고 명명할 것이다. 그 사람이 숟가락을 보는 동안 같은 낙서가 창조되었다면, 그 아이는 그것을 "숟가락"이라고 부를 것이다. 더 최근 연구들에서 [우리는] 24개월 아이들조차 그림을 무엇으로 부를지 결정할 때 그림의 역사에 민감하다는 것을 발견했다.[6]

---

5   Bloom, *How Pleasure Works*, pp. 143~144[『우리는 왜 빠져드는가』, 203~204쪽].
6   같은 책, p. 139[198쪽].

미술의 시대마다 대상 뒤의 의도의 중요성에 대한 우리의 직관을 실험하는 방식이 달랐다. 마르셀 뒤샹은 1917년 독립미술가협회 전시에 출품한 소변기 〈샘〉를 통해 이 직관을 논리적 종착점까지 밀어붙였다. 지금 나는 뉴욕 현대미술관MOMA에서 열린 프랑시스 알리스 회고전에서 방금 돌아와 이 글을 쓰고 있다. 촬영된 알리스의 시도들은 "얼음 벽돌을 멕시코 시티 여기저기로 녹을 때까지 밀고 다니기, 커다란 권총을 들고 같은 마을을 걸어 다니며 무슨 일이 일어나는지 보기(지긋지긋하게 긴 11분 후에 그는 체포되었다), 페루에서 오백 명을 동원해 삽으로 모래 산 일부를 옮기기" 등을 포함한다."[7] 모래 산 옮기기는 공공사업 프로젝트가 아니라 미술로 의도되었기에 미술 대상으로 간주될 수 있다. 그것이 반드시 그렇게 된다는 말은 아니다 — 다른 많은 문화 특정적 조건들이 운 좋게 맞아떨어져야 한다 — 하지만 출발점은(즉 의도는) 놓여 있다.

나는 다른 많은 개념 미술가의 작품을 좋아하는 것과 같은 이유에서 알리스의 작품을 좋아한다. 즉 알리스의 작품은 나로 하여금 세계를 다르게 보도록 만든다. 그렇지만 나는 그것을 아름답다고 하지는 않을 것이다. 이 구분은 중요하다. 대상 뒤의 사람에게 특정 마음 상태를 귀속하는 일이 그것을 미술작품으로 간주하기 위한 전제 조건이라고 말할 때, 나는 미학에 대해 말하고 있는 것이 아니니까. 어떤 그림물감 부분을 의도적으로 창조되었기에 "그림"이라고 부르는 것과 그것의 미학적 가치를 파악하는 것 사이에는 틈이 있으며, 나는 여기서 그 틈을 메우고 있는 것이 아니다.[8] 나의 초점은 미술의 사회 인지적 역동성이다. 우리가 미술작품을 조우할 때, 특히 — 내가 궁극적으로 체화된 투명성으로 돌아올 것이라는 점을 고려하면 — 사람 몸을 묘사하는 작품을 조우할 때, 우리는 누구의 마음을

---

7   Schjeldahl, "For Laughs," p. 84.
8   이 틈을 메우려는 매우 주목할 만한 시도는 Bloom, *How Pleasure Works*를 볼 것.

읽는지 그리고 왜 읽는지를 나는 이해하기를 원한다.

　미술관을 욕심 많은 마음 읽는 이들의 특정 단골 장소 중 하나로 간주해 보라. 미술관의 존재는 큐레이터, 대중, 미술가 등이 관련된 복잡한 마음 귀속 행위에 의존한다. 이 마음 귀속의 단지 한 가지 측면을 언급하자면, 큐레이터는 미술 대상을 창조한 미술가의 의도를 알아차리고는 미술관에서 그것을 마주하게 될 사람들 안에 특정 마음 상태를 끌어내기를 희망한다. 어떤 경우 큐레이터는 처음에 미술작품으로 의도되지 않은 대상이 대중에게 미술작품으로 지각되어야 한다고 주장한다(예를 들어, 시간이 지나거나 맥락이 바뀔 때 독특한 스타일적 표현력을 갖는 것으로 간주되는 가전제품들).

　더구나, 일단 어떤 대상이 — 가령 사람 형상을 포함하는 그림이 — 미술관에 전시되면, 그것의 수용은 마음 상태의 추가적 귀속을 필연적으로 내포할 것이다. 그 지점에서 중요한 질문은 누가 마음 상태의 가장 큰 몫을 얻는가이다. — 그림 속 인물들인가, 미술가인가, 관객인가 — 그리고 그 답은 미술작품의 내용에도 달려 있고 그것이 보여지는 맥락에도 달려 있다. 이 세 선택지를 — 인물들, 미술가, 관객을 — 따로따로 살펴보기로 하자.

　몸을 그림으로써, 미술가들은 마음을 그린다. 즉 그림 안에 묘사된 사람들에게 마음 상태를 귀속함으로써, 우리는 그림에서 의미를 만든다. 그들의 몸 언어를 관찰함으로써, 그들과 상호작용하고 있는 그림 속 다른 사람들의 몸 언어를 해석함으로써, 그리고 그림과는 독립하여 존재하지만 그림에 영향을 미쳤을 수도 있는 문화적 서사들에 의지함으로써, 우리는 그렇게 한다. 그것 중 일부를 우리가 의식적으로 하더라도 — 예를 들어 다빈치의 〈최후의 만찬〉 배후에 있는 성경 이야기를 우리는 기억한다 — 그것의 많은 부분은 우리의 의식적 인식 바깥에서 일어난다.[9]

9　사실은, 우리가 그림 속 사람들을 관찰하는 동안 거울 뉴런들 — 우리의 지향적

그림 속 인물들에게 마음 상태를 귀속하는 일을 그림이 적극적으로 가로막는다면, 우리는 미술가에게 의지할 수 있다. 가령 인간 형상을 묘사하지만, 또는 제목에서 그렇게 한다고 주장하고 있지만, 인물들의 몸 언어 읽기를 불가능하게 만드는 초현실주의 그림들을 생각해 보라. 데 키리코의 〈시인의 불확실성〉; 에른스트의 〈가족 여행〉, 〈다가오는 사춘기〉, 〈여자, 늙은 남자, 그리고 꽃〉, 〈롭플롭이 어린 소녀를 소개한다〉, 〈신부의 착복식〉; 또는 피카소의 〈고통받는 어린 소녀〉와 〈피카소의 실루엣과 우는 어린 소녀〉 같은 그림들.[10] 이런 경우 아주 빈번히 우리는 미술가의 의도에 대해서 그리고 이 의도를 형성했을 인생 사건들과 미학적 영향들에 대해서 가능한 한 많은 것을 알아내려고 노력한다.

셋째 가능성: 우리는 그림이 우리 안에 만들어내는 기분이나 느낌에 대해 말할 수 있다. 마음 상태를 우리 자신에게 귀속함으로써 그림을 이해하려고 노력한다는 뜻이다. 이것은 그림이 짜증 날 정도로 종잡을 수 없는 상황에서, 그리고 어쩌면 특히 그런 상황에서 작동한다. 내가 매우 싫어하는 추상화를 보았다고 해보자. 나는 그것을 이해할 수 없었다, 나는 그것 안에서 아무것도 볼 수 없었다, 시간을 허비했다고 느꼈다, 그리고 나는 이 미술가의 것이라면 그 무엇도 다시 보기를 원하는 일은 없을 거라고 결심했다. 나의 부정적 반응은 그림과의 맞물림 결여를 가리키는 것처럼 보인다. 하지만 나의 비판 속에 들어 있는 일체의 마음 상태 언급들을

귀속의 가능한 신경 토대 — 이 무엇을 하는지에 대한 몇몇 흥미로운 추측들이 있어 왔다. 예를 들어, Freedberg, "Empathy, Motion and Emotion" 그리고 Lindenberger, "Arts in the Brain"을 볼 것. 이 뉴런들이 활성화되지 않으면 우리가 그려진 제스처의 의미를 전혀 파악할 수 없다고 주장될 수 있을 것이다(논란의 여지가 없지는 않으나 고려할 가치가 있는 주장). 이것은 마음 읽기와 관련된 무의식적 정신 과정들이 우리의 의식적 관찰과 해석과 끊임없이 상호작용하고 있다는 것을 의미한다. 우리가 그림을 보면서 그림에 대해 생각하는 동안 그것들은 서로를 강화하고 서로에게 영향을 미친다.

10 초현실주의와 마음 이론에 대한 논의로는 Zunshine, *Strange Concepts*를 볼 것.

주목해 보라. 싫어함, 이해, 느낌, 원함, 결심 등에 대한 이 모든 이야기. 그것은 어디에서 오고 있지, 그것은 여기서 무엇을 하고 있지?

생각과 느낌에 대한 이러한 언급들은 내가 여전히 마음 이론을 발휘하여 그림에서 의미를 만들고 있다는 것을 뜻한다—그림 속 인물의 마음을 읽을 수가 없어서, 나의 마음 읽기 충동을 나 자신에게로 옮기고는 그림이 내 안에 촉발한 소망, 태도, 의도에 초점을 맞추었다는 것 말고는. 우리는 마음 상태를 귀속할 준비가 되어 있고 그러길 간절히 바라면서 매 그림에 접근하는 것 같으며, 그림 속 인물에 마음 상태를 귀속하는 일을 무언가가 가로막으면 동일한 간절함을 가지고서 미술가에게로 돌아서서 미술가의 마음에 대해 생각하기 시작하는 것 같으며, 그것을 할 수 없다면 마음 상태를 우리 자신에게 귀속하기 시작하는 것 같다. 그러한 경우에 우리의 행동은 '우리는 마음을 읽을 거야'라고 말하는 것 같다. '미술작품에 접근함으로써, 읽어야 할 마음들이 있는 환경 안으로 들어간다는 것을 우리는 알아, 그리고 무슨 일이 있어도 우리는 그렇게 할 거야!'[11]

---

11 우리의 마음 이론에 도전을 제기하는 문학 작품을 읽을 때 아주 유사한 무언가가 발생한다. 기계 장치를 묘사하는 두 개의 긴 문단, 지향성의 언어를 현저하게 결여하고 있는 묘사로 시작하는 허구 이야기를 상상해. 첫 문단 뒤에 읽기를 멈추고는 그 이야기를 영원히 포기하지 않는다면, 여기서 우리가 어떤 종류의 서술자를 다루고 있는지를 너는 자문하기 시작할 것이다. 그녀의 의도가 뭐지? 이 짜증 나는 시작으로 그녀는 무엇을 이루고자 하는 것이지? 또는— 밀접하게 관련된 가능성으로— 이 사람은 어떤 종류의 작가지? 실험적 소설을 쓰는 것으로 알려져 있나? 그녀가 여기서 하고 있는 일이 그런 것인가—너는 기대를 가지고서 놀면서, 네가 얼마나 오래 버틸지 보는 것? 그리고— 이제 지향성의 귀속은 독자로서의 너에게로 이동한다—너는 이 저자를 믿고 계속 읽어야 하나? 그녀가 자기가 무엇을 하고 있는지를 알고 있으며 어떤 사랑스러운 문학적 계략으로 너의 인내심을 보상할 것이라고 희망해야 하나?

다시 말해서, 우리가 허구 작품으로 알려진 서사 안의 누군가나 무언가에게로 마음을 귀속할 수 없을 때, 우리는 곧장 서사의 가장자리 부근의 어떤 존재(즉 서술자)나 서사 밖의 존재(즉 저자나 우리 자신)에게로 마음을 귀속한다. 이야기의 시작에 아무런 마음 상태도 없는 것처럼 보인다면, 우리의 마음 읽기 적응들은 나는 휘트니 미술관 전시에서 라이오넬 파이닝거의 〈초록 다리 II〉를 처음 마주했다. 비 오는 날이었다. 그림을 보고 숨이 멎을 것 같았다. 왜 그것이 그토록 좋았는지 나는 여전히 모른다—그것의 색들과 세계관이 아마 무슨 관련이 있을 것이다—하지만 내가 하고 싶었던 것은 그저 그것을 계속 바라보는 것이었고, 또는 더 좋게는, 다른 것들을 본 뒤에 예기치 않게 계속 그것과 마주치는 것이었다. (바로 그래서 그것은 이제 이 책의 권두 삽화가 된 것이다.) 마치 나는 숨이 멎는 느낌을 다시 또다시 경험하고 싶었던 것 같다. 그림 안의 무언가에 대한 나의 본능적 반응은 나의 마음 상태에 대한 예리한 자각으로서 그리고 그 특정 마음 상태에 계속 나 자신을 놓고 싶은 소망으로서 표현되었다.

야스미나 레자의 희곡 『아트』는 그림 속 인물이나 미술가에게 마음 상태를 귀속할 수 있도록 허락하지 않는 한 그림에 의해 촉발된 마음 읽기를 묘사한다. 중간에 세 개의 황백색 띠가 그려진 흰색 캔버스. 그래서 『아트』의 세 주인공은 희곡 내내 복잡한 마음 상태를 스스로에게 귀속하고 서로에게 귀속한다. 그 그림은 사회적 지위와 우정에 대한 그들의 불안을 조장하는 촉매가 된다. 이 점에 있어 『아트』에서 전형적인 다음 발췌에서, 마르크, 세르주, 이방이 겉으로는 그림에 대해 말하면서 얼마나 열정적으로 서로의 마음 상태를 논의하는지 주목해 보라.

마르크   너, 이 허접한 걸 20만 프랑에 샀다고?
(…)
세르주   넌 현대미술에 관심 없잖아. 한 번도 관심 가져본 적 없지. 이 분야에 대해서는 쥐뿔도 모르면서 어떻게 네가 알지 못하는 법칙을 따르는 무언가를 허접하다고 말할 수 있지?

그 따분한 시작을 기반으로 삼아 여하튼 어떤 마음 상태를 생성하려고 노력할 것이다.

마르크 이건 허접해. 미안하지만.

(세르주, 혼자)

세르주 저 자식은 이 그림을 좋아하지 않아.
그래….
저 자식의 태도에 애정이라곤 보이지 않아.
노력할 기미도 안 보이고.
비난하는 방식에도 전혀 애정이 없어.
음흉하고 거드름 피우는 웃음이나 짓고.
난 저 웃음이 싫었어.[12]

또 다른 경우:

이방 우리는 웃었어….

마르크 그 친구는 자기 그림의 우스꽝스러움 때문에 웃은 게 아니었어. 걔와 너는 같은 이유로 웃은 게 아니라고. 넌 그림에 대해 웃었고, 그 친구는 네 마음에 들려고, 네 음역에 맞추려고 웃은 거야. 네가 일 년이 걸려도 벌지 못하는 돈을 그림 한 점에 투자할 수 있는 미학자이면서도 너랑 함께 깔깔대며 웃을 수 있는 우상파괴자 친구임을 보여주려고 웃은 거지.[13]

추상 미술이 문제일 때 관객들은 정말로 마음 상태를 대체로 미술가 그리고/또는 관객 자신에게 귀속하는 것처럼 보인다.[14] 이는 가령 몰입 그림과는

---

12 Reza, "Art," p. 4[야스미나 레자, 『아트』, 백선희 옮김(뮤진트리, 2024), 10, 12~13쪽].
13 같은 책, pp. 16~17[같은 책, 30, 32쪽].
14 다시금 나의 접근은 추상 미술에 대한 의도적으로 제한된 접근이며, 그것의 사회인지적 측면에만 초점을 맞추고 있다. 인지와 추상 미술의 미학에 대한 통찰력 있는 아주 다른 관점으로는 Ramachandran, The Tell-Tale Brain, 특히 7장과 8장을

반대이다. 몰입 그림은 우리의 마음 읽기를 인물의 마음 상태로 국한하는 것처럼 보인다.

그렇지만 이 또한 그림을 보는 맥락에 따라 변할 수 있다. 이 논의를 위해서 나는 미술 작품과의 맞물림이 관객에게 촉발할 수 있는 마음 읽기 귀속의 세 유형을 따로따로 고찰하였다. 하지만 현실에서는 그것은 그 셋의 균형이며, 특정한 역사적, 학문적 내지는 개인적 맥락이 어떤 종류의 마음 귀속이 우선하는지를 한정한다. 예를 들어, 마음 상태를 주로 〈모나리자〉의 인물에게로, 주로 다빈치에게, 또는 주로 자기 자신에게 귀속하게 될 상이한 맥락들을 생각해 볼 수 있다고 나는 확신한다.

더구나 미술가들은 특정 종류의 마음 읽기를 자극할 것으로 예상되는 장르를 가지고서 작업하면서 이 예상을 전복함으로써 우리의 마음 이론을 가지고서 직관적으로 실험할 수도 있다. 예를 들어, 17세기와 18세기 대화 그림[15]을 생각해 보라. 가령, 호가스의 〈웬스테드 하우스의 모임〉, 조파니의 〈자택 조각 갤러리의 찰스 타운리〉, 또는 데비스의 〈보인턴 홀 공원의 조지 경과 레이디 스트릭랜드〉 — 즐거운 사교 활동을 하고 있는 잘 사는 가족들과 때로 그들의 친구를 묘사하는 그림들. 일반적으로 대화 그림들은 인물들의 마음 상태에 대한 정보를 충분히 포함하고 있으며, 우리는 미술가의 의도에 대해 궁금해하지 않으면서 그 마음 상태를 만족스럽게 한참을 곱씹어볼 수 있다.

이제 루벤스의 〈자택 정원에서 헬렌 푸르망과 함께한 자화상〉(1630~31?)과 벨라스케스의 〈시녀들〉(1656)을 생각해 보라. 이것들 역시 대화 그림이다. 두 미술가 모두 그림 안에 자신을 통합해 넣음으로써 이 마음 읽기 패턴을 전복하는 데 성공한다. 루벤스는 헬렌 뒤에서 몸을 앞으로 기울이고

볼 것[라마찬드란, 『명령하는 뇌, 착각하는 뇌』, 박방주 옮김(알키, 2012)].

15 [옮긴이] conversation pieces. 18세기 영국에서 유행한 인물화의 한 형태로, 가정 내부나 정원에서 가족이나 지인이 사적으로 어울리는 모습을 담았다.

그림 30. 페테르 파울 루벤스, 〈자택 정원에서 헬렌 푸르망과 함께한 자화상〉, c. 1630. 패널에 유화, 51.6×39인치.

는 곧바로 관객을 바라본다(그림 30). 벨라스케스는 이젤 옆에서 손에 붓을 들고 멈추어 있으며, 눈은 관객에게(또는 〈시녀들〉에 대한 어느 해석을 선호하냐에 따라서는, 스페인의 왕과 여왕에게) 머물고 있다.[16]

각 경우 우리는 미술가의 의도에 대해 생각하기 시작하는 것 말고는 선택지가 거의 없다. 비록 대화 그림이라고 하는 그림 장르가 일반적으로 그림 바깥의 아무에게 마음 상태를 귀속하는 일을 요구하지 않지만 말이다. 다른 장르들에서도 그림 안에 예기치 않게 미술가가 통합되어 있는 것을 우리가 마주하게 될 때 우리의 마음 읽기 예상들이 (우리의 해석들이

---

16 이어지는 논변 맥락에서, 이는 흥미로운 질문을 불러일으킨다: 캐릭터가 곧바로 보는 이를 바라보면서 여전히 투명한 것으로 지각되는 것이 도대체 가능한가? 안 그럴 것 같다. 하지만 반대 사례를 네가 찾아낸다면 나는 기꺼이 오류를 인정할 것이다.

풍부해지면서도!) 유사하게 단락되지 않을까 하고 나는 생각한다. (물론 이는 그림에만 적용되는 것이 아니다. 마음을 사로잡는 미스터리 영화에서 거리를 가로지르는 약간 뚱뚱한 남자가 히치콕 자신이라는 것을 알아차릴 때 너는 어떤 느낌이 들겠어?)

주어진 미술작품이 어떤 장르 관례를 전복하건, 또는 우리가 그것을 어떤 맥락에서 보게 되건, 마음 이론 없는 미술 작품과의 맞물림이라는 것은 없다. 삼만 이천 년 전 동굴 벽에 숯으로 동물을 그린 사람의 의도와 관련해 특별한 무언가를 알아차리는 것에서 시작해서,[17] 미술관 바닥에 철조망으로 둘러싸인 전시물 주위를 의아하게 걷는 것, 대화 그림에서 더 나이 든 두 여자의 상호작용을 관찰하고 있는 한 젊은 여자의 시선을 뒤따르는 것에 이르기까지, 미술은 언제나 욕심 많은 마음 읽는 이들의 문화의 산물이었고 앞으로도 그런 것으로 남아 있을 것이다.

몰입 그림을 볼 때 우리는 누구의 마음을 읽지?

이 남자는 비눗방울이 다음 순간에도 지속되기를 원한다. 저 여자는 연구에 빠져 있다. 저 소년은 카드 성을 넘어뜨리지 않고 또 다른 카드를 더할 수 있기를 희망한다. 이 여자는 아들의 도착에 깜짝 놀란다. 이 남자는 졸린다.

몰입 그림들은 인물들의 마음 상태에 우리의 주의를 집중시키며 또한 그들의 마음에 대한 직접 접근을 우리에게 제공한다. (그 둘이 같이 가야 하는 것은 아니다. 〈모나리자〉를 다시 생각해 보자. 그녀의 마음 상태에

---

17   Chauvet et al., *Chauvet Cave*를 볼 것. 또한 "특별하게 만들기"에 대한 통찰력 있는 논의로는 Dissanayake, *What Is Art For?*[엘렌 디사나야케, 『예술은 무엇을 위해 존재하는가』, 김성동 옮김(연암서가, 2016)]를 볼 것.

집중할수록 우리는 더 모르게 된다.) 하지만 몰입 그림들과 그것들의 체화된 투명성의 유혹을 가지고서도 우리의 주의는 인물의 마음 상태에 오랫동안 머물지 않는다. 머물지 않도록 미술 비평가들과 미술사가들이 확실히 해준다.

보는 이를 향한 그림 속 인물의 태도를 통해 몰입 그림을 생각하라고 우리를 설득함으로써 프리드는 우리의 마음 읽기 균형을 바꾸어놓는다. 잠자는 은둔자(그림 31)가 보는 이(우리)를 주목하지 않는다고 지각하는 한, 우리는 우리 자신의 마음 상태를 그림과의 맞물림의 일부로 읽는다. 즉 단지 은둔자가 자고 있다고 보는 대신에, 우리는 이제 주목 당하고 있지 않음에 대한 우리의 자각 또한 의식한다.

미술비평이 하는 일이 바로 이것이다 — 그것은 우리의 미술작품 지각 안으로 더 많은 마음 상태를 도입한다.[18] 몰입 그림들의 경우 특정 작품을 "몰입"적인 것으로 알아보는 바로 그 행위가 즉시 우리의 마음 읽기 에너지를 세 가지 방법으로 재분배한다. 우리는 그림 속 인물의 마음 상태를 생각한다(은둔자는 자고 있다), 우리 자신의 마음 상태를 생각한다(우리는 주목 당하고 있지 않다), 그리고 미술가의 마음 상태를 생각한다(비앙은 은둔자를 세상을 완전히 망각한 모습으로 묘사하고자 했던 것이 틀림없다).

특정한 역사적 시점에는 마음 읽기 노력의 이 분배가 그림 속 인물과 미술가를 포함하는 제로섬 게임이 될 수도 있다. 예를 들어, 자기가 하고 있는 일에 대한 인물의 집중이 덜 설득력 있다고 우리가 여기기 시작한다면 — 가령 그의 마음을 읽을 수 있는지 우리가 확신하지 못한다면 — 점점 더 많은 마음 읽기 주의력을 우리는 미술가에게 집중한다. 우리는 인물을 몰입 상태로 묘사하려는 미술가의 의도만이 아니라 자기 작품에 대한 관객의

---

18 문학비평도 물론 그것을 한다. 가령 프로이트나 푸코나 제임슨이 이런저런 텍스트에 대해서 무슨 생각을 할지 우리로 하여금 상상하도록 만든다. 이에 대한 논의로는 Zunshine, "Cognitive Alternatives to Interiority"를 볼 것.

그림 31. 조제프 마리 비앙, 〈은둔자〉, 1750. 캔버스에 유채, 87×58인치.

회의적 반응을 예견하는 미술가의 의도에 대해서도 추측하기 시작한다.

나는 아래에서 이 제로섬 게임을 논한다. 한 문화가 체화된 투명성을 위한 겉보기에 믿을 수 있는 맥락에 대해 의식하게 되고 그러한 맥락을 회의적으로 취급하기 시작하는 불가피한 순간으로 고개를 돌린다. 하지만 우선은 일시성, 대조, 자제의 규칙이 몰입 그림과 어떻게 지내고 있는지 살펴보자.

두 규칙이 하나로 (하지만 자제는 아니고)

몰입 그림들은 일시성을 배양한다. 여기 프리드의 긴 인용이 있다. 우리로 하여금 몰입의 순간이 오래 지속되지 않을 것이라고, 우리가 바로 지금 보고 있는 것이 막 변하려 한다고 생각하게 만드는 미술가의 "섬뜩한 힘"에 대해 프리드는 여기서 언급한다.

샤르댕의 게임과 오락의 그림들은, 사실은 그의 모든 장르 그림들은, 또한 그것들이 표상하는 몰입 상태와 활동의 실제 지속 시간을 암시하는 섬뜩한 힘 때문에 주목할 만하다. 무언가 그와 같은 힘이 모든 설득력 있는 몰입 묘사들을 반드시 특징짓는다. 문제의 그 상태나 활동이 일정 길이의 시간 동안 지속된다는 관념을 적어도 전달하지 않는다면, 그런 묘사 중 그 무엇도 설득력이 있지 않을 것이다. 하지만 샤르댕의 장르 그림들은, 그에 앞서 베르메르가 그랬듯, 그것보다 훨씬 더 나아간다. 분석이 거의 불가능할 정도의 기술적 위업을 통해서 — 그렇지만 한 작가가 유익하게도 "조금 뒤 재개될 것만 같은 행위 중의 자연스러운 정자"라는 표현으로 샤르댕 특유의 선택을 언급하기는 했는데 — 그의 그림들은 문자 그대로의 지속 시간, 캔버스 앞에 서 있을 때의 실제 시간 경과를 순전히 그림의 효과로 번역하는 일에 다가간다. 마치 그려진 이미지의 바로 그 안정성과 불변성이 보는 이에 의해서 달라질 수 없는 물질적 속성으로서 지각되는 것이 아니라 그냥 어쩌다 지속되고 있는 몰입 상태의 현시로서 — 말하자면, 몰입 그 자체의 이미지로서 — 지각되는 것 같다. 그 결과, 역설적이게도, 안정성과 불변성은 임박한 내지는 점진적 내지는 심지어 상당히 급작스러운 변화의 환영을 마술처럼 불러낼 힘을 놀라운 정도로 부여받는다.[19]

샤르댕의 그림들은 우리의 마음 읽기 불확실성을 직관적으로 잘 이용한다. 우리로 하여금 지금 이 사람들의 마음에 대한 직접적 접근을 갖는다고 믿도록 만드는 것이 이 접근을 언제든 잃을 수 있다고 예상하게 만들기 때문이다. 그 그림들은 투명성의 이 순간을 예외, 우연, 요행으로 제시함으로써 다른 사람들의 마음이 절대 투명하지 않다는 우리의 불안스러운 의혹을 효과적으로 강화한다. 그렇게 함으로써 그 그림들은 이 요행을 귀중하게 여기도록 만든다—우리로 하여금 그 순간을 붙잡도록 부추기고, 그것이 지속되는 동안 그것을 보고 또 보고 또 보도록 부추긴다.[20]

몰입 순간들의 일시성에 대해서 다른 무언가를 주목해 보라. 소설에서는 대조의 규칙과 일시성의 규칙을 따로 말할 수 있는 반면에, 몰입 그림에서는 그 둘이 혼합된다. 시각적 일시성은 대조를 함의한다. 몰입되어 있는 사람이 몇 초 뒤에 더 이상 몰입되어 있지 않을 것이라는—그래서 그 사람이 무엇을 생각하고 있는지를 우리가 알지 못할 것이라는—인상을 창조하는 데 그림이 성공한다면, 이는 어떤 층위에서는 우리가 이미 그 사람을 안 투명한 것으로 상상하고 있다는 것을 의미한다. 그 사람의 현재의 투명한 자아는 미래의 안 투명한 자아와 대조된다.

일시성과 대조의 규칙은 몰입 그림에 핵심적인 반면에, 자제의 규칙은 안 그렇다. 사실 그것은 독립형 그림에는 대체로 부재하는 것처럼 보인다. 다시 말해서, 일련의 이미지들로 서사가 전개되는 만화, 그래픽 노블 및 여타 형태의 시각 예술을 포함하는 연속 예술과 반대이다. 독립형 시각

---

19 Fried, *Absorption and Theatricality*, p. 50. 또한 모더니즘 미술에서 시간에 대한 프리드의 논의도 볼 것. 그가 주장하기를, 모더니즘 미술은 "현존성과 즉각성을 통해서 (…) 극장을 물리친다"("Art and Objecthood," p. 167).

20 또는 프리드가 말하듯, 디드로와 그의 동시대인들의 견해를 증폭시키면서, 그림은 "보는 이를 우선 매혹하고 (…) 그런 다음 붙잡고 (…) 마침내 사로잡아야 [한다]. 즉 그림은 사람에게 큰 소리로 외치고, 그림 앞에서 그 사람을 정지시키고, 거기서 그를 넋을 잃고 움직일 수 없는 듯 잡아놓아야 [한다]"(*Absorption and Theatricality*, p. 92).

표상에서 자제를 체화된 투명성으로 생각하려고 노력할 때, 마음속에 주로 떠오르는 것은 허구 서사의 체화된 투명성의 순간들에 수반되는 책 삽화들이다. (그리고 물론 이것들도 정확히 독립형 그림들은 아닌데, 왜냐하면 그것들은 책 안에 삽입되어 있기 때문이다. 그렇다면 이 논변을 위해서 독립형은 "연속과 구분되는"을 의미한다는 데 동의해 보자.)

예를 들어, 『오만과 편견』에서 다시 씨가 엘리자베스의 거절로 인한 분노와 실망을 감추기 위해 노력하는 모습으로 묘사되는 페이지, 즉 "그의 안색은 분노로 창백해졌다. 그의 마음의 소란은 특징 하나하나가 눈에 보였다. 그는 평정의 겉모습을 되찾기 위해 투쟁하고 있었다. 그리고 스스로 평정을 되찾았다고 확신할 때까지 입을 열지 않으려 하였다"라는 부분을 포함하는 페이지 옆에 실린 삽화를 상상해 보라. 그러한 삽화는 그 자체로는 자제를 포착할 수 없을 것이다. 오히려 그것은 화나 보이는 또는 단지 엘리자베스의 얼굴에 열중하는 다시 씨를 보여줄 것이다(그림 3을 예로 삼아서 이것이 영화의 한 장면이 아니라 독립형 그림이라고 상상해).

우리가 그림 안에서 자제를 읽으려 하는 것은 우리 앞에 텍스트가 있기 때문이다. 하지만 만약 우리가 『오만과 편견』에 친숙하지 않은 누군가에게 (또는, 심지어 그것에 친숙하기는 하지만 저 특별한 순간의 모든 세부를 기억하지 못하는 누군가에게) 저 그림을 보여준다면, 그 사람은 다시 씨를 자신의 감정들과 분투하고 있는 것으로 보지 않을 것이다. 자제는 역동적이지만 짧기 때문에 — 시간 속에서 펼쳐지지만 거의 즉각적으로 끝나버리기 때문에 — 마음이 교란되어 있으면서도 침착해 보이려고 노력하는 캐릭터를 묘사하는 일은 예술가에게 심각한 도전을 제시한다.

"신중하고 비범한 조치들"

우리는 이런 일이 또 다른 18세기 인공물, 즉 소설에서 발생하는 것을 이미 보았다. 어떤 문화적 세팅이 체화된 투명성을 위한 확립된 맥락으로서 등장할 때, 그 세팅은 신뢰성을 잃는다. 사전에 계획되지 않은 감정 드러냄의 경우들이 더 기만적인 연기를 위한 기회들이 된다. 한 캐릭터를 극장으로 데려오는 전략이 그의 마음을 다른 캐릭터들이 읽게 하기 위한 관례로 인지되자, 극장은 로버트 러블레이스가 자신을 관찰하려고 하는 누구에게든 인상을 남기기 위해 감정적으로 연극에 깊이 몰두하는 척할 수 있는 장소가 되었다.

몰입 그림도 그랬다. 1730년대 샤르댕의 캔버스들도, 1750년대 샤르댕, 그뢰즈, 반 루, 비앙의 작품들도, 기도하기, 놀이하기, 스케치하기, 어려운 수업 공부하기, 비눗방울 불기, 비통해하기, 크게 기뻐하기, 카리스마 넘치는 연설가의 말을 넋 놓고 듣기, 또는 그냥 잠자기 등에 사로잡혀서 관찰당하고 있다는 것을 의식하지 못하는 사람들을 그렸다. "보는 이의 현존을 부정"함으로써 이 그림들은 관객의 눈을 사로잡았다.[21] 자기가 하는 일에 너무 몰입되어 있어서 아무런 특별한 몸 자세나 얼굴 표정도 띨 수 없는 사람들의 모습은 넋을 잃게 만들었다. 그렇지만 1760년대 무렵이면 그 주제는 닳고 닳은 것이 되었다. 보는 이를 그림으로부터 설득력 있게 배제하기 위해서 확립된 몰입 맥락(읽기, 기도하기, 잠자기 등등)을 사용하는 것이 예술가에게 점점 더 어려운 일이 되었다.

---

21 프리드가 말하듯, "[보는 이]의 부재나 비존재라는 허구를 확립하여야만 그를 그림 앞에 놓아두고 그림에 의해 사로잡히도록 하는 일이 확보될 수 있었다"(*Absorption and Theatricality*, p. 103). 이것을 프리드의 앞선 논문 「예술과 대상성(Art and Objecthood)」(1967)에서의 주장과 비교할 것. 이 논문에서 그는 그의 독자들의 "주의를 극장에 의해 타락하거나 전도된 (…) 감수성 내지는 존재 방식의 전적인 만연 — 사실상의 보편성 — 에" 집중시켰다(p. 161). 「예술과 대상성」은 "현존성"이라는 성질을 통해서, 즉 보는 이의 관점과는 무관하게 거기 그냥 있을 수 있는 명백한 능력을 통해 "극장을 물리치는" 모더니즘 예술 작품들에 초점을 맞춘다. 그 논문의 유명한 마지막 문장에서 프리드가 말하듯이, "현존은 은총이다"(p. 168).

체화된 투명성을 위한 맥락들은 관례화되어 갔으며, 그렇게 — 소설에서 극장이 그렇듯 — 전복되기 쉬워졌다.[22] 단지 비눗방울을 불고 있는 것이 아니라 보는 이를 고려해 자기의식적이지 않음을 연기하면서 그러한 시도의 원래 목적을 전적으로 파기하면서 비눗방울 불기를 하고 있는 — 몰입적인 것으로 가정된 활동을 의도적으로 하고 있는 — 한 여자를 상상해 보라. 이것은 가상의 이미지이다. 하지만 예술가들이 몰입의 확립된 맥락들에 더 이상 의존할 수 없다고 느꼈을 때 이런 식의 무언가를 마음에 떠올렸을 것이라고 나는 생각한다.

그래서, 프리드가 말하듯, "그림의 세계에서 한 인물이나 인물들의 집단이 몰입하고 있다는 것을 관객에게 설득하기 위해서는 신중하고 비범한 조치들이 필요해졌다."[23] 그러한 조치 중 하나는 드라마를 조금씩 쌓아가는 것이었다. 그루즈의 〈배은망덕한 아들〉(1777)과 〈벌 받은 아들〉(1778)은 은혜를 모르는 아들의 반항과 그로 인한 아버지의 이른 죽음으로 제정신이 아닌 가족을 그리고 있는데, 그들 중 누구도 자기들을 바라보면서 관찰당하고 있다는 것을 깨달을 수 있을 정도로 마음을 가다듬을 수 없는 것이 분명하다.

또 다른 조치는 그림이 "캔버스 앞에 서 있는 관객의 관점과는 다른 몇 개의 관점에" 열려 있도록 하는 것이었다.[24] 다비드의 〈벨리사리우스〉(1785)에서 "중심을 벗어난 관점은 관객을 벨리사리우스라는 [중심] 인물에서 벗어나 그림의 한쪽으로" 위치시킨다.[25] (이를 〈비눗방울〉과 비교

---

22   그리고, 아니, 나는 "영향력"에 대한 입심 좋은 "역사주의적" 논변(예를 들어, 프랑스 몰입 그림들이 여하간 영국 소설에 "정보를 주었다"거나 그 역이라고 하는 논변)을 구성하지 않을 것이다. 각 장르는 그것 자체의 문화적 역사와 영원한 마음 읽기 긴장들에 기반하여 역사화 될 수 있다. 교차 장르적 영향력에 대한 탐구가 일반적으로는 결실 있는 노력이기는 하지만, 그러한 영향력이 과대 평가되어서는 안 된다.

23   Fried, *Absorption and Theatricality*, p. 61.
24   같은 책, p. 159.

그림 32. 프랑수와 앙드레 뱅상의 〈벨리사리우스〉, 1776. 캔버스에 유화, 29×23인치.

할 것. 후자의 경우 보는 이는 그림의 주제를 똑바로 직면한다.) 이러한 관점은 관객에게 이렇게 말하는 것 같다. 네가 무엇을 보는지, 그것을 어떻게 보는지, 또는 그것을 볼 수 있기는 한지, 우리는 관심 없어. 네가 거기 없는 게 나을지도 모르지.

몰입의 환영을 창조하는 또 다른 방법은 표제 인물을 눈멀게 만드는 것이다. 뱅상의 〈벨리사리우스〉(1777), 다비드의 〈벨리사리우스〉(1781, 1785), 페롱의 〈벨리사리우스〉(1779), 다비드의 〈잠자는 호메로스〉와 〈낭송하는 호메로스〉(둘 다 1974)가 그런 사례들이다. 눈먼 주인공은 보는 이를 기본적으로 알아보지 못한다.

프리드는 이 조치들을 "극단적"이라고 부른다. 실로 몰입을 위한 새로운 맥락을 이용할 필요는 그림 내부에 긴장된 심리적 역학을 낳았다. 빈센트의

---

25   같은 책, p. 156.

〈벨리사리우스〉를 생각해 보자. 유명한 장군이었던 주인공은 이제 가난하고 눈이 멀어 적선을 받고 있고, 젊은 장교가 그를 쳐다보고 있다(그림 32). 프리드에 따르면 젊은 남자의 자세에는 무언가 억지스러운 데가 있다. 그는 "그 위대한 장군의 앞 못 보는 눈을 불안스럽게, 거의 불신하면서, 응시한다."[26] 벨리사리우스가 눈먼 것을 위조하고 있다고 그는 생각하는가? 왜 그는 그 늙은 전사를, 가령 그냥 연민하질 않고, 의심하지?

두 남자 모두가 현재 순간에 완전히 몰입되어서 관객의 현존을 의식하지 못하는 것처럼 보이게 만들려고 예술가가 필사적으로 노력하고 있다는 것을 보여주는 표시로서 프리드는 젊은 장교의 강렬한 응시를 해석한다. 장군은 눈이 멀었기 때문에 보는 이를 고려해 연기할 수가 없다. 장교는 눈먼 남자가 무슨 꿍꿍이인지를 알아내는 일에 너무 정신이 팔려있기 때문에 보는 이를 고려해 연기할 수가 없다. 하지만 장교의 태도가 심리적으로 완전히 설득력 있지는 않다는 바로 그 이유 때문에, 우리는 그것이 다른 표상적 필요(즉 몰입에 대한 필요)에 복무해야만 한다고 추론한다.

드라마의 강화, 상이한 관점들을 가지고서 하는 실험, 눈먼 역사적 신화적 인물들의 도입, 이 모두는 1770년대 무렵 "일상 그 자체가 어떤 중요한 의미에서 그림 표상에서 상실되었다"[27]라는 것을 증언하는 것처럼 보인다. 듣기, 보기, 백일몽 꾸기 같은 일상적 활동들의 몰입적 매혹이 붕괴되었다. 사실 프리드는 "1780년과 1814년 사이의 다비드 예술의 진화"를 뒤따를 경우 그 안에서 "야심찬 그림을 위한 자원들로서 행위와 표현에 있어서, 즉 둘 중 하나는 연극적인 것과는 다른 것으로 표상될 수 있다는 바로 그 가능성에 있어서, 확신의 급격한 상실"을 추적할 수 있다고 주장한다."[28] 다시 말해서, "설득력 있는 몰입의 표상"은 화가들이 여전히 성취하고자

---

26   같은 책, p. 152.
27   같은 책, p. 61.
28   같은 책, p. 176.

하는 어떤 것이었으며, 하지만 적어도 프랑스 미술사의 저 특정 시기의 맥락에서는 그렇게 하기 위한 그들의 수단은 소진된 것으로 보였다.[29]

다비드와 다른 화가들이 특별한 표상적 위기로서 지각했던 것은 실제로는 체화된 투명성의 맥락을 구성하는 일에 수반되는 더 넓은 인지적 도전의 표현이다. 그 어떤 주어진 역사적 순간에서건, 특정 활동에 참여하고 있거나 특정 방식으로 행동하는 사람들의 완전한 비자기의식의 관념을 관객이 믿을 아주 제한된 절호의 기회가 있는 것 같다. 그렇다면 몸의 이중 관점은 앙갚음으로 맹렬히 자신을 재단언한다. 자생성은 계산된 것으로, 진지함은 위조로, 감상은 감상적인 것으로 느껴지기 시작한다.

하지만 그것이 감상적인지를 누가 결정하지?

프랑스 화가들이 새로운 몰입 맥락을 찾으면서 취한 한 가지 극단적 조치, 즉 드라마의 점진적 고조를 다시 논의해 보자. 실제로는 그것을 사회적 복잡성에서의 증가라고 불러야 한다. 비눗방울 불기, 공기놀이, 잠자기 등이 시각적으로 강렬한 이미지에 기여하기는 한다. 하지만 그것들 어느 것에도 사회적 상호작용은 거의 없다. 반면에 배은망덕한 아들의 반역과 복귀(그뢰즈의 〈배은망덕한 아들〉과 〈벌 받는 아들〉) 같은 상황에서 몰입이 생겨나도록 만드는 일은 사회적 복잡성에서의 다중적 증가를 함축한다.[30] 투명성의 순간을 짧고 자생적인 것으로 만들기 위해서, 화가들은 이제 복잡한 막후의 플롯 짜기에 종사해야 한다. 그들은 허구 작가들의 영토에 진입한다(기억하라: 작가들은 캐릭터들의 몸이 마음을 드러내는 지점에 캐릭터들을 데리고 가기 위해서 연루된 사회적 상황들을 창조한다). 그리고 모두가 이에 대해

---

29 같은 책, p. 13.
30 허구와 사회 인지적 복잡성에 대해서는 Zunshine, "What to Expect"를 볼 것.

그림 33. 장 바티스트 그뢰즈, 〈효심〉, 1761.

기뻐하는 것은 아니다.

　그뢰즈의 〈효심〉(1761)(그림 33)에 대한 동시대의 반응들을 고찰해 보라. 이 그림은 가족에게 둘러싸인 한 마비된 늙은 남자를 등장시킨다. 그가 그의 사위와 상호작용하고 있는 것에 가족 모두가 정서적으로 반응하는 바로 그 정확한 순간에. 그림에 대한 드니 디드로의 묘사를 프리드는 인용한다. "화가가 선택한 순간은 특별하다. 우연히도 그 특정한 날 그 늙은 남자에게 바로 그의 사위가 음식을 가져다주었으며, 감동한 노인은 그토록 생기 있고 진심 어린 방식으로 고마움을 보여주었기에, 그것이 할 일들을 중단시키고는 전 가족의 주의를 끌었다." 디드로는 "화가와 비평가 둘 다 똑같이 최고로 간주하는 활동 중지와 주의 고정의 몰입 상태를 충분한 명료함을 가지고서 유일하게 체화해 낼 수 있었던 감정적으로 충전된, 고도로 도덕화된, 극적으로 통합된 유형의 상황에 끝에 가서 도달하기 위하여, 우선 늙은 남자를 마비시켜 놓고는 그런 다음 겉보기에 우연한 사건들의 전체 연쇄를 편성하도록 그뢰즈는 강제된 것이라고 말하는 것처럼 보인다."[31]

디드로가 다만 그림에서 묘사된 순간의 자생성과 이 자생성 환영의 성취를 위해 필요한 복잡한 계획 짜기 사이의 재미난 충돌에 독자들이 주의를 기울이도록 한 것이라면, 다른 동시대인들은 실제로 그뢰즈를 "플롯 짜기 매니아"라고 비난했다."[32] 그리고 나중의 비평가들은 한발 더 나아가 그의 감상성을 책망하였다. 프리드에 따르면, "우리 현대인들은 그뢰즈의 많은 작품이 지닌 감상성, 정서주의, 도덕주의에 의해 감동받는 일을 우리 자신 안에서 더 이상 발견하지 않는다고 말하는 것이 이제는 오랫동안 전통이었으며, 거의 의무였다."[33]

마음 이론의 관점에서 볼 때 감상성에 대한 이러한 비난이 극히 흥미롭다는 것을 나는 발견한다. 나중에 가서 우리가 감상적이라고 여길 수도 있는 어떤 것을 처음 조우할 때 우리의 첫 반응은 전도유망한 마음 읽기에 대한 흥분 같다. 우리는 사람들의 어떤 감정들에 특권적으로 접근하는 상황 안에 우리가 있다고 생각한다. 예를 들어, 젊은 여자가 편지를 열어볼 때 얼굴을 붉히는 것을 읽고는 그녀의 몸이 그녀의 느낌을 누설하는 드물고 그렇기에 가치 있는 순간에 우리가 그녀를 잡았다고 우리는 가정한다.[34] 하지만 그러고 나서 이 최초의 흥분을 꺾는 어떤 일이 발생한다.

특권적 접근의 이 사례가 실제로는 문화적 관례의 일부라는 것을 우리는 알게 된다. 얼굴을 붉히는 젊은 여자의 경우, (가령, 수업 시간에 한 교수한테

---

31 Fried, *Absorption and Theatricality*, pp. 55~56.
32 같은 책, p. 55.
33 같은 책, p. 55.
34 "사람이 어떻게 느끼는지를 보여주는 정직한 신호로서"의 얼굴 붉힘과 허구에서의 그것의 취급에 대한 매력적인 논의로는, 특히 진화적 관점에서의 논의로는 윌리엄 플레쉬(William Flesch)의 *Comeuppance*, pp. 103~104를 볼 것.

서) 우리가 읽는 것이 18세기 감상적sentimental 소설이라는 것을 배울 수도 있을 것이다. 그러한 소설에서는 캐릭터들이 얼굴을 붉히고, 숨을 헐떡이고, 창백해지고, 울 것으로 예상된다. 이는 우리의 주의를 캐릭터들이 아니라 작가에게로 재초점화한다. 아! — 이를테면, 이렇게 우리는 말한다 — 이 젊은 여자가 얼굴을 붉히는 것은 그녀가 처해 있는 애매한 사회적 상황에 대해 고통스럽게 자기의식적이기 때문이 아니다. 그녀가 얼굴을 붉히는 것은 그러한 종류의 소설을 쓰는 작가가 얼마간 정기적으로 캐릭터들이 얼굴을 붉히도록 만들어야 한다는 의무감을 느끼기 때문이다.

그래서, 소설의 우주 안에서는 그 캐릭터가 여전히 투명할 수도 있다는 것은 더 이상 거의 중요하지 않다. 특권적 접근에 대한 우리의 지각은 이제 평가 절하된다. 뛰어난 사회적 경기자라고 느끼는 대신에(체화된 투명성이 설득력 있게 행하여질 때 우리는 그렇게 느끼는데), 작가에 의해 조종당하는 봉이라고 우리는 느낀다.

따라서 무언가를 감상적이라고 부르는 것은 특권적 마음 읽기에 대한 그것의 약속을 우리가 믿지 않는다는 것을, 그것을 우리는 억지로 꾸민 것으로 인식한다는 것을, "더 진실된" 감정을 다른 곳에서 찾을 것임을 단언하는 방법일 수 있다.

감상적이라는 낱말의 역사 그 자체가 직접적 마음-접근에 대한 열광에서 환멸로의 이 개념적 이동을 반영하는 것처럼 보인다. 그 용어는 1740년과 1820년 사이에 변화를 겪었다. 원래는 중립적("감상에 의해 특징지어지는") 이거나 긍정적("세련되고 고양된 감정에 의해 특징지어지거나 그런 감정을 내보이는")이었다가, "피상적 감정에의 몰입에 중독된"이라는 경멸적 의미를 획득했다.[35] 한 문화가 특정 집합의 기성품 감정 내보임들(가령 소설가들이 이용하는 감정 내보임들)을 불신하기 시작하는 국면을 통과할 때면 그 불신을 위한 특별한 용어를 필요로 하는 것만 같다.

35　*OED*, 2nd online edition (1989), 항목 "sentimental" 중에서.

이러한 사고 프레임 안에서는 그뢰즈를 감상주의라고 비난하는 것이 쉽다는 것을 알 수 있다. 그는 우리에게 진짜 이야기를 들려주는 듯하지만, 그것은 단지 가식일 뿐이다. 그가 정말로 하고 싶어 하는 것은 감정을 보여주고 그것을 설득력 있어 보이게 만드는 것이기 때문이다. 그림 속의 모든 것과 모든 사람이(그것은 인구가 많은 그림이다!) 이 목적을 위한 수단에 불과하다. 일단 이 관점에서 〈효심〉을 바라보기 시작하면, 네가 보는 전부는 "플롯 짜기 매니아"와 "피상적 감정"이다. 그뢰즈는 이제 정말로 소설 작가들과 ─ 특히 18세기 감상적 소설의 저자들과 ─ 동등해 보인다.

그뢰즈를 논하면서 프리드는 감상주의라는 손쉬운 꼬리표에 만족하지 않는다. 실로 그가 이 그림들에 접근하는 방식은 그의 논변을 그의 시대를 앞선 원인지적protocognitive 논변으로 만들어준다. 어떤 그림이나 소설을 감상적이라고 부르는 것은 그것의 마음 읽기 역학에 대해 다소 복잡한 판단을 내리는 우리의 속기법이라고 나는 제안했다. 하지만 프리드는 이미 1980년에 아주 유사한 주장을 했다. 우리가 10세기 "감상주의, 정서주의, 도덕주의"에 대해 말할 때, 실제로 우리는 생각만큼 많은 것을 설명하는 것이 아니라는 것을 관찰하면서. 프리드에게 감상주의는 그 자체로 목적이 아니다. 오히려 그것은 몰입을 표상할 예술가의 필요를 충족시킨다. "우리는 그러한 성질들을 액면가로 취한다. 그의 그림들에서는 다른 것들 말고 그것들만 걸려 있는 듯이. 따라서 우리는 그의 감상주의, 정서주의, 도덕주의가, 그의 이른바 플롯 짜기 매니아와 더불어서, 그림의 측면에서 말할 때 무엇을 위한 것인지를 ─ 즉 샤르댕, 반 루, 비앙 또는 당시의 여하한 다른 프랑스 화가의 작품에서 발견될 수 있는 것보다 더 긴급하고 극단적으로 몰입을 불러내는 일을 ─ 포착하는 데 실패한다."[36]

나는 프리드의 논변을 원인지적protocognitive이라고 부른다. 몰입을 체화된

---

36   Fried, *Absorption and Theatricality*, p. 55.

투명성이라고 보기 때문이다. 프랑스 화가들은 그들의 피사체들을 몰입에 빠뜨리기 위해 우리가 지금 감상적이라고 부르는 기법을 사용했다고 그가 말할 때, 나는 동의하면서도 그들이 실제로 추구하였던 것은, 더 큰 척도에서 볼 때, 체화된 투명성이었다고 덧붙인다. 다시 말해서, 18세기 작가들과 화가들은 작가들과 화가들이 언제나 직면하는 것과 동일한 도전에 직면하였다. 즉 그들은 몸이 마음을 드러내도록 만들기 위한 설득력 있는 표상적 맥락을 구축하기를 원했다. 우리가 이제 그들의 방법 중 일부를 "감상주의"라는 비호의적인 표제 아래 묶는다는 사실은 그 방법들이 얼마나 빨리 시대에 뒤진 것이 되는지를 보여주며, 또한 우리가 진지함의 여하한 내보임에도 연기의 요소가 있다고 의심할 준비가 얼마나 되어 있는지를 보여준다.

하지만 18세기 말 용어 감상주의의 부정적 내포들은 또한 다른 무언가를 보여준다. 최근 십 년 안에 생산된 얼마나 많은 소설, 영화, 노래가 손쉽게, 경멸적 의미에서가 아니라 18세기 초의 "감상에 의해 특징지어지는"이라는 의미에서, 감상적이라고 특징지어질 수 있는지를 생각해 보라. 멀리 뒤져볼 것도 없이, 심지어 혼비의 축구 회고록 『피버 피치』조차도 게임에 대한 자생적 감정적 반응에 사로잡힌 몸을 강조하고 있기에 딱 들어맞는다. 그러한 종류의 감상주의가 지속될 수 있는 것은 그것이 설득력 있는 사회적 맥락 안에서 몸을 마음과 반복해서 서로 관계짓기 때문이다 — 그리고 욕심 많은 마음 읽는 이들인 우리는 그러한 상관관계를 결코 충분히 얻을 수 없다.[37]

감상주의는 18세기 현상이고 "우리 현대인들은" 그뢰즈의 동시대인들이 그랬듯이 〈효심〉에 의해서 "감동받는 일을 우리 자신 안에서 더 이상 발견하지 않는다"라고 주장하는 것의 효과를 이제 생각해 보자. 한편으로

---

[37] 그런데, "설득력 있는"이라는 말로 나는 "현실적인"을 뜻하는 것이 아니다. 예를 들어, SF 이야기의 다른 세계 설정은 사회적으로 완전히 설득력 있지만 통상적 의미에서 현실적이지는 않을 수 있다.

상식은 이 주장이 정확하다고 말한다. 분명 1760년대에 그들은 우리가 지금 〈효심〉에 반응하는 것과는 좀 다르게 반응했을 것이다. 1960년대의 관객들이 우리가 지금 바비 빈튼의 「장미는 빨개(내 사랑)」에 반응하는 것과는 좀 다르게 분명 반응했을 것이듯.

> 장미는 빨개, 내 사랑.
> 제비꽃은 파래.
> 설탕은 달콤해, 내 사랑,
> 하지만 너만큼 안 달콤해.[38]

다른 한편으로, 이 주장의 한 가지 실질적 효과는 감상주의가 안전하게 억제된 — 예술 텍스트들과 작품들의 아주 특별한 목록과 연결된 오래전 시대의 유물로 봉인된 — 것처럼 보이기 시작한다는 것이다. 그리고 그렇게 억제되면서 감상주의는 다시금 이용 가능해진다. 즉 지금 작가들이나 화가들이 하는 무엇이건 감상적일 수 있다. 하지만 그것이 "감상주의"에 합산될 수는 없다. 왜냐하면 우리는 200년도 더 되는 시간 동안 그것을 청산했으니까. 안 그런가?

그리고 작가들은 몸을 설득력 있게 투명하게 만들기 위한 새로운 방법들을 늘 필요로 하기 때문에, 그러한 억제와 재활용은 필수적이다. 감상주의라는 표제는 폭넓게 다양한 표상 방법들을 포괄하는데, 그것들 중 다수는

---

38 자신의 이전의 음악적 취미가 어떻게 오늘날 감상적인 것으로 간주될 것인지에 대한 자서전적 조사의 아주 흥미로운 사례로는 테리 캐슬(Terry Castle)의 회고록 『교수(The Professor)』를 볼 것. 캐슬은 1970년대에 자신이 좋아했던 노래들에 대해서 말하는데, 지금은 그것들을 그녀는 그 "장르의 얄팍한 공허함"의 냄새를 풍기는 "당밀 향연"(p. 159)으로 본다. 그것들이 "30년-묵은-감정적-사랑-지점을 따뜻하고 정확하게"(p. 165) 건드리는 힘을 여전히 가지고 있다는 것을 스스로에게 인정하는 바로 그 순간에 말이다.

절대로 실제로 쓸모없게 되지 않는다. 사실, 몸을 강제로 투명하게 만드는 한 가지 방법이 철 지났다고 선언되고 그에 걸맞은 "-주의"가 깔보듯 덧붙여질 때, 그것이야말로 이 방법이 이제 다른 모습으로 재활용되고 새로운 장르나 예술가 집단에 의해 재창조되는 과정에 있다는 표시라고 말할 수 있다.

우리는 왜 몰입 그림을 좋아할까

『몰입과 연극성』에서 프리드는 심리학과 역사의 상호작용에 시종일관 관심을 두고 있다. 다시금 여기서도, 그 자신은 인지과학자가 아니지만 — 심지어 동조자도 아니지만 — 그가 말하는 것은 마음 읽기의 인지 이론과 아주 양립 가능하다. 실로 그의 논변은 곧바로 인지적 관점에서 바라볼 때 더 잘 이해가 된다.

프리드는 그의 논변의 역사적 한계들에 대한 강한 주장으로 시작한다. "이 연구는 프랑스에서의 발전들에만 관심을 둔다"라고 그는 첫 페이지에서 말한다. 그런 다음 다시금 2페이지서 이렇게 말한다. "세기 중엽에 시작해서 프랑스 회화에서 유일무이하고도 아주 자율적인 진화가 일어났다는 것을 나는 확신한다. 이 진화를 가능한 한 가까이서, 그것 자체의 관점에서 이해하는 — 그것에 결정적으로 걸려 있는 쟁점들을 드러내는 — 과제가 이어지는 페이지들에서 착수된다."

프랑스 몰입 그림들은 그것 "자체의 관점에서" 고찰되어야 한다고 주장함으로써, 프리드는 몇 가지 해석 전통으로부터 거리를 두기를 원한다.[39]

---

39 (여기서는 내가 논하지 않는) 영향력 이론에 대한 프리드의 저항에 대한 인지적 관점의 논의로는 Zunshine, "Theory of Mind and Michael Fried's *Absorption and Theatricality*"를 볼 것.

샤르댕을 비롯한 이들이 행위 중인 사람 몸에 초점을 맞춤으로써 반-로코코적 자세를 취했으며, 장식적 요소들에 대한 로코코의 강조와 역사적 인물들과 영웅적 시도들에 대한 로코코의 무관심에 말하자면 반발했던 것으로 생각하는 미술사가들에게 특히 그는 동의하지 않는다. 프리드가 보듯이, 몰입 그림들의 작가들은 "반-로코코 비평가들과 이론가들이 견지했던 바로서의 장르들의 위계와 역사 회화의 우월성의 교설"을 옹호하는 일에 실제로 별 관심이 없었다(p. 75). 그의 견해에 따르면 몰입의 표상에 대한 그 예술가들의 관심은 이데올로기적이지 않았거나 일차적으로는 주제와 관련이 없었다. 오히려 그것은 "다른, 존재론적으로 우선적인 관심사들과 명령들에 의해 결정"되었다(p. 75). 그리고 이러한 것들은 "문자 그대로인 동시에 허구적인, 화가와 관객 사이의 관계"와 관련이 있었다(p. 76).

이러한 "존재론적으로 우선적인 관심사들"은 — 특히 "화가들과 관객들 사이의" 관계를 통해서 프레임지어질 때 — 마음 읽기의 인지와 관련이 있다. 몰입 그림들은 체화된 투명성을 가지고서 우리를 자극한다. 직접 접근의 이 강력한 환영에 대한 우리의 반응들은 분명 개인적 이데올로기와 미학의 특유의 혼합에 달려 있다. 하지만 사회 인지적인 것이 — 마음을 읽으려는 충동과 마음을 잘못 읽는 것에 대한 불안이 — 불가분 거기 있으며, 그 그림에 대한 우리의 관심을 고조시키고 형성한다.

다시 말해서, 프리드의 논변을 곧바로 인지 이론의 관점에서 접근한다면, 몰입 그림들의 내재적 견인력을 더 잘 이해할 수 있다. 프리드는 "몰입은, 몰입의 경우와는 무관하게, 그 자체로 좋은 것으로 등장한다"(p. 51)라는 것에 주목한다. 몰입의 표상은 우리의 마음 읽기 적응들을 돋보이게 하기 때문에 "그 자체로 좋은" 것으로 느껴질 수 있다고 우리는 이제 말할 수 있다. 그러한 표상들은 다른 사람들의 마음에 대한 완벽한 접근을 볼 수 있게 하여 우리를 흥분시킨다. 그리고 그것들은 이 순식간의 마음 읽기 만찬을 위한 그럴듯한 사회적 맥락을 구성함으로써 우리의 즐거움을 강화한다.

시각 예술에서 마음 읽기와 미학 사이의 간극에 아직 다리를 놓지 않고서도, 우리는 사회 인지적 만족이 미학적 쾌감을 기저에 놓여 있을지도 모른다고 말할 수 있다. 그것은 이 쾌감을 정의하지는 않는다. 너무나도 많은 문화-특정적이고 개인-특유적인 요소들이 매 경우 작동하고 있다. 사실, 프리드가 입증하듯이, 몇몇 18세기 비평가들은 몰입 작품들에 대해 다양한 흠결을 찾아냈으며, 이는 특권적 마음 접근에 대한 시각적 묘사가, 모든 사람에게서, 공적으로 인정된 미학적 쾌감으로 곧바로 번역되지는 않는다는 것을 의미한다. 그럼에도 불구하고, 적어도 어느 정도까지는, 그것이 이 쾌감을 가능하게 만든다.

10장

여기서는 처음에 여자들이 남자들보다 더 불가해한 것으로 보인다. 하지만 그런 다음 남자들이 따라잡는다. 그리고 사방에서 모두가 미스터리하다.

미스터리 그리기

청혼 구도

하고 있는 일에 완전히 몰입하고 있는 사람을 그리는 것은 그 사람의 생각을 투명하게 만드는 효과적 방법이다. 하지만 유일한 방법은 아니다. 나는 이제 아주 다른 전략을 사용해 동일한 효과를 성취하는 또 다른 회화 전통으로 눈을 돌린다. 프라이의 경우가 그랬듯 나는 한 문화 역사가의 작업에 의지하는데, 그 자신은 인지과학과 동떨어져 있지만 그의 분석은 마음 이론의 작용에 대한 통찰들과 양립 가능하다.

스티븐 컨의 『사랑의 눈』은 19세기 후반 유럽의 장르 회화에서 놀라운 패턴을 확인한다. "프랑스와 영국의 화가들은 남녀 인물을 같은 구도 안에 그릴 때 일반적으로 여성의 얼굴과 눈을 더 상세히 그리고 더 많은 빛으로 묘사했다. 더 중요하게, 남성은 옆모습이고 여성은 정면이다." 이 작품들은 컨이 "청혼 구도proposal composition"라고 부르는 것을 예시한다.

그러한 구도는 앞으로 더욱 친밀한 관계로 발전하자는 남성의 제안에 대해 여성이 결정하는 순간을 강조한다. 그 순간 여성은 응답해야 한다. 남성의 살피는 눈이나 친근한 문의에 대한 응답이든, 아니면 더 중요하게, 남성의 유혹적인 제안이나 청혼에 대한 응답이든. "그녀가 받아들일까 아닐까?"라는 질문에 대한 곧 있을 대답을 여성의 눈은 전한다. 자신의 대답이 초래할 여러 가지 결과들을 생각하는 중이기 때문에 그녀의 표정은 특별히 매혹적이다. 반면에 남성은 생각을 이미 마쳤고 자기 마음을 밝혔다. 그는 오로지 그래라는 대답을 듣고 싶고, 따라서 그의 얼굴은 더 예측 가능하고 덜 흥미로운 표정을 하고 있다.[1]

여자들의 시각적 표상들이 — 특히 아름다운 여자들의 경우 — 그들을 언제나 대상화한다는 일반적으로 인정된 비판적 견해에 대해 설득력 있는 반론을 컨은 제기한다. 가령 윌리엄 헨리 미드우드의 〈기술자의 물레〉(1876) 같은 청혼 구도에서 여자는 "남자의 시선에 의해 대상화되지 않고 오히려 통제하는 주체성을 보유한다. 이 주체성은 남자의 좀 더 에로스적으로 집중된 목적, 표정과 비교할 때 더 넓은 범위의 생각들과 감정들을 전달한다"(p. 228[479쪽]).

더 흥미롭다, 덜 예측 가능하다, **특별히 매혹적이다**, 더 넓은 범위의 감정들을 전달한다 — 우리의 대조 규칙이 작동하고 있다. 대조들과 정도들이 청혼 구도들의 심장부에 있다. 친숙한 사회적 구애 규약을 사용하면서 청혼 구도들은 한 주인공의 몸이 체화된 투명성으로 이끌려가는 맥락을 구축한다. 우리는 남자가 무엇을 생각하고 있는지를 아는데, 이때 그의 "에로스적으로 집중된" 목적은 여자의 "매혹적인" 사고 과정들과 대조되기 때문에 한층 더 명백해진다.

일시성의 규칙도 있다. 우리는 남자가 무엇을 생각하고 있는지를 아는데, 하지만 이 투명성의 순간은 지속될 수가 없다. 여자의 반응에 따라서 남자는 곧 다른 자세를 취할 것이다. 그녀가 아니라고 말하거나 너무 오래 망설일 경우 아마 실망감을 감추기 위해 노력하면서 말이다. 투명성의 사례를

---

1 Kern, *Eyes of Love*, p. 7[스티븐 컨, 『문학과 예술의 문화사 1840-1990』, 남경태 옮김(휴머니스트, 2005), pp. 21~22].

그림 34. 윌리엄 헨리 미드우드, 〈기술자의 물레〉, 1876. 캔버스에 유채, 28×36인치.

설득력 있게 만드는 바로 그 문화적 서사, 즉 구애 서사는 그 사례가 다만 화가에 의해 뜻밖의 발견으로[2] "걸려든" 사례라는 것을 확실히 해준다.

뜻밖의 발견으로 걸려든 투명성의 순간이라는 이 환영을 지탱하는 데 다른 무언가가 작동하고 있을지도 모른다: 그 환영은 예기치 않게 관객에게 다가간다. 결국 "청혼 구도"는 동시대인들에게는 그런 것으로 알려져 있지 않았다. "청혼 구도"는 특별한 양식과 관련된 특정 하위 장르를 묘사하기 위해서가 아니라 19세기 후반부의 다양한 화파, 양식, 표상 전통을 가로질러 발견될 수 있는 반복적 구성 패턴과 상호 개인적 역학을 묘사하기 위해서

---

2 [옮긴이] "뜻밖의 발견으로"는 "serendipitously"를 옮긴 것이다. "뜻밖의 발견"을 뜻하는 명사 "serendipity"는 "세렌디피티"라는 음역으로 어느 정도 알려진 것 같다. 전샤인은 뜻밖의 발견이라는 인상 그 자체에 당분간 주목하고 있다.

컨이 도입한 용어다.

이 예기치 않음의 효과에 기여하는 것이 청혼 구도의 제목들이다. 그 제목들은 우리가 낭만적 문의와 망설임의 장면을 목격하고 있다는 것을 좀처럼 가리키질 않는다. 〈청혼〉, 〈간청〉, 〈선호의 표시〉 같은 아주 소수의 제목만 안내 역할을 해준다. 대다수는 두서가 없다. 세팅을 지칭하기도 하고, 장면의 눈에 띄는 인공물을 지칭하기도 하고, 주인공을 지칭하기도 한다. 〈시골에서의 춤〉, 〈이름도, 친구도 없이〉, 〈연락선을 기다리며〉, 〈에피 딘스〉, 〈센 강변의 휴식〉, 〈꽃피는 시절〉, 〈소풍〉, 〈우산〉, 〈기술자의 물레〉.[3] 명시적 장르 소속도 없고 청혼 구도 자체를 표시할 제목도 없기 때문에, 보는 이들은 각각의 특정 그림과 관련해서 청혼이나 낭만적 관계에 의해 유발된 숙고를 그림이 포함한다는 것을 자력으로 추론해야만 한다.

그래서 동시대 관객들이 가령 르느와르의 〈시골에서의 춤〉, 오즈번의 〈이름도, 친구도 없이〉, 호슬리의 〈꽃피는 시절〉 같은 그림에 접근할 때, 주인공 중 한 명의 몸이 놀랍도록 읽기 쉽게 되어 있다는 것을 그들은 사전에 몰랐다(일단 그들이 그림을 보기 시작했을 때 즉시 그것을 볼 수 있었지만).[4] 그것이 알려져 있었다면—즉 청혼 구도가 실로 자체만의 전형적 제목을 갖는 확립된 하위 장르로 등장해 있었다면—남자의 투명성은 결국은 관례가 되었을 것이고, 설득력 있게 제시되려면 추가 노력이 필요했을 것이다(18세기 몰입 회화에서 그런 일이 일어난 것처럼 보였듯이). 그런 일은, 그렇지만, 일어나지 않았다. 이 예술 하위 장르에서 '뜻밖의 발견이 하나의 관례이다'라는 생각에 의해 뜻밖의 발견이라는 인상이 손상되는 일은 없었다.

청혼 구도의 역사에 대해 무슨 목적론적 주장을 내가 하고 있는 것이

---

3 나는 삽화가 풍성하게 들어간 컨의 연구에서 가져온 그림 제목들을 사용하고 있다.
4 컨은 이 그림들을 얼마간 상세하게 논의한다. pp. 71, 93, 65를 각각 볼 것[156, 201, 144쪽]. 나는 일부러 매우 상이한 스타일을 가진 청혼 구도들을 골랐다.

아니다. 다시 말해서, 체화된 (남성) 투명성의 강렬한 서사를 계속 세공하기 위해서, 19세기 후반 화가들과 미술 비평가들이 새로운 하위 장르를 인정하는 일을 의식적으로 피했다고 내가 말하고 있는 것이 아니다. 오히려 청혼 구도의 작가들은 양식에서나 감수성에서나 서로 크게 달랐던 것 같다. 그들은 이 특정 공통분모에 많은 생각을 쏟지 않은 것 같고, 그들의 관객들도 그랬던 것 같다. 이 공통분모를 마침내 보기 위해서 우리는 컨의 책이 필요했다. 그리고 몸이 마음을 그렇게 생생하게 드러내는 순간을 왜 우리가 직관적으로 가치 있게 여기는지를 알기 위해서 우리는 마음 이론 연구가 필요하다.

문제 그림

이 책을 쓰고 있는 동안 나는 체화된 투명성의 사례로 청혼 구도에 대해 몇 번 강연을 하였다. 나의 청중들은 전형적으로 두 유형이었다. 인지과학자들과 문학 연구자들. 흥미롭게도 양쪽은 다른 판본의 같은 질문을 내게 나중에 물었다. 인지심리학자들이 물었다 — 남자 화가들이 일반적으로 여자들을 더 미스터리하게 묘사하는 경향이 있고 청혼 구도가 이 경향성을 반영한다고 볼 수 있을까? 문학비평가들이 물었다 — 여성의 성욕에 대한 빅토리아 시대 후반의 불안을 감안할 때 동시대 화가들이 정말로 여자들의 사고 과정을 특히 흥미로운 것으로 묘사했다고 볼 수 있을까?

이 질문들에 대한 응답으로 이제 장르 회화의 또 다른 전통으로 나는 잠깐 눈을 돌린다. 시간상으로 청혼 구도들과 부분적으로 겹치며, 대부분 남자 화가에 의해 그려졌고, 남자와 여자의 대화에 빈번히 초점을 맞추는 전통. "문제 그림problem pictures"이라고 알려진 그러한 그림들은, 청혼 구도와 유사하기는 해도, 여자들을 남자들보다 더 미스터리하게 묘사하지도 않고,

체화된 투명성을 특징으로 포함하지도 않는다.

반복하면: 청혼 구도들이 여자를 더 불가해하게 그리는 것은 화가들과 그들의 관객들 모두가 공유했던 여자들의 의도성에 대한 문화적 불안 때문이라는 견해에 반대하는 주장을 하기 위해 나는 여기서 문제 그림들을 사용하는 중이다. (이 불안이 얼마간 역할을 한다는 데 내가 분명 동의하기는 해도, 그 쟁점은 나중에 다루려고 한다.) 청혼 구도들에 특별히 걸려 있는 것은 — 그것들을 특별하게 만들고 다른 장르 그림들과는 다르게 만드는 것은 — 체화된 투명성에 대한 그것들의 강조이다. 따라서 청혼 구도들이 여자들을 더 미스터리하게 그리는 것은 여자들이 어떻게 표상되어야 하는지와 관련된 어떤 일반적 태도를 반영하기 때문이 아니다. 그렇게 그림으로써 남자들을 훨씬 더 읽기 쉽게 만들 수 있기 때문이다. 다시 말해서 여자들의 불투명성은 남자들의 체화된 투명성의 구축을 위해 필요한 대조를 만들어내는 데 복무한다. 그리고 구애라는 문화적 맥락이 이 대조를 사회적으로 그럴듯하게 만든다.

문제 그림이란 무엇일까? 패멀라 M. 플레처의 연구 『현대성 서술하기』에 따르면, 문제 그림들은 "에드워드 시대 왕립 아카데미의 보기 드물게 인기 있는 볼거리였다. 그 용어는 현대적 삶을 그린 애매하고 종종 약간은 위태로운 그림들을 지칭했다. 다양한 해석들, 똑같이 그럴듯한 해석을 불러들이는 그림들"(p. 1). 존 콜리어의 〈고백〉(1902)을 고찰해 보자. 이 그림은 "감정적 대화를 하고 있는 커플"을 묘사하는데, 여자의 얼굴은 "어둠 속에 있는 반면에 남자는 무릎에 팔꿈치를 올린 채 몸을 앞으로 기울이고는 얼굴을 화로 불빛 쪽으로 갖다 대고 있고"[5] 보는 이 약간 오른쪽으로 아래를 응시하고 있다(그림 35).

커플의 감정들에 이끌리면서도 그 감정들을 읽을 수가 없어서 아카데미 방문객들은 그들의 마음 읽기 에너지를 그들 자신과 화가의 마음 상태

---

5   Fletcher, *Narrating Modernity*, p. 62.

그림 35. 존 콜리어, 〈고백〉, 1902. 캔버스에 유채, 44×56인치.

쪽으로 돌렸다. 콜리어에 따르면, 그는 그림의 주제에 대해 "수많은 문의"를 받았다. 남아 있는 한 편지에서 "글쓴이는 간청한다: '오! 친애하는 존, 너의 왕립 아카데미 그림에서 어느 쪽이 고백하고 있는지 나는 정말 몹시도 알고 싶어(제발 나에게 말해줘) — 남자인지 여자인지.'" 그러한 문의들에 대한 응답으로 그 화가는 "다양한 해석들"을 제공했다. "여자가 그것을 했지, 그리고 남자가 그것을 고백했지" 같은 식의 대답으로 "신탁의 [대답과 같은] 애매성"을 키우면서.[6] 1913년 〈추락한 아이돌〉로 그 주제를 그는 다시 다루었다. 이 그림에서 "여자가 남자의 발 앞에 무릎을 꿇고 있다. 상체는 그의 무릎 위에 얹고 고개를 숙인 채 슬픔 또는 부끄러움의 태도를 취하고서. 남자는 여자의 손 하나를 자신의 손으로 잡고 캔버스 밖을 곧장

---

6   같은 책, p. 63.

응시한다. 그의 얼굴은 한 줄기 빛에 의해 조명되고 있다."[7] 플레처가 보고하듯,

> 언론의 비평적 반응들은 이야기가 전적으로 해석하기 나름이라고 보는 사람들과 여자가 "추락했다"고 보는 사람들로 거의 똑같이 나뉘었다. 〈데일리 미러〉, 〈퀸〉, 〈레이놀즈〉, 〈데일리 스케치〉는 모두 이 그림을 애매한 것으로 읽으며, "이 그림을 둘러싸고 많은 이야기가 만들어질 것이고, 그 중 어느 것도 맞는 것이 아닐 것이다"라고 예측했다. 〈데일리 미러〉는 두 방문객의 말을 "인용"하여 이점을 지적했다. "'물론 남자가 자신이 저지른 일을 금방 고백했지'라고 한 여자가 어제 자신 있게 말했다. '여자가 방금 들켰어'라고 다음 방문객이 똑같이 확신에 찬 목소리로 말했다." (pp. 130~131)

인물들의 공간 배치와 조명 패턴은 한쪽 성을 다른 쪽보다 더 미스터리한 것으로 일관되게 지목하질 않는다: 남자는 여자만큼이나 "'문제'의 위치에"[8] 있을 가능성이 높아 보인다. 또한 시간은 쟁점이 아니다. 가령, 〈고백〉에는 남자와 여자가 그들의 현 위치에 얼마나 오래 있었는지 또는 그들이 그 위치에 얼마나 오래 계속 있을 것인지 아무런 표시도 없다. 화가의 목표는 (이렇게 말해볼 수 있다면) "비투명성antitransparency"이기 때문에, 대조의 규칙도 일시성의 규칙도 적용되질 않는다.

몰입 그림들에 대한 앞의 논의가 보는 이를 의식하지 않는 아무 인물이건 간에 투명한 것인지 궁금하게 만들었다면, 문제 그림들은 이 질문에 부정적으로 대답한다. 〈고백〉에서는 남자도 여자도 보는 이를 의식하지 않는 것처럼 보인다. 하지만 그들은 분명 투명하지 않다.

---

7   같은 책, p. 129.
8   같은 책, p. 62.

하지만 그들은 자기 생각에 몰입되어 있다 — 그렇기에 나는 대다수 몰입 그림이 투명한 인물을 묘사하기는 해도 이 규칙에 어떤 예외들이 있다고 제안하게 된다. 만약 화가가 완전히 몰입된 인물을 그의 몰입 대상이 우리에게 미스터리로 남아 있는 바로 그 순간 그리는 데 성공한다면 — 나는 그렇게 하는 일이 다소 어려울 거로 생각하는데 — 그럴 경우 우리는 투명성 없는 몰입을 얻는다(그리고 마음 읽기 노력을 우리 자신과 화가 쪽으로 돌린다).

플레처는 문제 그림들의 해석들이 "현대적 결혼과 모성의 성격, 새로운 직업 계급들의 출현과 정의定義, 특별히 여성적인 도덕성의 존재 등을 포함해서, 20세기 초의 가장 긴급한 쟁점들"(p. 1) 중 일부를 반영하였다는 것을 보여준다. 물론 청혼 구도들에서도 동일한 쟁점 중 다수가 작용하고 있었다. 하지만 주인공들의 주관성의 구축에서의 결정적 차이를 관찰해 보라. 문제 그림들은 인물의 감정을 대체로 해석하기 나름인 상태로 놓아두며 다만 "괴로움"이나 "놀람" 같은 넓은 범주들 안에 얼마간 제한할 뿐이다. 반면에 청혼 구도들은 한 명의 참여자를 결정적으로 더 읽기 쉽게 구성한다.

문제 그림들의 문화적 환경에 대한 플레처의 강조는 청혼 구도들이 여성의 성욕에 대한 19세기 말의 불안을 반영하면서 그것들의 문화적 환경에 반응했던 것인지에 대한 앞의 질문으로 우리를 되돌려놓는다. 이제 우리는 이 질문에 "그렇다"라고 응답할 수 있으며, 하지만 그것은 우리의 마음 읽기 적응들에 대해 우리가 알고 있는 것에 의해 한정된 "그렇다"이다.

원칙적으로 인간 역사의 모든 시기가 여성의 성욕에 대한 불안으로 특징지어진다. 그것은 우리의 더 넓은 마음 읽기 불확실성의 또 하나의 구성요소에 불과하다. 여성의 몸은 성적 의도를 광고하지 않는다. 단지 하나의 사례를 사용해 보자면, 은폐된 발정기는 남자들이 아버지임을 확신할 수 없게 만든다. 이것은 남자들이 그들에게 충실하게 머물려는 파트너의 의도를 추측해야만 한다는 것을 의미한다.[9] 따라서 여성의 성욕을 통제하려는 노력은 — 이는 상이한 문화에서 상이한 형태를 띨 수 있는데 — 여자들의 의도를 통제하고 그로써 마음 읽기 불확실성의 이 특수한(즉, 아버지임과 관련된) 측면을 최소화하려는 노력이다.

하지만 이것은 또한 여자들이 등장하는 그림들의 한 주어진 집합이 여자들의 성욕에 대한 그 시대의 불안을 반영한다는 가설이 여자들이 등장하는 그림들의 아무 집합에 대해서도 참이 될 것임을 의미한다. 따라서 그것은 사소하게 참이다. 왜냐하면 그것은 여하한 특정 그림이나 표상 전통에 대해 아무것도 예측하지 못하기 때문이다. 그것은 가령 왜 청혼 구도들에서는 여자들이 남자들보다 더 미스터리하게 묘사되는 반면에 문제 그림들에서는 확실히 그렇지 않은지를 설명할 수 없다.

이 차이를 설명하기 위해서 우리는 인지과학으로 눈을 돌려야 한다. 그러고는 청혼 구도 작가들과 문제 그림 작가들이 그들이 그리는 인물들의 사고 과정을 표상함에 있어 상이한 목표를 가지고 있다고 제안해야 한다. 양쪽 모두 마음 읽기에 사로잡혀 있다—사람을 그리는 모든 그림이 그렇다. 그렇지만 청혼 구도 작가들은 그들의 주인공들의 마음들에 똑같이 접근할 수는 없다는 것을 강조한다. 그렇기에 한 주인공은 체화된 투명성의 상태이고 다른 주인공은 안 그런 것이다. (물론 그 작가들이 이런 용어들로 생각한다는 건 아니다.) 문제 그림들의 마음 읽기 방식은 아주 다르다. 주인공들의 마음들에 우리가 거의 접근할 수 없는 사회적 맥락을 창조하는 도전을 화가들이 스스로에게 제시한다. 그리고 이 접근 결핍은 우리로 하여금 그림에 계속 사로잡혀^{enthralled} 있도록 한다. 그림 속 인물들에 대한 우리 자신의 어리둥절함을 드러내면서, 그리고 화가의 의도를 추측하려고 노력하면서.

금방 나는 "사로잡혀"라는 말을 일부러 사용하였다. 『몰입과 연극성』에서의 프리드의 수사학을 반항하기 위해 그렇게 했다. 이 책에서 그는 몰입적

---

9   어떤 사회에서는 이제 DNA 검사로 아버지임을 확인하는 것이 물론 가능하다. 하지만 이 발명은 짝짓기의 심리에 무슨 영향을 주기에는 너무 최근의 것이다.

그림에 의한 보는 이의 "사로잡음enthrallment"에 대해 말한다. 그림이 우리의 마음 이론과 맞물려 우리의 시선을 고정시키는 하나의 정확한 방법 내지는 하나의 더 좋은 방법이란 결코 없다는 것을 나는 강조하고 싶다. 상이한 그림들이 상이하게 그렇게 한다. 사실 그림은 관객을 사로잡기 위해 정반대 기법을 사용할 수 있다.

몰입 그림과 청혼 구도는 체화된 투명성을 구축함으로써 그렇게 한다. 즉 그림 속 인물 중 누군가가 무엇을 생각하는지를 우리가 정확히 안다고 생각하게 만듦으로써 그렇게 한다. 문제 그림은 인물의 마음 상태에 초점을 맞추고는, 하지만 우리가 그것을 알아내는 것을 가로막고, 그로써 우리의 마음 이론이 세 가지 방향으로 동시에 내달리도록 몰아세움으로써 그렇게 한다("그들은 무엇을 생각하고 있지?" "나는 이해가 안 가!" "화가는 무엇을 마음에 두었던 거지?"). 우리는 다른 다양한 전통들을 보면서도, 그것들이 인물과 관련해 노골적으로 제공하는 마음 상태 정보와 우리가 계속 추측해 보기를 원하는 마음 상태 정보 사이의 균형을 가지고서 실험하고, 그로써 우리를 우리 자신과 화가의 사고 과정 쪽으로 돌려놓는지를 볼 수 있을 것이다.

예술 작품에 대한 우리의 생각을 우리가 생각할 때, 무엇이 어떤 특정 표상 전통을 구성하는지에 대한 이해를 우리는 수정하게 될 수도 있다. 어떤 주어진 역사적 순간에 마음 읽기가 어떤 문화적 형태를 취할지를 예측하는 것이 불가능한 것처럼, 이 형태들에 대한 생각이 어떤 형태를 취할지를 예측하는 것은 불가능하니까. 욕심 많은 마음 읽는 이들의 문화는 끝없이 돌연변이하고 끝없이 뉘앙스가 달라지고 끝없이 새로운 마음 상태들의 배치를 공급하고 요구하는 일을 절대 멈추지 않는다.

코다

- 마음 이론은 실생활 사회적 상호작용들에 수반된 마음 상태들을 추적하기 위해 진화했다.
- 하지만 어떤 수준에서는 우리의 마음 이론 적응들은 실제 사람들의 마음 상태와 허구 캐릭터들의 마음 상태를 안 구별한다.
- 소설, 드라마, 영화, 회화, 리얼리티 쇼 같은 문화적 표상들은 우리의 욕심 많은 마음 이론을 채워준다. 세심하게 공들인, 감정적으로도 미학적으로 눈을 뗄 수가 없는, 마음 읽기 기회들로 가득한 사회적 맥락들을 우리에게 제공한다.
- 따라서 페이지, 스크린, 무대, 캔버스 위의 마음들을 뒤쫓는 일이 제공하는 즐거움은 상당한 정도로 사회적 즐거움이다. 그것은 우리의 삶인 그 사회적 게임에서 우리가 유능한 경기자로 남아 있다는 환영적이지만 만족스러운 확인이 되어준다.
- 이 즐거움을 강화하기 위해 문화적 표상들이 사용하는 수많은 전략 가운데 하나는 체화된 투명성의 환상을 우리의 마음 읽기 적응들에 제시하는 것이다. 즉 사람들이 몸이 그들의 마음에 대한 직접적 접근을 제공하는 복잡한 사회적 맥락을 제시하는 것이다.
- 이런 종류의 체화된 투명성은 실제 삶에서 드물다. 실제 삶에서 사람의 마음에 대한 직접적 접근의 지각이 주어진 사회적 상황의

복잡성과 대개는 역관계에 있다.
- 체화된 투명성의 환상이 특정 문화적 순간에 어떤 형태를 취할지 예측하는 것은 불가능하지만, 어떤 패턴들, 가령 일시성, 대조, 자제 같은 패턴들은 그 환상의 표상에서 되풀이되는 것처럼 보인다. 어떤 장르들에서 이 패턴들은 다른 장르들에 비해서 더 지배적이다. 예를 들어, 일시성은 소설과 회화에서 더 중요하고, 자제는 영화에서 더 중요하다.
- 어떤 문화가 체화된 투명성을 표상하기 위한 확립된 적소niche를 의식하게 되는 순간, 곧이어 이 적소는 전복과 패러디에 취약해진다. 따라서 작가들, 화가들, 그리고 좀 더 최근에는 영화감독들과 TV 프로듀서들은 마음에 대한 직접적 접근을 제공하는 것으로서 몸을 묘사하기 위한 설득력 있는 새로운 방법들을 항상 예의주시하고 있다.

참고 문헌

Abbate, Carolyn. *Unsung Voices: Opera and Musical Narrative in the Nineteenth Century*. Princeton, NJ: Princeton University Press, 1991.

Abbott, Porter. "Conversion in an Age of Darwinian Gradualism." *Storyworlds* 2 (2010): 1~18.

_____. *The Fine Art of Failure: Narrative and the Unknowable*. 진행 중. [실제로 출간된 책은 *Real Mysteries: Narrative and the Unknowable*, Columbus: Ohio State University Press, 2013이다.]

_____. "Reading Intended Meaning Where None Is Intended." *Poetics Today* 32 no. 3 (2011): 459~85.

Aldama, Frederick Luis. "Race, Cognition, and Emotion: Shakespeare on Film." *College Literature* 33, no. 1 (winter 2006): 197~213.

_____. ed. *Toward a Cognitive Theory of Narrative Acts*. Austin: University of Texas Press, 2010.

Anderson, Joseph D., and Barbara Fisher Anderson. *Moving Image Theory: Ecological Considerations*. Carbondale: Southern Illinois University Press, 2007.

Arendt, Hannah. *The Life of the Mind*. New York: Harcourt Brace Jovanovich, 1978. [한나 아렌트, 『정신의 삶』, 홍원표 옮김(푸른숲, 2019).]

Auerbach, Erich. *Mimesis*. Princeton, NJ: Princeton University Press, 1991. [에리히 아우어바흐, 『미메시스』, 김우창, 유종호 옮김(민음사, 2012).]

Austen, Jane. *Emma*. New York: Bantam, 1981. [제인 오스틴, 『에마』, 윤지관, 김영희 옮김(민음사, 2012).]

_____. *Persuasion*. Ed. Gillian Beer. New York: Penguin, 2003. [『설득』, 전승희 옮김(민음사, 2017).]

_____. *Pride and Prejudice*. New York: Bantam, 2003. [『오만과 편견』, 윤지관, 전승희 옮김(민음사, 2003).]

Austin, Michael. *Useful Fictions: Evolution, Anxiety, and the Origins of Literature*. Lincoln: University of Nebraska Press, 2011.

Baillargeon, R., Z. He, P. Setoh, R. Scott, and D. Yang. "The Development of False-Belief Understanding and Why It Matters." In *The Development of Social Cognition*, ed. M. Banaji and S. Gelman. Oxford: Oxford University Press. 근간. [2013년에 실제로 출간된 책 제목은 *Navigating The Social World*이다.]

Bargh, John A., and Lawrence E. Williams. "On the Nonconscious Regulation of Emotion." In *Handbook of Emotion Regulation*, ed. James Gross, 429~45. New York: Guilford, 2007.

Barkow, Jerome H., Leda Cosmides, and John Tooby. eds. *The Adapted Mind: Evolutionary Psychology and the Generation of Culture*. New York: Oxford University Press, 1992.

Barnes, Jennifer. "Fiction and Empathy: Narrative Cognition in Autism." A talk in the series "Current Work in Developmental Psychology." Department of Psychology, Yale University, Jan. 14, 2009.

Barnes, Jennifer, R. Li, Simon Baron-Cohen, and Paul Bloom. "Reading Preferences, Empathy, and Autism." 준비 중.

Baron-Cohen, Simon. *Mindblindness: An Essay on Autism and Theory of Mind*. Cambridge: MIT Press, 1995.

Barrett, Lisa Feldman, Kevin N. Ochsner, and James J. Gross. "On the Automaticity of Emotion." In *Social Psychology and the Unconscious: The Automaticity of Higher Mental Processes*, ed. John A. Bargh, 173~218. New York: Psychology Press of Taylor and Francis Group, 2007.

Bauman, Melissa D., Eliza Bliss-Moreau, Christopher J. Machado, and David G. Amaral. "The Neurobiology of Primate Social Behavior." In Decety and Cacioppo, *The Oxford Handbook of Social Neuroscience*, 683~701.

Belin, Pascal. "'Hearing Voices': Neurocognition of the Human Voice." In Decety and Cacioppo, *The Oxford Handbook of Social Neuroscience*, 378~393.

Bering, Jesse M. *The Belief Instinct: The Psychology of Souls, Destiny, and the Meaning of Life*. New York: Norton, 2011. [제시 베링, 『종교 본능』, 김태희, 이윤 옮김(필로소픽, 2012).]

_____. "The Existential Theory of Mind." *Review of General Psychology* 6, no. 1 (2002): 3~24.

Blair, Robert James Richard. "Theory of Mind, Autism, and Emotional Intelligence." In *The Wisdom in Feeling: Psychological Processes in Emotional Intelligence*, eds. Lisa Feldman Barrett and Peter Salovey, 406~34. New York and London: The Guilford Press, 2002.

Bloom, Paul. *Descartes' Baby: How the Science of Child Development Explains What Makes Us Human*. New York: Basic Books, 2004. [폴 블룸, 『데카르트의 아기』, 곽미경 옮김(소소, 2006).]

_____. *How Pleasure Works. The New Science of Why We Like What We Like*. New York: Norton, 2010. [『우리는 왜 빠져드는가?』, 문희경 옮김(살림, 2011).]

Booth, Wayne C. *The Rhetoric of Fiction*. Chicago: University of Chicago Press, 1961. [웨인 C. 부스, 『소설의 수사학』, 최상규 옮김(예림기획, 1999).]

Borenstein, Elhanan, and Eytan Ruppin. "The Evolution of Imitation and Mirror Neurons in Adaptive Agents." *Cognitive Systems Research* 6, no. 3 (2005): 229~42.

Bortolussi, Marisa, and Peter Dixon. *Psychonarratology: Foundations for the Empirical Study of Literary Response*. Cambridge, UK: Cambridge University Press, 2003.

Boulton, Maureen Barry McCann. *The Song in the Story: Lyric Insertions in French Narrative Fiction, 1200-1400*. Philadelphia: University of Pennsylvania Press, 1993.

Branigan, Edward. *Projecting a Camera: Language-Games in Film Theory*. New York: Routledge, 2006.

Brooks, Cleanth, and Robert Penn Warren. *Understanding Poetry*. 4th ed. Fort Worth, TX: Harcourt Brace College Publishers, 1976.

Burney, Frances. *Evelina; or, The History of a Young Lady's Entrance into the World (1778)*. New York: Modern Library, 2001.

Butler, Emily A., and James J. Gross. "Hiding Feelings in Social Contexts: Out of Sight Is Not Out of Mind." In *The Regulation of Emotion*, ed. Pierre Philippot and Robert S. Feldman, 101~26. Mahwah, NJ: Erlbaum, 2004.

Butler, Emily A., T. L. Lee, and James J. Gross. "Emotion Regulation and Culture: Are the Social Consequences of Emotion Suppression Culture-Specific?" *Emotion* 7 (2007): 30~48.

Butte, George. *I Know That You Know That I Know: Narrating Subjects from "Moll Flanders" to "Marnie."* Columbus: Ohio State University Press, 2004.

Byrne, Richard W., and Andrew Whiten. "The Emergence of Metarepresentation in Human Ontogeny and Primate Phylogeny." In Whiten, *Natural Theories of Mind*, 267~82.

_____. *Machiavellian Intelligence: Social Expertise and the Evolution of Intellect in Monkeys, Apes, and Humans*. New York: Oxford University Press, 1988.

Carroll, Noël. *The Philosophy of Motion Pictures*. Malden, MA: Blackwell, 2008.

Carruthers, Peter. *The Opacity of Mind: An Integrative Theory of Self-Knowledge*. New York: Oxford University Press, 2011.

Caserio, Robert L., and Clement Hawes, eds. *The Cambridge History of the English Novel*. New York: Cambridge University Press, 2012.

Castle, Terry. *The Professor and Other Writings*. New York: Harper Collins, 2010.

Cavell, Stanley. *Pursuits of Happiness: The Hollywood Comedy of Remarriage*. Cambridge, MA: Harvard University Press, 1981.

Chang, Kang-i Sun. *The Evolution of Chinese Tz'u Poetry: From Late T'ang to Northern Sung*. Princeton, NJ: Princeton University Press, 1980.

Chauvet, Jean-Marie, et al. *Chauvet Cave: The Discovery of the World's Oldest Paintings*. London: Thames and Hudson, 1996.

Citron, Marcia J. *Opera on Screen*. New Haven, CT: Yale University Press, 2000.

Cohn, Dorrit. *Transparent Minds: Narrative Modes for Presenting Consciousness in Fiction*. Princeton, NJ: Princeton University Press, 1978.

Crane, Mary Thomas. "Surface, Depth, and the Spatial Imaginary. A Cognitive Reading of the Political Unconscious." *Representations* 108 no. 1 (2009): 76~97.

Csibra, G. "Goal Attribution to Inanimate Agents by 6.5-Month-Old Infants." *Cognition* 107 (2008): 705~17.

Currie, Gregory. *Image and Mind: Film, Philosophy and Cognitive Science*. New York: Cambridge University Press, 2008. [그레고리 커리, 『이미지와 마음』, 김숙 옮김(한울, 2012).]

Decety, Jean, and John T. Cacioppo, eds. *The Oxford Handbook of Social Neuroscience*. New York: Oxford University Press, 2011.

Defoe, Daniel. *The Life and Strange Surprizing Adventures of Robinson Crusoe, or York, Mariner*⋯ ed. with an introduction and notes by J. Donald Crowley. New York: Oxford University Press, 1998. [다니엘 디포, 『로빈슨 크루소』, 류경희 옮김(열린책들, 2011).]

Denby, David. "Soldiers." *New Yorker*, Sept. 24, 2007, 188~89.

Dennett, Daniel C. *Consciousness Explained*. Boston: Little, Brown, 1991. [대니얼 데닛, 『의식의 수수께끼를 풀다』, 유자화 옮김(옥당, 2013).]

_____. *The Intentional Stance*. Cambridge, MA: MIT Press, 1989.

Diderot, Denis. *The Paradox of Acting*. Trans. with annotations from Diderot's *Paradoxe sur le comédien* by Walter Herries Pollock. London: Chatto & Windus, 1883.

Dissanayake, Ellen. *What Is Art For?* Seattle: University of Washington Press, 1988. [엘렌 디사나야케, 『예술은 무엇을 위해 존재하는가』, 김성동 옮김(연암서가, 2016).]

Dowd, Maureen. "Cool Hand Barack." *New York Times*, May 3, 2011.

Dunbar, Robin. "Evolutionary Basis of the Social Brain." In Decety and Cacioppo, *The Oxford Handbook of Social Neuroscience*, 28~38.

Dunne, Michael. *American Film: Musical Themes and Forms*. Jefferson, NC: McFarland, 2004.

Dutton, Denis. *The Art Instinct: Beauty, Pleasure, and Human Evolution*. New York: Bloomsbury, 2010.

Easterlin, Nancy. *A Biocultural Approach to Literary Theory and Interpretation*. Baltimore: Johns Hopkins University Press, 2012.

Ekman, Paul. "Strong Evidence for Universals in Facial Expressions: A Reply to Russell's Mistaken Critique." *Psychological Bulletin* 115 (1994): 268~87.

Ekman, Paul, and Alan J. Fridlund. "Assessment of Facial Behavior in Affective Disorders." *Depression and Expressive Behavior*, ed. J. D. Maser, 37~56. Hillsdale, NH: Erlbaum, 1985.

Eliot, T. S. *On Poetry and Poets*. New York: Noonday Press, 1961.

Ellis, Jack C., and Betsy A. McLane. *A New History of Documentary Film*. New York: Continuum, 2005. [잭 엘리스, 베시 멕레인, 『다큐멘터리의 새로운 역사』, 허욱 외 옮김(비즈앤비즈, 2011).]

Feuer, Jane. *The Hollywood Musical*. Bloomington: Indiana University Press, 1982.

Fielding, Helen. *Bridget Jones: The Edge of Reason*. New York: Penguin, 1999. [헬렌 필딩, 『브리짓 존스의 애인』, 임지현 옮김(문학사상사, 2015).]

Fielding, Henry. *Tom Jones*. 1749. Eds. John Bender and Simon Stern. Oxford: Oxford University Press, 1996. [헨리 필딩, 『톰 존스의 모험』, 최홍규 옮김(동서문화사, 2012).]

Fielding, Sarah. *The History of Ophelia*. London: R. Baldwin, 1760.

Finocchiaro, Peter. "Obama's Poker Face." *Salon.com*, May 2, 2011.

Flesch, William. *Comeuppance: Costly Signaling, Altruistic Punishment, and Other Biological Components of Fiction*. Cambridge, MA: Harvard University Press, 2007.

Fletcher, Pamela M. *Narrating Modernity: The British Problem Picture, 1895~1914*. Aldershot, UK: Ashgate, 2003.

Fludernik, Monika. "1050~1500: Through a Glass Darkly; or, The Emergence of Mind in Medieval Literature." In Herman, *The Emergence of Mind*, 69~100.

Freedberg, David. "Empathy, Motion and Emotion." In *Wie sich Gefühle Ausdruck verschaffen: Emotionen in Nahsicht*, eds. K. Herding and A. Krause Wahl, 17~51. Berlin: Driesen, 2007.

Freydkin, Donna. "To Wood, Fame Is 'High School.'" *USA Today*, Sept. 24, 2007.

Fridlund, Alan J. "Evolution and Facial Action in Reflex, Social Motive, and Paralanguage." *Biological Psychology* 32 (1991): 3~100.

Fried, Michael. *Absorption and Theatricality: Painting and Beholder in the Age of Diderot*. Berkeley: University of California Press, 1980.

―――. "Art and Objecthood." 1967. Repr. in *Art and Objecthood: Essays and Reviews*, 148~72. Chicago: University of Chicago Press, 1998.

―――. "Barthes's Punctum." *Critical Inquiry* 31 (spring 2005): 539~74.

Frith, Christopher D., and Uta Frith. "Social Cognition in Humans." *Current Biology*, no. 17 (2007): R724~32.

Gallagher, Catherine, and Stephen Greenblatt. *Practicing New Historicism*. Chicago: University of Chicago Press, 2000.

Gervais, Ricky, and Stephen Merchant. *The Office: The Complete First Series*. 2 disks. BBC Worldwide Americas and Warner Home Video, 2003.

Gevorkian, Natalia. "Ne povod dlia tanzev." *Gazeta.ru*, May 5, 2011, www.gazeta.ru/column/gevorkyan/3604309.shtml (accessed May 27, 2011).

Goffman, Erving. *Strategic Interaction.* New York: Ballantine, 1969.

Goldman, Alvin I. *Simulating Minds: The Philosophy, Psychology, and Neuroscience of Mindreading.* New York: Oxford University Press, 2006.

Gombrich, E. H. *Art and Illusion: A Study in the Psychology of Pictorial Representation.* 3rd ed. Princeton, NJ: Princeton University Press, 1969. [에른스트 곰브리치, 『예술과 환영』, 차미례 옮김(열화당, 2003).]

Gomez, Juan C. "Visual Behavior as a Window for Reading the Mind of Others in Primates." In Whiten, *Natural Theories of Mind,* 195~208.

Gross, James J., and Dacher Keltner, eds. *Cognition and Emotion* 13, no. 5 (1999).

Grossman, Tobias, Tricia Striano, and Angela D. Friederici. "Developmental Changes in Infants' Processing of Happy and Angry Facial Expressions: A Neurobehavioral Study." *Brain and Cognition* 64, no. 1 (2007): 30~41.

Guthrie, Stewart Elliott. *Faces in the Clouds: A New Theory of Religion.* New York: Oxford University Press, 1995.

Hans, Jonas. "The Nobility of Sight: A Study in the Phenomenology of Senses." *Philosophy and Phenomenological Research* 14, no. 5 (1954): 507~19.

Hart, F. Elizabeth. "The Epistemology of Cognitive Literary Studies." *Philosophy and Literature* 25, no. 2 (2001): 314~34.

Hegel, Georg Wilhelm Friedrich. *The Phenomenology of Mind.* Trans. with an introduction and notes by J. B. Baillie. 2nd ed. London: George Allen and Unwin, 1977. [헤겔, 『정신현상학 1』, 임석진 옮김(한길사, 2005).]

Hellman, Robert, and Richard O'Gorman. *Fabliaux: Ribald Tales from the Old French.* New York: Thomas Y. Crowell, 1966.

Hemingway, Ernest. *A Farewell to Arms.* New York: Charles Scribner's Sons, 1929. [어니스트 헤밍웨이, 『무기여 잘 있어라』, 김욱동 옮김(민음사, 2012).]

Herman, David, ed. *The Emergence of Mind: Representations of Consciousness in Narrative Discourse in English.* Lincoln: University of Nebraska Press, 2011.

―――. "Genette Meets Vygotsky: Narrative Embedding and Distributed Intelligence." *Language and Literature* 15, no. 4 (2006): 357~80.

―――. ed. *Narrative Theory and the Cognitive Sciences.* Stanford, CA: CSLI, 2003.

―――. *Story Logic.* Lincoln: University of Nebraska Press, 2002.

Hickok, Gregory. "Eight Problems for the Mirror Neuron Theory of Action Understanding in Monkeys and Humans." *Journal of Cognitive Neuroscience* 21, no. 7 (2008): 1229~43.

Hogan, Patrick Colm. *Cognitive Science, Literature, and the Arts: A Guide for Humanists.* New York: Routledge, 2003.

_____. *Empire and Poetic Voice: Cognitive and Cultural Studies.* Albany: SUNY Press, 2004.

_____. "Literary Universals." *Poetics Today* 18, no. 2 (1997): 223~49.

_____. *The Mind and Its Stories: Narrative Universals and Human Emotion.* Cambridge, UK: Cambridge University Press, 2003.

_____. *Understanding Nationalism: On Narrative, Neuroscience, and Identity.* Columbus: Ohio State University Press, 2009.

Hornby, Nick. *Fever Pitch.* New York: Penguin, 1992. [닉 혼비, 『피버 피치』, 이나경 옮김(문학사상사, 2014).]

_____. *How to Be Good.* New York: Riverhead, 2001. [『하우 투 비 굿』, 김선형 옮김(문학사상사, 2013).]

Hutcheon, Linda, and Michael Hutcheon. "Narrativizing the End: Death and Opera." In *A Companion to Narrative Theory,* eds. James Phelan and Peter J. Rabinowitz, 441~50. Malden, MA: Blackwell, 2005.

Jackson, Tony. "Issues and Problems in the Blending of Cognitive Science, Evolutionary Psychology, and Literary Study." *Poetics Today* 23, no. 1 (2002): 161~79.

Johnson, Susan, Virginia Slaughter, and Susan Carey. "Whose Gaze Would Infants Follow? The Elicitation of Gaze Following in 12-Month-Olds." *Developmental Science* 1 (1998): 233~38.

Jones, Wendy S. "Emma, Gender, and the Mind-Brain." *ELH* 75, no. 2 (2008): 315~43.

Kaufmann, Walter. *Tragedy and Philosophy.* New York: Doubleday, 1968.

Keen, Suzanne. *Empathy and the Novel.* Oxford University Press, 2007.

_____. "Strategic Empathizing: Techniques of Bounded, Ambassadorial, and Broadcast Narrative Empathy." *Deutsche Vierteljahrs Schrift* 82, no. 3 (Sept. 2008): 477~93.

_____. *Thomas Hardy's Brains.* Columbus: Ohio State University Press, 2014.

Keenan, Julian Paul, Hanna Oh, and Franco Amati. "An Overview of Self-Awareness and the Brain." In Decety and Cacioppo, *The Oxford Handbook of Social Neuroscience,* 314~24.

Kelly, David J., et al. "Social Experience Does Not Abolish Cultural Diversity in Eye Movements." *Frontiers in Cultural Psychology* 2, no. 95. Published online May 18, 2011, www.frontiersin.org/cultural_psychology/10.3389/fpsyg.2011.00095/ full (accessed Dec. 2, 2011).

Keough, Peter. "Shades of Grey: Tending Again to the Maysleses' Gardens." http://weeklywire.com/ww/09-08-98/boston_movies_1.html (accessed August 18, 2007).

Kern, Stephen. *Eyes of Love: The Gaze in English and French Paintings and Novels, 1840-1900.* London: Reaktion, 1996. [스티븐 컨, 『문학과 예술의 문화사 1840-1990』, 남태경 옮김(휴머니스트, 2005).]

Keysers, Christian, Marc Thioux, and Valeria Gazzola. "The Mirror Neuron System and Social Cognition." In Decety and Cacioppo, *The Oxford Handbook of Social Neuroscience,* 525~541.

Kleiner, Fred S. *Gardner's Art through the Ages: A Global History, Enhanced Thirteenth Edition,* Vol. 1. Boston: Wadsworth, 2010.

Kramnick, Jonathan. "Some Thoughts on Print Culture and the Emotions." *The Eighteenth Century: Theory and Interpretation* 50 no. 2-3 (2009): 263~67.

Kurzban, Robert. *Why Everyone (Else) Is a Hypocrite: Evolution and the Modular Mind.* Princeton, NJ: Princeton University Press, 2010. [로버트 커즈번, 『왜 모든 사람은 (나만 빼고) 위선자인가』, 한은경 옮김(을유문화사, 2012).]

Lahr, John. "Solos and Solitaries." *New Yorker,* March 21, 2005, 88~89.

Lane, Anthony. "Miles to Go." *New Yorker,* Jan. 31, 2011, 82~83.

Lanser, Susan. "The 'I' of the Beholder: Equivocal Attachments and the Limits of Structuralist Narratology." In *A Companion to Narrative Theory,* eds. James Phelan and Peter J. Rabinowitz, 206~19. Malden, MA: Blackwell, 2005.

Levin, David Michael. "Introduction." In *Modernity and the Hegemony of Vision,* ed. David Michael Levin, 1-29. Berkeley: University of California Press, 1993. [데이비드 마이클 레빈, 『모더니티와 시각의 헤게모니』, 정성철, 백문임 옮김(시각과언어, 2004).]

Lindenberger, Herbert. "Arts in the Brain; or, What Might Neuroscience Tell Us?" In *Toward a Cognitive Theory of Literary Acts,* ed. Frederick Aldama. Austin: University of Texas Press, 2010. 13~35.

Longin, Sheryl. "Confessions of a Reality Junkie." *Pajamas Media,* August 11, 2007, http://pajamasmedia.com/blog/confessions_of_a_reality_junki (2008년 7월 13일 검색).

Lopate, Phillip. "Portrait of My Body." In *Getting Personal: Selected Writings,* 327~34. New York: Basic Books, 2003.

Luo, Y., and R. Baillargeon. "Can a Self-Propelled Box Have a Goal? Psychological Reasoning in 5-Month-Old Infants." *Psychological Science* 16 (2005): 601~8.

Mamet, David. *On Directing Film.* New York: Viking, 1991.

Mazzetti, Mark, Helene Cooper, and Peter Baker. "Behind the Hunt for Bin Laden." *New York Times,* May 2, 2001.

McClure, Erin B. "A Meta-analytic Review of Sex Differences in Facial Expression Processing and Their Development in Infants, Children, and Adolescents." *Psychological Bulletin* 126 (2000): 424~53.

McConachie, Bruce. *American Theater in the Culture of the Cold War: Producing and Contesting Containment, 1947-1962.* Iowa City: University of Iowa Press, 2003.

_____. *Engaging Audiences: A Cognitive Approach to Spectating in the Theatre.* New York: Palgrave Macmillan, 2008.

McGinn, Colin. *The Power of Movies: How Screen and Mind Interact.* New York: Pantheon, 2005.

McMillin, Scott. *The Musical as Drama: A Study of the Principles and Conventions behind Musical Shows from Kern to Sondheim.* Princeton, NJ: Princeton University Press, 2006.

Mead, Rebecca. "The Actress." *New Yorker,* March 2, 2009, 52~59.

Merleau-Ponty, Maurice. *Phenomenology of Perception.* Trans. Colin Smith. London: Routledge and Kegan Paul, 1962.

Michaels, Walter Benn. *The Shape of the Signifier: 1967 to the End of History.* Princeton, NJ: Princeton University Press, 2004. [월터 벤 마이클스, 『기표의 형태: 1967년부터 역사의 종언까지』, 차동호 옮김(엘피, 2017).]

Miller, Scott. *From "Assassins" to "West Side Story": The Director's Guide to Musical Theatre.* Portsmouth, NH: Heinemann, 1996.

Moretti, Franco. "The Slaughterhouse of Literature." *Modern Language Quarterly* 61, no. 1 (March 2000): 207~28.

Mullan, John. *Sentiment and Sociability: The Language of Feeling in the Eighteenth Century.* Oxford: Clarendon, 1988.

Nettle, Daniel. "Emphasizing and Systemizing: What Are They, and What They Contribute to Our Understanding of Psychological Sex Differences." *British Journal of Psychology* 98, no. 2 (2007): 237~55.

_____. "Psychological Profiles of Professional Actors." *Personality and Individual Differences* 40 (2006): 375~83.

Newcomb, Anthony. "Once More 'Between Absolute and Program Music': Schumann's Second Symphony." *19th-Century Music* 7 (1984): 233~50.

Nussbaum, Martha C. *Upheavals of Thought: The Intelligence of Emotions.* Cambridge, UK: Cambridge University Press, 2001. [마사 누스바움, 『감정의 격동: 1 인정과 욕망』, 조형준 옮김(새물결, 2015).]

Palahniuk, Chuck. *Fight Club.* New York: Henry Holt, 1996. [척 팔라닉, 『파이트 클럽』, 최필원 옮김(랜덤하우스코리아, 2008).]

Palmer, Alan. *Fictional Minds.* Lincoln: University of Nebraska Press, 2004.

_____. *Social Minds in the Novel.* Columbus: Ohio State University Press, 2010.

_____. "Storyworlds and Groups." In Zunshine, *Introduction to Cognitive Cultural Studies,* 178~92.

"The Past, Present, and Future of Reality Television." Museum of Television & Radio Seminar Series. Sept. 25, 2003 (PAC). Moderated by Barbara Dixon. Panelists: Mike Darnell, Mike Fleiss, Ghen Maynard, Jonathan Murray, Arnold Shapiro, Scott A. Stone, and Andrea Wong.

Pemberton, Gayle. *The Hottest Water in Chicago: Notes of a Native Daughter.* Hanover and London: Wesleyan University Press, 1992.

Pentland, Alex. *Honest Signals: How They Shape Our World.* Cambridge, MA: MIT Press, 2008.

Persson, Per. *Understanding Cinema: A Psychological Theory of Moving Imagery.* Cambridge, UK: Cambridge University Press, 2003.

Phelan, James. *Living to Tell about It: A Rhetoric and Ethics of Character Narration.* Ithaca, NY: Cornell University Press, 2004.

Phelan, Peggy. "Reciting the Citation of Others; or, A Second Introduction." In *Acting Out: Feminist Performances,* eds. Lynda Hart and Peggy Phelan, 13~31. Ann

Arbor: University of Michigan Press, 1993.

Pierpont, Claudia Roth. "The Player Kings." *New Yorker,* Nov. 19, 2007, 70~79.

Plantinga, Carl, and Greg M. Smith. Passionate Views: *Film, Cognition, and Emotion.* Baltimore: Johns Hopkins University Press, 1999.

Premack, David, and Verena Dasser. "Perceptual Origins and Conceptual Evidence for Theory of Mind in Apes and Children." In Whiten, *Natural Theories of Mind,* 253~66.

Priborkin, Klarina. "Cross-Cultural Mind Reading: Challenging the Universality of the Unspoken in Maxine Hong Kingston's *The Woman Warrior.*" Paper presented at Literature and Cognitive Science Conference. University of Connecticut, Storrs, April 8, 2006.

Quigley, Rachel. "Maybe I Just Coughed: Hillary Clinton Downplays Expression of Shock in Situation Room Photo Claiming It Was 'Spring Allergies.'" *Daily Mail Online,* May 5, 2011.

Ramachandran, V. S. *A Brief Tour of Human Consciousness: From Impostor Poodles to Purple Numbers.* New York: Pi Press, 2004.

_____. *The Tell-Tale Brain.* New York: Norton, 2011. [라마찬드란, 『명령하는 뇌, 착각하는 뇌』, 박방주 옮김(알키, 2012).]

Remnick, David. "Exit Bin Laden." *New Yorker,* May 16, 2011, 35~36.

Reza, Yasmina. *Art.* Trans. Christopher Hampton. New York: Faber and Faber, 1997. [야스미나 레자, 『아트』, 백선희 옮김(뮤진트리, 2024).]

Richardson, Alan. *British Romanticism and the Science of the Mind.* Cambridge, UK: Cambridge University Press, 2001.

_____. "Facial Expression Theory from Romanticism to the Present." In Zunshine, *Introduction to Cognitive Cultural Studies,* 65~83.

_____. *The Neural Sublime: Cognitive Theories and Romantic Texts.* Baltimore: Johns Hopkins University Press, 2010.

_____. "Studies in Literature and Cognition: A Field Map." In Richardson and Spolsky, *The Work of Fiction,* 1~30.

Richardson, Alan, and Ellen Spolsky, eds. *The Work of Fiction: Cognition, Culture, and Complexity.* Aldershot, UK: Ashgate, 2004. [새뮤얼 리처드슨, 『클러리사 할로 4』, 김성균 옮김(지만지, 2012).]

Richardson, Samuel. *Clarissa, or, The History of a Young Lady.* Ed. Angus Ross. New York: Penguin, 1985.

Rizzolatti, Giacomo, Leonardo Fogassi, and Vittoriao Gallese. "Neuropsychological Mechanisms Underlying the Understanding and Imitation of Action." *Nature Reviews Neuroscience* 2, no. 9 (2001): 661~70.

Roach, Joseph. "Culture and Performance in the Circum-Atlantic World." In *Performativity and Performance,* eds. Andrew Parker and Eve Kosofsky Sedgwick, 45~63. New York: Routledge, 1995.

Rodgers, Richard, and Oscar Hammerstein II. *South Pacific.* 1958. Twentieth Century Fox Home Entertainment, 2006.

Rousseau, Jean-Jacques. *Emile: or On Education.* Translated by Allan Bloom. New York: Basic Books, 1979. [장 자크 루소, 『에밀』, 민희식 옮김(육문사, 2012).]

Russell, James A., Jo-Anee Bachorowski, and Jose-Miguel Fernandez-Dols. "Facial and Vocal Expressions of Emotion." *Annual Review of Psychology* 54 (2003): 329~49.

Savarese, Emily Thornton, and Ralph James Savarese, eds. *Autism and the Concept of Neurodiversity.* Special issue of Disability Studies Quarterly 30, no. 1 (2010).

Saxe, Rebecca. "Why and How to Study Theory of Mind with fMRI." *Brain Research* 1079 (2006): 57~65.

Saxe, Rebecca, and Nancy Kanwisher. "People Thinking about Thinking People: The Role of the Temporo-parietal Junction in 'Theory of Mind.'" *Neuroimage* 19 (2003): 1835~42.

Scarry, Elaine. *The Body in Pain: The Making and Unmaking of the World.* New York: Oxford University Press, 1985. [일레인 스캐리, 『고통받는 몸』, 메이 옮김(오월의 봄, 2018).]

_____. *Dreaming by the Book.* New York: Farrar, Straus, Giroux, 1999.

Schjeldahl, Peter. "For Laughs." *New Yorker,* May 23, 2011, 84~85.

Schultz, Robert T. "Developmental Deficits in Social Perception in Autism: The Role of the Amygdala and Fusiform Face Area." *International Journal of Developmental Neuroscience* 23 (2005): 125~41.

Seyfarth, Robert M., and Dorothy L. Cheney. "Signalers and Receivers in Animal Communication." *Annual Review of Psychology* 54 (2003): 145~73.

Shakespeare, William. *Cymbeline.* Ed. Roger Warren. Oxford: Oxford University Press,

1998. [윌리엄 셰익스피어, 『심벨린』, 『셰익스피어 전집』, 이상섭 옮김(문학과지성사, 2016).]

Shany-Ur, Tal, and Simone G. Shamay-Tsoory. "Theory of Mind Deficits in Neurological Patients." In Decety and Cacioppo, *The Oxford Handbook of Social Neuroscience*, 935~45.

Siddons, Henry. *Practical Illustrations of Rhetorical Gesture and Action, Adapted to the English Drama . . .* 1807. London: Sherwood, Neely, and Jones, 1822.

Singer, Tania, Daniel Wolpert, and Chris Frith. "Introduction: The Study of Social Interactions." In *The Neuroscience of Social Interaction: Decoding, Imitating, and Influencing the Actions of Others*, eds. Christopher D. Frith and Daniel Wolpert, xiii~xxvii. Oxford: Oxford University Press, 2004.

Song, H., and R. Baillargeon. "Infants' Reasoning about Others' False Perceptions." *Developmental Psychology* 44 (2008): 1789~95.

Song, H., K. Onishi, R. Baillargeon, and C. Fisher. "Can an Actor's False Belief Be Corrected by an Appropriate Communication? Psychological Reasoning in 18.5-Month-Old Infants." *Cognition* 109 (2008): 295~315.

Sorce, J. F., R. N. Emde, J. Campos, and M. D. Klinnert. "Maternal Emotional Signaling: Its Effects on the Visual Cliff Behavior of 1-Year-Olds." *Developmental Psychology* 21 (1985): 195~200.

Sperber, Dan. *Explaining Culture: A Naturalistic Approach.* Oxford: Blackwell, 1997. [당 스페르베르, 『문화 설명하기』, 김윤성, 구형찬 옮김(이학사, 2022).]

Spolsky, Ellen. "Cognitive Literary Historicism: A Response to Adler and Gross." *Poetics Today* 24, no. 2 (2003): 161~83.

_____. "Darwin and Derrida: Cognitive Literary Theory as a Species of Poststructuralism." *Poetics Today* 23, no. 1 (2002): 43~62.

_____. "Elaborated Knowledge: Reading Kinesis in Pictures." *Poetics Today* 17, no. 2 (1996): 157~80.

_____. *Gaps in Nature: Literary Interpretation and the Modular Mind.* Albany: State University of New York Press, 1993.

_____. "Narrative as Nourishment." In Aldama, *Toward a Theory of Narrative Acts*, 37~60.

_____. "Purposes Mistook: Failures Are More Tellable." Talk delivered at the panel on "Cognitive Approaches to Narrative" at the annual meeting of the Society for the Study of Narrative, Burlington, VT, 2004.

———. *Satisfying Skepticism: Embodied Knowledge in the Early Modern World.* Aldershot, UK: Ashgate, 2001.

———. *Word vs Image: Cognitive Hunger in Shakespeare's England.* Basingstoke: Palgrave Macmillan, 2007.

Stafford, Barbara Maria. *Echo Objects: The Cognitive Work of Images.* Chicago: University of Chicago Press, 2007.

———. "Romantic Systematics and the Genealogy of Thought. The Formal Roots of a Cognitive History of Images." *Configurations* 12, no. 3 (2004): 315~48.

Starr, G. Gabrielle. *Feeling Beauty: Aesthetic Perception in the Brain and in the Arts.* Under consideration.

———. "Multisensory Imagery." In Zunshine, *Introduction to Cognitive Cultural Studies*, 275~91.

———. "Poetic Subjects and Grecian Urns: Close Reading and the Tools of Cognitive Science." *Modern Philology* 105, no. 1 (2007): 48~61.

Sternberg, Meir. *Expositional Modes and Temporal Ordering in Fiction.* Baltimore: Johns Hopkins University Press, 1978.

Stiller, James, and Robin I. M. Dunbar. "Perspective-Taking and Social Network Size in Humans." *Social Networks* 29 (2007): 93~104.

Stone, Valerie E., and Catherine A. Hynes. "Real-World Consequences of Social Deficits: Executive Functions, Social Competencies, and Theory of Mind in Patients with Ventral Frontal Damage and Traumatic Brain Injury." In Decety and Cacioppo, *The Oxford Handbook of Social Neuroscience,* 455~76.

Surian, Luca, Stefania Caldi, and Dan Sperber. "Attribution of Beliefs by 13-Month-Old Infants." *Psychological Science* 18, no. 7 (2007): 580~86.

Talbot, Margaret. "Duped." *New Yorker,* July 2, 2007, 52~61.

Tapper, Jake. "Hillary Clinton Explains Famous Osama Bin Laden Raid Photo." *ABC News*, May 5, 2011.

Taruskin, Richard. "She Do the Ring in Different Voices." *Cambridge Opera Journal* 4 (1991): 187~97.

Tiedens, Larissa Z. "Anger and Advancement versus Sadness and Subjugation: The Effect of Negative Emotion Expressions on Social Status Conferral." *Journal of Personality and Social Psychology* 80 (2001): 285~93.

Todorov, Alex, Chis P. Said, Andrew D. Engell, and Nikolaas N. Oosterhof. "Understanding Evaluation of Faces on Social Dimensions." *Trends in Cognitive Sciences* 12, no. 12 (2008): 455~60.

Tolstoy, Leo. *Anna Karenina: A Novel in Eight Parts.* Trans. Richard Pevear and Larissa Volokhonsky. London: Allen Lane, 2000. [레프 톨스토이, 『안나 카레니나 2』, 연진희 옮김(민음사, 2009).]

Tolstoy, Lev Nikolaevitch. *Anna Karenina: Roman v vos'mi chastiach.* Chasti pervaia-chetvertaya. Parts 1-4. Tula: Priokskoe Knizhnoie Izdatel'stvo, 1983.

Tooby, John, and Leda Cosmides. "Consider the Source: The Evolution of Adaptations for Decoupling and Metarepresentations." In *Metarepresentations: A Multidisciplinary Perspective*, ed. Dan Sperber, 53~116. New York: Oxford University Press, 2000.

_____. "Evolutionary Psychology, Ecological Rationality, and the Unification of the Behavioral Sciences." *Behavioral and Brain Sciences* 30, no. 1 (2007): 42~43.

_____. "The Psychological Foundations of Culture." In Barkow, Cosmides, and Tooby, *The Adapted Mind*, 19~136.

Triesch, Jochen, Hector Lasso, and Gedeon O. Deak. "Emergence of Mirror Neurons in a Model of Gaze Following." *Adaptive Behavior* 15 (2007): 149~65.

Turner, Mark. *The Literary Mind: The Origins of Thought and Language.* New York: Oxford University Press, 1998.

Wang Shifu. *The Story of the Western Wing.* Edited and translated by Stephen H. West and Wilt L. Idema. Berkeley: University of California Press, 1995. [왕실보, 『서상기』, 양회석 옮김(지만지드라마, 2019).]

Westen, Drew. *The Political Brain: The Role of Emotion in Deciding the Fate of the Nation.* New York: Public Affairs, 2007.

Whiten, Andrew, ed. *Natural Theories of Mind: Evolution, Development, and Simulation of Everyday Mindreading.* Oxford, UK: Basil Blackwell, 1991.

Wintonick, Peter, dir. *Cinéma Vérité: Defining the Moment.* Montreal: National Film Board of Canada, 1999.

Woloch, Alex. *The One vs. the Many: Minor Characters and the Space of the Protagonist in the Novel.* Princeton, NJ: Princeton University Press, 2003.

Vermeule, Blakey. "God Novels." In Richardson and Spolsky, *The Work of Fiction*, 147~66.

_____. *The Party of Humanity: Writing Moral Psychology in Eighteenth-Century Britain*. Baltimore: Johns Hopkins University Press, 2000.

_____. "Satirical Mind Blindness." *Classical and Modern Literature* 22, no. 2 (2002): 85~101.

_____. *Why Do We Care about Literary Characters?* Baltimore: Johns Hopkins University Press, 2010.

Vitz, Evelyn Birge. "Tales with Guts: A 'Rasic' Aesthetic in Medieval French Storytelling." *Drama Review* 52, no. 4 (winter 2008): 145~73.

Yu, Anthony C. *Rereading the Stone: Desire and the Making of Fiction in "Dream of the Red Chamber."* Princeton, NJ: Princeton University Press, 1997.

Zebrowitz, Leslie A. *Reading Faces: Window to the Soul*. Boulder, CO: Westview Press, 1997.

Zebrowitz, Leslie A., and Yi Zhang. "The Origins of First Impressions in Animal and Infant Face Perception." In Decety and Cacioppo, *The Oxford Handbook of Social Neuroscience*, 434~44.

Zehme, Bill. *Lost in the Funhouse: The Life and Mind of Andy Kaufman*. New York: Delacorte, 1999.

Zmuda, Bob, with Matthew Scott Hansen. *Andy Kaufman Revealed!* Boston: Little, Brown, 1999.

Zunshine, Lisa. "Cognitive Alternatives to Interiority." In Caserio and Hawes, *The Cambridge History of the English Novel*, 147~62.

_____. ed. *Introduction to Cognitive Cultural Studies*. Baltimore: Johns Hopkins University Press, 2010.

_____. "Lying Bodies of the Enlightenment: Theory of Mind and Eighteenth-Century Studies." In Zunshine, *Introduction to Cognitive Cultural Studies*, 115~33.

_____. "Mind Plus: Sociocognitive Pleasures of Jane Austen's Novels." Studies in *Literary Imagination* 42, no. 2 (fall 2009): 89~109.

_____. "1700-1775: Theory of Mind, Social Hierarchy, and the Emergence of Narrative Subjectivity." In Herman, *The Emergence of Mind*, 161~86.

_____. *Strange Concepts and the Stories They Make Possible: Cognition, Culture, Narrative*.

Baltimore: Johns Hopkins University Press, 2008.

_____. "Theory of Mind and Michael Fried's *Absorption and Theatricality*: Notes toward Cognitive Historicism." In Aldama, *Toward a Cognitive Theory of Narrative Acts*, 179~203.

_____. "What Is Cognitive Cultural Studies?" In Zunshine, *Introduction to Cognitive Cultural Studies*, 1~33.

_____. "What to Expect When You Pick Up a Graphic Novel." *SubStance*. Special issue on graphic narratives, eds. Jared Gardner and David Herman, issue 124, vol. 40, no.1 (2011): 114~34.

_____. *Why We Read Fiction: Theory of Mind and the Novel*. Columbus: Ohio State University Press, 2006.

도판 목록

라이오넬 파이닝거, 〈초록 다리 II〉 | 5

그림 1. 황제 칼리칼리 | 32

그림 2. 엘리자베스 베넷 역의 제니퍼 엘 | 70

그림 3. 다아시 씨 역의 콜린 퍼스 | 71

그림 4. 〈파이트 클럽〉에서 준 B. 김, 브레드 피트, 에드워드 노턴 | 93

그림 5. 극장에서 클러리사(사스키아 위컴)와 러블레이스(숀 빈) | 107

그림 6. 〈윈더미어 부인의 부채〉에서 다른 관객 염탐하기 | 115

그림 7. 〈윈더미어 부인의 부채〉에서 쌍안경으로 프레임 잡힌 에를린 부인(아이린 리치) | 116

그림 8. 에를린 부인에 대한 윈더미어 경(버트 라이텔)의 관심을 달링턴 경(로널드 콜먼)이 알아차린다 | 117

그림 9. 달링턴 경과 윈더미어 경이 프로그램에 관심이 있는 척한다 | 118

그림 10. 남자들이 몸을 돌려 에를린 부인을 본다 | 119

그림 11. 앨프레드 히치콕의 〈오명〉에서 경마 | 120

그림 12. 〈피버 피치〉에서 폴 애쉬워스(콜린 퍼스) | 126

그림 13. 〈오명〉에서 앨리샤 휴버먼(잉그리드 버그만)이 커피잔을 바라본다 | 134

그림 14. 〈오명〉의 커피잔 | 135

그림 15. 〈더 퀸〉에서 엘리자베스(헬렌 미렌)이 크럼핏을 포기한다 | 142

그림 16. 〈더 퀸〉에서 엘리자베스가 카메라에 등을 보이고 운다 | 143

그림 17. 〈라운더스〉에서 마이크 맥더못(맷 데이먼) | 146

그림 18. 〈퀴즈 쇼〉에서 허비(존 터투로)가 찰스(레이프 파인스)를 지켜본다 | 152

그림 19. 허비가 모퉁이 뒤로 물러선다 | 153
그림 20. 〈오피스〉에서 돈(루시 데이비스)과 데이비드(저베이스) | 164
그림 21. 인형을 만지는 아이 | 176
그림 22. 〈남태평양〉에서 넬리(미치 게이너)가 노래하면서 생각한다 | 197
그림 23. 〈남태평양〉에서 에밀(로사노 브라치)이 노래하면서 생각한다 | 198
그림 24. 〈아가씨와 건달들〉에서 말론 브란도 뒤의 정지 프레임 숏 | 200
그림 25. 〈마이 페어 레이디〉: "내 슬리퍼는 어디 있지?"(렉스 해리슨과 오드리 햅번) | 203
그림 26. 〈일요일에 공원에서 조지와〉 드레스 옆 무대 위에서 활보하는 도트(버나뎃 피터스) | 206
그림 27. 도트(버나뎃 피터스)가 조지(맨디 파틴킨)를 위해 포즈를 취한다 | 207
그림 28. 〈시카고〉에서 록시 하트(르네 젤위거)가 "유쾌한 연인"을 부른다 | 209
그림 29. 장 밥티스트 시메옹 샤르댕, 〈비눗방울〉 | 223
그림 30. 페테르 파울 루벤스, 〈자택 정원에서 헬렌 푸르망과 함께한 자화상〉 | 232
그림 31. 조제프 마리 비앙, 〈은둔자〉 | 235
그림 32. 프랑수와 앙드레 뱅상의 〈벨리사리우스〉 | 241
그림 33. 장 바티스트 그뢰즈, 〈효심〉 | 244
그림 34. 윌리엄 헨리 미드우드, 〈기술자의 물레〉 | 257
그림 35. 존 콜리어, 〈고백〉 | 261

옮긴이 후기

리사 전샤인의 『너의 머릿속으로 들어가기』(이하 『너의 머릿속으로』)는 도서출판 b를 든든한 플랫폼으로 삼아 출항하는 서사학 총서 프로젝트의 첫 책이다. 세계의 서사학자들이 과거에 구축했으며 지금 새롭게 구축하고 있는 것들을 빠르고 정확하게 이곳에 옮겨놓으려는 바람을 품은 프로젝트. 이 프로젝트 자체는 몇 년 전 나의 머릿속에서 나왔다. 그렇지만 나중에 출판사 기획위원인 문형준 선생이 프로젝트의 중요성을 알아보고 동참하였다. 총서의 다음 책은 그가 선택하여 번역한 책이 될 것이다.

『너의 머릿속으로』는 서사학 용어들을 몰라도 읽을 수 있다는 장점을 가진 — 또는 서사학 하면 구조주의 서사학을 떠올릴 사람들에게는 도무지 서사학 책 같지가 않은 — 서사학 책이다. 이 책에 등장하는 중요한 서사학 용어로는 "믿을 수 없는 서술자" 정도가 다이다. 대신 이 책에는 "마음 이론"이라는 인지심리학 용어가 등장한다. 고전 서사학의 강력한 이론적 토대가 구조주의였다면, 오늘날 전샤인 같은 새로운 서사학자의 강력한 이론적 토대 중 하나는 인지과학이다.

마음 이론이란 "행동을 밑에 깔린 마음 상태에 의해 야기된 것으로 보게 만드는 진화된 인지적 적응"(20쪽)을 가리키는 말이다. 이 인지적 적응 내지는 능력 덕분에 우리 사피엔스는 사람들의 표정이나 몸짓을 보면서 그들의 마음 상태를 추측한다. 이 책을 포함해서 전샤인의 주요 작업들에서 이 개념은 기본 개념 역할을 한다.

그런데 이 개념이 정작 학계의 전통적 서사학자들에게 생소할 수는 있겠지만 일반독자들에게는 그렇지 않을 수도 있다. 인지-진화적 접근을 하는 뛰어난 교양서들이 넘쳐나는 오늘날, 가령 헤어와 우즈의 베스트셀러 『다정한 것이 살아남는다』의 중심 개념이 바로 마음 이론이라는 사실은 놀랍지 않다.[1] 마음 이론 내지는 마음 읽기는 실생활에서 언제나 중요했지만[2] 이제 이론도 이를 알아보는 때가 되었으며, 그런 이론을 또한 일반인들이 알아보는 때가 되었다.

실생활에서 언제나 중요한 이 마음 이론이 소설을 읽거나 영화를 볼 때도 활발하게 작동한다는 것을 이제 여기서 전샤인은 알아본다. 이 책의 논증적 골자를 제시하고 있는 마지막 장 「코다」에서 첫 두 항목을 여기 가지고 와보자.

> 마음 이론은 실생활 사회적 상호작용들에 수반된 마음 상태들을 추적하기 위해 진화했다. / 하지만 어떤 수준에서는 우리의 마음 이론 적응들은 실제 사람들의 마음 상태와 허구 캐릭터들의 마음 상태를 안 구별한다.

마음 이론의 어떤 특이한 성질 때문에 우리는 실생활에서 허구로 쉽게 넘어올 수 있다. 실제 사람들의 마음 상태와 허구 캐릭터들의 마음 상태를 안 구별하는 그것의 성질, 또는 어디서든 마음 읽기를 하려는 그것의 욕심. "우리의 마음 읽기 인지 적응들은 난잡하고 게걸스럽고 선제적이다."(30쪽)

---

1 브라이언 헤어, 버네사 우즈, 『다정한 것이 살아남는다』, 이민아 옮김(디플롯, 2021).
2 어쩌면 가장 중요했지만 — 즉 사랑을 위해서도 우리는 마음을 읽어야 한다. 상대의 마음을 읽는 일만 중요한 것이 아니다. 그것이 너무나도 중요한 〈나는 솔로〉를 시청하면서 우리는 출연자들이 종종 자기 마음을 읽으려고 — 즉 자기 마음이 누구에게 정말로 끌리는지를 확인하려고 — 노력하는 것을 볼 수 있다. 그런 것들이 정말로 중요하겠다고 기꺼이 생각하면서 우리는 그런 것들을 지켜본다.

이런 마음 이론을 진화를 통해 장착한 우리를 전샤인은 "욕심 많은 마음 읽는 이들"이라고 부른다. 그리고 지금 우리가 아는 바로서의 우리의 그 문화를 — 소설, 영화, 모큐멘터리, 리얼리티 TV, 뮤지컬, 회화 등등을 — "욕심 많은 마음 읽는 이들의 문화"라고 부른다.

이러한 것을 배경으로 했을 때, 전샤인의 이 작업에서 가장 기본적으로 인상적인 것은 시대와 민족을 가리지 않는 저 다양한 문화적 장르들에서 그녀가 정말로 공통 패턴을 발견한다는 것이다. 우리의 문화가 욕심 많은 마음 읽는 이들의 문화일 때 그녀는 그 모든 곳에서 "체화된 투명성"의 사례들을 발견한다. 몸이 투명하게 마음을 드러내는 순간들을. "허구 서사들 안에서 캐릭터의 몸 언어가 캐릭터의 감정을 (…) 본의 아니게 누설하는 순간을 묘사하기 위한 특별한 용어를 나는 생각해 내었다. 그것을 나는 체화된 투명성이라고 부른다."(54쪽)

전샤인은 이 체화된 투명성이 "산문 허구에는 상대적으로 드물다면, 영화, 뮤지컬, 회화, 리얼리티 쇼 같은 시각 매체에는 풍부하게 있다"라고 관찰한다. 물론 "그렇기에 마음에 이르는 직통로로서 몸에 초점을 맞추게 되면 다양한 문화 현상들을 바라보는 새로운 방법들이 열리게 된다."(56쪽)

체화된 투명성이 소설에서 상대적으로 드문 이유는 소설에서는 "보여주기"가 아니라 "말하기"가 가능하기 때문일 것이다. 즉 소설에서는 "체화된 투명성에 의지하지 않고서 '허구 인물들이 무엇을 생각하고 있는지' 말하는" 것이 가능하다. 전샤인이 2장을 그런 사례들을 제시하면서 끝맺고 있듯이 — "레빈은 이날 밤 부인들과 함께 있는 것이 견딜 수 없을 만큼 따분했다."(82쪽)

이 책의 전작 『우리는 왜 허구를 읽는가』[3]에서 전샤인은 소설, 특히 "우리의 마음 읽기 적응들의 균형을 계속 깨뜨리면서 그 적응들과 놀이[하

---

3   Lisa Zunshine, *Why We Read Fiction: Theory of Mind and the Novel* (Columbus: The Ohio State University Press, 2006).

는]"(56쪽) 모더니즘 소설, 믿을 수 없는 서술자를 등장시키는 소설, 탐정 소설에 집중한다. 마음을 직접 말해주면 모든 것이 너무 단순할 것 같아도 꼭 그렇지는 않기 때문이다. 예를 들어, "내가 안다는 것을 너가 안다는 것을 내가 안다"의 경우처럼 "안다"는 것을 직접 말로 드러내더라도 마음 읽기는 복잡해질 수 있다. 하나의 마음속에 다른 마음이 삽입될 수 있고 그 삽입이 겹겹이 일어날 수 있기 때문이다. 이처럼 특정 소설들이 우리를 복잡한 마음 읽기 상황으로 내몬다면,[4] 체화된 투명성은 그 복잡한 사회적 상황에서 마음을 투명하게 읽어내는 짜릿한 경험을 제공하며, "실제 삶에서는 절대 충분하게 못 얻는 타인들의 마음에 대한 직접 접근을"(56~57쪽) 제공한다.

전샤인은 『너의 머릿속으로』의 5장부터 10장까지 시각 매체의 체화된 투명성을 다룬다. 그전까지는 산문 허구에 머무는데, 그렇지만 특히 2장에서는 산문 허구의 사례들에서 투명성을 위한 세 가지 규칙, 즉 대조, 일시성, 투명성의 규칙을 추출해낸다.

> 산문 허구에서 체화된 투명성의 순간을 구성하기 위한 세 가지 "규칙"이 있는 것 같다. 첫째 규칙은 **대조**이다: 캐릭터의 투명성이 다른 캐릭터나 조금 전이나 후 같은 캐릭터의 상대적 투명성 결여와 대비하여 예리하게 돌출하는 맥락을 작가는 쌓아 가야 한다. 둘째 규칙은 **일시성**이다: 투명성의 사례들은 그럴 듯 하려면 잠깐이어야 한다. 셋째 규칙은 **자제**이다: 캐릭터들은 대개 자기감정을 숨기려고 분투하며, 그렇게 함으로써 투명해진다. (65쪽)

이 규칙들은 소설에만 적용되는 규칙이 아니라 이 책에서 다루는 다양한

---

[4] 이를 참지 못한 스티븐 핑커는 『빈 서판』에서 모더니즘 소설의 난해함을 격렬하게 비판한다.

문화적 장르들에 장차 적용될 규칙이다. 그렇다고 모든 장르들에 똑같은 방식이나 정도로 적용되는 것은 아닌데, 여기서 그러한 세부 내용까지 미리 말하지는 않겠다.

여하튼 전샤인은 이 책에서 저 다양한 문화적 장르들에서 실로 패턴과 규칙을 발견하며, 따라서 나는 여기서 그녀가 자신의 연구를 "인지 문화 연구"(14쪽, 강조 추가)라고 부르는 것이 지극히 정당하다고 말할 수 있다.

이 "인지 문화 연구"라는 말이 서사학의 보편적 잠재력을 이미 암시하고 있다고 할 때, 나는 이제 이 책에서 전샤인이 말하지 않는 한 가지 함축을 끄집어내려고 한다. 마음 이론을 기본 개념으로 삼고 있는 그녀의 작업들이 품고 있는 함축. 그러니까, 우리가 현실 세계에 적용하라고 진화된 능력을 허구 세계에 적용한다는 말은 거꾸로 허구 세계를 마치 현실 세계인 양 다룬다는 뜻이다. 그렇기에, 바로 그렇다는 것을 — 즉 현실 세계에 적용하라고 진화된 마음 이론이 허구 세계에 적용된다는 것을 — 정말로 충분히 보여주는 그녀의 작업은 허구 세계에 대한 탐구가 어떤 의미에서는 현실 세계에 대한 탐구이기도 하다는 것을 함축한다. 가령 허구 캐릭터에 대한 탐구는 어떤 의미에서 현실의 인간에 대한 탐구라는 것을.

*

현실이 아니라 허구적 서사라는 맥락에서 마음 이론을 이처럼 정말로 충분하게 강조하는 일이 — 금방 언급한 함축을 경유하여 — 이르게 되는 한 가지 귀결은 서사학이 단적으로 인문학과 비슷한 말이 된다는 것이다. 또는 전통적 인문학보다도 인간 세계의 원리들을 더 깊게 파고든다는 것이다. 말하자면 그것은 모형 인간 세계에 대한 탐구 같다. 그리고 그런 한에서, 비록 내가 전문적 서사학 용어들이 거의 등장하지 않는 이 책을 서사학 총서 첫 책으로 택하기는 하였어도, 그 용어들 중 적어도 일부는 장차 인문학 자체의 용어가 되어야 할지도 모른다.[5] 그리고 서사학 용어들이 인문학의 용어가 되는 훗날 지금을 되돌아볼 때, 인문학이 서사학의 매개 없이 인간 세계를 다루었던 시절이 있었다는 것을 회상하게 될 것이다. 그리고 그 시절 비평의 용어들은 서사학의 용어들이 아니라 철학의 용어들이었다는 것도.

서사학 총서를 처음 구상했을 때의 나의 바람을 금방 내비치기는 하였어도, 그 바람이 서사의 중요성에 대한 일반적 인식의 증대와 서사학의 비약적 발전에 대한 나의 개인적 자각에 근거하고 있다는 것을 덧붙이고 싶다.

한편으로, 서사나 스토리텔링에 대한 관심이 점점 커지고 있다. 재미난 서사에 대한 관심을 말하는 것이 아니다. 사람들이 사는 곳에 그 관심은 언제나 있어 왔다. 서사의 중요성에 대한 관심을 말한다. 그 관심은 더 이상 작가들만의 관심이 아니다. 예를 들어, 요즘 정치인들은 이제 그들의 게임이나 선수가 어떻게 하면 흥미롭고 감동적인 서사를 만들 수 있는지를 고민하기 시작했다. 얼마 전 그들은 레이코프의 책[6]을 읽고 프레임의 중요성을 알아차렸다. 하지만 이제는, 어떤 책을 읽었는지는 모르겠으나, 서사의 중요성에 마땅히 주목하고 있으며, 실제로 "서사"라는 말 자체를 자주 언급한다. 어떤 책을 읽었는지 모르겠는 것은 서사의 중요성을 알려주는 책이 없기 때문이 아니다. 너무 많기 때문이다.

학계로 범위를 좁히면, 이제 서사는 문학 연구자만의 관심이 아니라

---

5   우리는 소설가가 아니더라도 서사적 동물이며, 늘 이야기를 하며 살아간다. 그렇게 살아가다가 혹시 어떤 사람의 이야기 말하기가 의심스러울 때 우리는 "믿을 수 없는 서술자"를 발견한다. 서술자란 진술의 발화자를 말하는 것이 아니라 특별히 이야기를 말하는 자를 가리키며, 따라서 믿을 수 없는 서술자는 단순한 거짓말쟁이와 구별된다. 예를 들어, 내란 법정에서 윤석열이 단순히 '네, 아니오'로 답하는 것이 아니라 이야기를 지어낼 때, 우리는 거짓말쟁이가 아니라 믿을 수 없는 서술자를 보고 있는 것이다. 그리고 새로운 (서사학적) 용어의 획득으로 인문학은 잠재적으로 부유해진다.

6   조지 레이코프, 『코끼리는 생각하지 마』, 유나영 옮김(와이즈베리, 2015).

과학자의 관심이 되었다. 인간에 대해 인지적-진화적 접근을 하는 과학자들은 서사 능력을 인간의 핵심 능력으로 보기 시작했다. 다양한 학자들이 진화와 서사의 본성을 다룬 『문학적 동물』에는 과학자 E. O. 윌슨과 문학비평가 프레더릭 크루스가 쓴 서문이 실려 있는데, 그 제목이 각각 "과학 편 서문"과 "문학 편 서문"이다. 서사는 이제 문학과 과학의 공통 관심사가 되었다.[7]

다른 한편으로, 서사의 중요성에 대한 관심의 이와 같은 급증 내지는 일반화에도 불구하고 한 가지 이상한 점이 있다면 그것은 이런 것이다. 우리는 관심 있는 주제가 생기면 그 주제를 연구하는 분야에도 관심을 기울인다. 따라서 서사에 관심이 생긴 학자라면 그 주제를 연구하는 분야의 책을 찾아 읽어야 할 것이다. 그리고 그 분야의 이름이 서사학이다. 다른 이름이 어떻게 있을 수 있겠는가? 그렇지만 이상하게도 서사의 중요성에 대한 점증하는 인식은 서사학의 중요성에 대한 인식으로 이어지지 않고 있다. 아직 한국에서는 그렇다는 말인데, 왜냐하면 서양에서 지난 몇십 년 동안 서사학은 구조주의적 "고전 서사학" 시기를 지나 빠르게 학술적 업적들을 쌓아가고 있기 때문이다. 그중 인상적인 것으로는 구술 서사학(윌리엄 라보브), 가능세계 서사학(루보미르 돌레첼, 마리-로어 라이언), 자연적 서사학(모니카 플루더닉), 인지 서사학(데이비드 허먼, 리사 전샤인) 등이 있다.[8]

도서출판 b의 서사학 총서 프로젝트를 통한 나의 일차적 계획은 고전

---

7 Jonathan Gottschall and David Sloan Wilson, eds., *The Literary Animal* (Evanston, Il: Northwestern University Press, 2005). 양쪽 편 학자들이 문학을 공유하는 것만이 아니다. 양쪽 모두를 전공한 학자들이 등장하기 시작했다. 문학 연구서로 드물게 베스트셀러가 된 『우리는 지금 문학이 필요하다』의 저자 앵거스 플레처는 문학 연구자이자 뇌과학자이다. 본서의 저자 리사 전샤인도 그렇다. 그녀의 이론적 기반은 인지과학이며, 이미 보았듯이 자신의 연구를 "인지 문화 연구"라고 부른다.

8 비교적 최근의 서사학 연구들을 소개한 서사학 입문서로는 H. 포터 애벗, 『서사학 강의』, 우찬제 외 옮김(문학과지성사, 2010)을 볼 것.

서사학과 현대 서사학의 핵심 문헌들을 빠르고 정확하게 한국어로 소개하는 것이다. 이와 관련해서 나는 문형준 선생과 내가 똑같은 목표를 가지고 있다고 생각하지 않으며,[9] 그렇기에 이 프로젝트는 내가 아직 알지 못하는 풍부함과 다채로움을 품고 있다고 말할 수 있다.

끝으로 번역과 관련해서 한 마디를 덧붙이려고 한다. 나는 이 번역서에서 평어 번역을 시도하였다. 가령, 전샤인이 예로 드는 작품들에 나오는 대화를 번역할 때 존댓말 내지는 존비어 체계를 사용하지 않았다.[10] 또한 전샤인이 독자 여러분을 지칭할 때 사용하는 "you"를 "너"로 번역하였다. 한편으로 이러한 번역은 독자들에게 어색하게 느껴질 것이다. 하지만 그렇기에 다른 한편으로 나는 평어 번역이 더 늘어나기를 바란다. 즉 서양물 번역에서 평어 생태계가 충분히 넓어지기를 바란다.

이제 세계적 문화 현상이 되어버린 〈케이팝 데몬 헌터스〉에는 알다시피 영어 가사에 한국어 가사가 섞인 노래들이 있다. 당연한 일이지만 그 한국어 가사는 존댓말이 아니라 반말 내지는 평어이다. 영어와 한국말을 오가는 이 당연한 감수성이 나는 번역에도 스며들었으면 한다. 말에도 위아래가 있는 현실이 더 이상 당연하게 느껴지지 않았으면 한다. 아름다운 너의 얼굴을 향해 살짝 고개를 돌릴 수 있도록.

2025년 10월 20일
이성민

---

9   개인적 소통을 통해 그는 자신의 관심사가 "이론뿐 아니라 이론을 바탕으로 현대 (한국) 사회를 서사적으로 이해하고 설명하는 일"에 있다는 것을 알려주었다.
10 평어와 존비어 체계에 대해서는 이성민, 『말 놓을 용기』(민음사, 2023)를 볼 것.

찾아보기

ㄱ

감정
 ~과 감상주의 246, 247, 248
 ~과 경마 112, 114~115, 147~148
 ~과 극장 101~102, 105~106
 ~과 노래하기 193
 ~의 내보임 23, 28~29
 ~과 대조의 규칙 166
 ~과 리얼리티 TV, 150~151, 183~184
 ~과 중국 고전극 211, 214
 ~과 사드적 은인 88, 90, 92
 ~과 사진 175~177
 ~과 시네마 베리테 167~170
 ~과 영화 134~145, 150~155
 ~과 허구 54
 ~의 억제 73~75
 실제 삶 대 문화적 표상에서 59~60, 65
감상주의sentimentalism 90, 107, 246~249
개릭, 데이비드Garrick, David 110
갤러거, 캐서린Gallagher, Catherine 44
거스리, 스튜어트Guthrie, Stewart 32
거울 뉴런mirror neurons 22, 23, 24, 25, 30, 226

게보르키안, 나탈리아Gevorkian, Natalia 148
게이너, 미치Gaynor, Mitzi 196
겔먼, 수전Gelman, Susan 224
고메즈, 후안Gomez, Juan 21
고프먼, 어빙Goffman, Erving 40
골드만, 앨빈Goldman, Alvin I. 23
곰브리치, 에른스트Gombrich, Ernst 65
그로스, 제임스Gross, James J. 73
그로스만, 토비아스Grossman, Tobias 32
그래픽 서사graphic narratives 35, 237
그랜트, 캐리Grant, Cary 99, 119
그린블랫, 스티븐Greenblatt, Stephen 44
그뢰즈, 장 바티스트Greuze, Jean Baptiste 239
〈김미 셸터Gimme Shelter〉(다큐멘터리) 172
깁슨, 멜Gibson, Mel 76, 78, 81

ㄴ

〈남태평양South Pacific〉(영화) 195~200
네틀, 대니얼Nettle, Daniel 21
〈노 라이즈No Lies〉(영화) 173
누스바움, 마사Nussbaum, Martha 24
『뉴요커New Yorker』 147

〈뉴욕타임스〉 147, 148
뉴컴, 앤서니Newcomb, Anthony 211

ㄷ

다넬, 마이크Darnell, Mike 186
다비드, 자크 루이David, Jacquez-Louis 172, 240, 241, 242, 243
다서, 베레나Dasser, Verena 21
다우드, 모린Dowd, Maureen 147
다이애나 공주 141, 142, 143, 144, 145
〈당신의 집을 고쳐드립니다Extreme Makeover: Home Edition〉(TV 시리즈) 184
대조의 규칙rule of contrasts 75, 222, 237, 262
　　〈마이 페어 레이디〉에서 202, 203
　　몰입 그림에서 222, 237
　　『오만과 편견』에서, 71, 74, 140
　　〈오피스〉에서, 163, 164, 165, 166
　　『하우 투 비 굿』에서 104
　　청혼 구도에서, 255, 256
더 퀸Queen, The → 프리어스
더튼, 데니스Dutton, Denis 36
던, 마이클Dunne, Michael 193
던바, 로빈Dunbar, Robin 21
데닛, 대니얼Dennett, Daniel 21, 45, 61
데비스, 아서Devis, Arthur 231
데이비스, 루시Davis, Lucy 164
〈독신남Bachelor〉(TV 시리즈) 184
뒤샹, 마르셀Duchamp, Marcel 225
드류, 로버트Drew, Robert 168
드세이, 나탈리Dessay, Natalie 217
디드로, 드니Diderot, Denis 221, 237, 244
디사나야케, 엘렌Dissanayake, Ellen 233
디포, 다니엘Defoe, Daniel,『로빈슨 크루소』 83

딕슨, 바바라Dixon, Barbara 185
딕슨, 피터Dixon, Peter 131
딜런, 밥Dylan, Bob 215

ㄹ

라마찬드란Ramachandran, V. S. 230
〈라운더스Rounders〉(영화) 146
랜서, 수잔Lanser, Susan 214
〈러시즈Rushes〉(영화) 173
레드포드, 로버트Redford, Robert 149
레빈, 데이비드 마이클Levin, David Michael 33
레인, 앤서니Lane, Anthony 140
레오나르도 다 빈치
　　〈모나리자〉 13, 231, 233
　　〈최후의 만찬〉 226
레인스, 클로드Rains, Claude 119
레자, 야스미나Reza, Yasmina,『아트Art』 229, 230
렘닉, 데이비드Remnick, David 147
로저스, 리처드Rodgers, Richard 195
로치, 조셉Roach, Joseph 41
로커먼, rmf로리아Lockerman, Gloria 157
롤링 스톤스Rolling Stones 172
롱인, 셰릴Longin, Sheryl 188
루벤스, 페테르 파울Rubens, Peter Paul 219, 231
루비치, 에른스트Lubitsch, Ernst,〈윈더미어 부인의 부채Lady Windermere's Fan〉 115~119
루빈, 필립Rubin, Philip 15
루소, 장 자크Rousseau, Jean-Jacques,『에밀』 90~92, 97
루쉬, 장Rouch, Jean 170
루오, 뤄위안Luo, Yuyan 28

루핀, 에이탄 Ruppin, Eytan 22
러셀, 제임스 Russell, James A. 68
라이든, 호프 Ryden, Hope 168
리드, 루 Reed, Lou 217
리처드슨, 새뮤얼 Richardson, Samuel, 『클러리사』 102, 106, 107, 109
리처드슨, 앨런 Richardson, Alan 15, 132
리촐라티, 자코모 Rizzolatti, Giacomo 23
린덴버거, 허버트 Lindenberger, Herbert 227
로페이트, 필립 Lopate, Phillip 58

ㅁ

마멧, 데이비드 Mamet, David 137, 138
마샬, 롭 Marshall, Rob 208, 209
마음 이론 theory of mind 13, 20~23, 25~26, 267
　～과 감상주의 246~249
　～과 감정 내보임에 대한 문화적 규칙들 29, 30~37
　～과 극장 101
　～과 노래하기 210~218
　～과 대화 그림 231~233
　～과 리얼리티 TV 186~190
　～과 문제 그림 259~265
　～과 미술 223~235
　～과 본질주의적 사고 63
　～과 불연속적 의식 63
　～과 서사 발라드 215, 217
　～과 얼굴 표정 33
　～과 영화 131~133
　～과 체화된 투명성 54, 56, 57, 58, 60
　～과 허구 54, 55
　～ 대 텔레파시 13, 25
　잘못 읽기로서 20
　문화를 가능하게 만드는 바로서 30

～에 대한 오개념들 21~30
　유아들에게서 28
마음 읽기 → 마음 이론
마음 읽기의 사회적 즐거움 55, 127, 134, 137, 139, 140, 190, 218, 251, 267
〈마이 페어 레이디 My Fair Lady〉(영화) 191, 194, 202, 203
마이어스, 세스 Meyers, Seth 147
마이클스, 월터 벤 Michaels, Walter Benn 87
마제티, 마크 Mazzetti, Mark 148
맥긴, 콜린 McGinn, Colin 63, 82, 131, 132
맥레인, 베시 McLane, Betsy A. 167, 169, 172
맥밀린, 스콧 McMillin, Scott 193, 194, 195
맥코나치, 브루스 McConachie, Bruce 15, 132
맨싱, 하워드 Mansing, Howard 15
머천트, 스티븐 Merchant, Stephen 164, 165, 166
메를로-퐁티, 모리스 Merleau-Ponty, Maurice 24
〈메릴리 위 롤 얼롱 Merrily We Roll Along〉(뮤지컬) 10, 191, 205, 294
메이슬스, 앨버트 Maysles, Albert 171
메이슬스, 데이비드 Maysles, David 171
모주힌, 이반 Mozzhukhin, Ivan 140
『몬테크리스토 백작』(뒤마) 87
〈몰래 카메라 Candid Camera〉(TV 시리즈) 186
몰입 그림
　～과 감상주의 243~251
　～과 마음 읽기의 패턴 231, 233~235
　～과 일시성과 대조의 규칙 236~238
　～과 체화된 투명성, 222~223, 238~243, 250~252
몽타주 montage 133
무다, 밥 Zmuda, Bob 178

문제 그림problem pictures 259~265
미드, 레베카Mead, Rebecca 217
미드우드, 윌리엄 헨리Midwood, William Henry, 〈기술자의 물레At the Crofter's Wheel〉 256, 257
미렌, 헬렌Mirren, Helen 129, 141, 142
미학aesthetics 225, 230, 251
믿을 수 없는 서술unreliable narration 55, 65, 94, 95, 96, 97
밀러, 스콧Miller, Scott 203

ㅂ

바르뎀, 하비에르Bardem, Javier 140
바르트, 롤랑Barthes, Roland 64, 175
바우만, 멜리사Bauman, Melissa D. 24
바이야르종, 르네Baillargeon, Renee 28
반스, 제니퍼Barnes, Jennifer 54
배럿, 리사 펠드먼Barrett, Lisa Feldman 68
배런-코언, 사이먼Baron-Cohen, Simon 21, 33, 45
뱔랭, 파스칼Belin, Pascal 189
버그만, 잉그리드Bergman, Ingrid 119
버니, 프랜시스Burney, Frances, 『에블리나』 109
버뮬, 블레이키Vermeule, Blakey 15, 88, 132, 145
버트, 조지Butte, George 24
버틀러, 에밀리Butler, Emily A. 73
버틀러, 주디스Butler, Judith 42
번, 리처드Byrne, Richard W. 21
베링, 제시Bering, Jesse M. 33, 34
베터튼, 토머스Betterton, Thomas 110
벨라스케스, 디에고Velasquez, Diego, 〈시녀들Las Meninas〉 231
보가트, 험프리Bogart, Humphrey 129, 137,

138
보렌슈타인, 엘하난Borenstein, Elhanan 22
보르톨루시, 마리사Bortolussi, Marisa 131
「보지가 말하게 만든 기사Le chevalier qui fist parler les cons」(우화시) 76, 78
볼튼, 모린 배리 맥캔Boulton, Maureen Barry McCann 213, 214
부스, 바튼Booth, Barton 110
부스, 웨인Booth, Wayne 64
브라치, 로사노Brazzi, Rossano 198
브란도, 말론Brando, Marlon 199
브래니건, 에드워드Branigan, Edward 131
브레너, 케네스Branagh, Kenneth 201
브룩스, 클린스Brooks, Cleanth 214
『브리짓 존스의 애인Bridget Jones: The Edge of Reason』(필딩) 74, 75
블레어, 로버트 제임스 리처드Blair, Robert James Richard 29
블룸, 폴Bloom, Paul 15, 23, 54, 165, 224
〈비눗방울Soap Bubbles〉 219, 221, 223, 233, 239, 240
비앙, 조제프 마리Vien, Joseph-Marie 234, 235
〈비우티풀Biutiful〉(영화) 140
비즈업, 조셉Bizup, Joseph 15
비츠, 에블린 버지Vitz, Evelyn Birge 15, 77, 216
뱅상, 프랑수와 앙드레Vincent, François-André, 〈벨리사리우스Belisaire〉 241
빈튼, 바비Vinton, Bobby 248

ㅅ

사드적 은인sadistic benefactors
『심벨린』에서 88
~의 정의, 88

『에밀』에서 90, 92
~과 윤리 88
〈파이크 클럽〉에서 92, 94, 95
『오필리아의 역사』에서 88, 89
~과 믿을 수 없는 서술 94, 97
사회 인지적 복잡성 sociocognitive complexity 69, 243
〈살롱 Salon〉(잡지) 147
새버리즈, 에밀리 손튼 Savarese, Emily Thornton 55
새버리즈, 랄프 제임스 Savarese, Ralph James 15, 29, 55
〈새터데이 나이트 라이브 Saturday Night Live〉 178
색스, 레베카 Saxe, Rebecca 21
샤니 우르, 탈 Shany-Ur, Tal 28
샤르댕, 장 밥티스트 시메옹 Chardin, Jean-Baptiste-Siméon 236, 237, 239, 247, 250
샤마이 추리, 시몬 Shamay-Tsoory, Simone G. 28
『서상기 The Story of the Western Wing』(왕실보) 211~213
세르토, 미셸 드 Certeau, Michel de 41
세이파스, 로버트 Seyfarth, Robert M. 68
셔델할, 피터 Schjeldahl, Peter 225
셰스킨, 마크 Sheskin, Mark 15, 204, 205, 217
셰익스피어, 윌리엄 Shakespeare, William
  『심벨린』 87, 88
  『햄릿』 102~103, 200~201
셰틀리, 버논 Shetley, Vernon 15
소스, 제임스 Sorce, James F. 32
손드하임, 스티븐 Sondheim, Stephen 15, 191, 204, 205, 206, 208, 217
손탁, 수전 Sontag, Susan 175
송, 현주 Song, Hyun-joo 28

쇼베, 장 마리 Chauvet, Jean-Marie 233
〈쇼보트 Show Boat〉(뮤지컬) 194
슈텐버그, 미르 Sternberg, Meir 64
슐츠, 로버트 Schultz, Robert T. 32
스미스, 그렉 Smith, Greg M. 132
스캐리, 일레인 Scarry, Elaine 15, 132
스타, 가브리엘 Starr, Gabrielle 15, 132
스턴, 사이먼 Stern, Simon 15
스톤, 밸러리 Stone, Valerie E. 21
스톤, 스콧 Stone, Scott A. 186
스틸러, 제임스 Stiller, James 21
〈스팅 The Sting〉(영화) 145
스페르베르, 당 Sperber, Dan 46
스폴스키, 엘렌 Spolsky, Ellen 15, 41, 46, 62, 73, 132
시네마 베리테 cinéma vérité 167, 168, 169, 170, 173, 174, 175
시든스, 헨리 Siddons, Henry 110, 111
시든스, 세라 Siddons, Sarah 110
『실용적 예시 Practical Illustrations』(시든스) 110~111
〈시카고〉(영화) 191, 208, 209
시트론, 마르시아 Citron, Marcia J. 211
〈실버레이크 라이프: 여기로부터의 시선 Silver Lake Life: The View from Here〉(다큐멘터리) 172

ㅇ

〈아가씨와 건달들 Guys and Dolls〉(영화) 199
아렌트, 한나 Arendt, Hannah 33
아리스토텔레스 Aristotle 24
아베이트, 캐럴린 Abbate, Carolyn 211
아우어바흐, 에리히 Auerbach, Erich 24
알다마, 프레드릭 루이스 Aldama, Frederick Luis 15, 131

알리스, 프랑시스Alys, Francis 225
애벗, 포터Abbott, Porter 313
앤더슨, 바버라 피셔Anderson, Barbara Fisher 131
앤더슨, 조셉Anderson, Joseph D. 131
앱티드, 마이클Apted, Michael 172
오스틴, 마이크Austin, Mike 15, 131
오스틴, 제인Austin, Jane
　『에마Emma』 83
　『오만과 편견Pride and Prejudice』 67, 69, 74, 140, 238
　『설득Persuasion』 51, 52, 53, 57, 69, 72
오영, 일레인Auyoung, Elaine 15
『아메리칸 사이코American Psycho』(소설) 87
〈아메리칸 아이돌American Idol〉(TV 시리즈) 181, 187
아스날 122, 123, 124, 125
『안나 카레니나』(톨스토이) 112, 113, 121
〈업〉 시리즈UP Series(다큐멘터리) 172
에른스트, 막스Ernst, Max 227
『에밀』(루소) 90~92, 97
『에블리나Evelina』(버니) 109, 110
에크먼, 폴Ekman, Paul 68
엘리엇Eliot, T. S. 217
엘리스, 잭Ellis, Jack C. 167, 169, 170, 172
열한 시 넘버eleven-o'clock numbers 191, 204, 205
〈예비선거Primary〉(다큐멘터리) 168, 169
〈오만과 편견〉(영화) 70, 71, 140
〈오명Notorious〉(히치콕) 119, 129, 133, 134, 135, 139
오바마, 버락Obama, Barack 147, 148, 149
〈오션스 일레븐Ocean's Eleven〉(영화) 145

오페라 194, 210, 211, 213, 216
〈오페라의 유령Phantom of the Opera〉(뮤지컬) 194
〈오피스The Office〉(TV 시리즈) 163~167, 173~174, 178, 183
올리비에, 로렌스Olivier, Laurence 200, 201
와이즈먼, 프레더릭Wiseman, Frederick 170
〈왓 위민 원트What Women Want〉(영화) 76, 78
왕실보Wang, Shifu, 『서상기』→『서상기』
요나스, 한스Jonas, Hans 33
욕심 많은 마음 읽는 이들의 문화
　~와 감상주의 248
　~와 극장 101
　~와 리얼리티 TV 187~188
　~와 미술 227, 233, 265
　~의 정의 33~34, 44, 267
　~와 영화 131, 145
　체화된 투명성을 위한 맥락을 전복하는 바로서 127
우드, 에반 레이첼Wood, Evan Rachel 216
워렌, 로버트 펜Warren, Robert Penn 214
월록, 알렉스Woloch, Alex 65
웨일런, 더그Whalen, Doug 15
위지Weegee 175, 176
〈윈더미어 부인의 부채Lady Windermere's Fan〉(루비치) 115~119
〈육만 사천 달러 질문The $64,000 Question〉, (TV 시리즈) 157, 158
윈토닉, 피터Wintonick, Peter 169, 170
유, 앤서니Yu, Anthony C. 64, 211, 217
윤리 67, 73, 78, 81, 88
〈의자The Chair〉(다큐멘터리) 169
이스털린, 낸시Easterlin, Nancy 15, 132
인지 문화 연구 14

일시성의 규칙 67, 73, 78, 81
  ~과 감정 누출 68
  ~과 무대 독백 201
  ~과 믿을 수 없는 서술 93
  ~과 윤리 67, 73, 78
  ~과 축구 125, 126, 127
  〈남태평양〉에서 199~200
  몰입 그림에서 222, 235~237
  뮤지컬에서 197, 199
  『실용적 예시Practical Illustrations』에서 111
  〈아가씨와 건달들〉에서 199, 200
  『오만과 편견』에서 69, 71
  〈오피스〉에서 166
  청혼 구도에서 256
  〈햄릿〉에서 200, 201
〈일요일에 공원에서 조지와Sunday in the Park with George〉(뮤지컬) 206~207

ㅈ

자제의 규칙 65, 69, 187, 268
  ~과 사회 인지적 복잡성 69, 139, 145
  ~과 포커페이스 145~149
  극장에서 137
  〈뉴욕타임스〉에서 147~148
  〈더 퀸〉에서 141~143
  리얼리티 TV에서 186
  〈마이 페어 레이디〉에서 202, 203
  〈브리짓 존스〉에서 74
  시각 예술에서 235~237
  영화에서 134~140
  『오만과 편견』에서 69~71, 140
  〈오명〉에서 134, 139
  〈오피스〉에서 164, 165
  〈카사블랑카〉에서 137~139

〈퀴즈 쇼〉에서 152~155
자폐증 15, 55
전샤인, 리사Zunshine, Lisa 63, 64, 69,74, 84, 132, 165, 185, 227, 234, 243, 250, 257
잭슨, 토니Jackson, Tony 15, 132
저베이스, 리키Gervais, Ricky 163, 164, 165, 166, 173
제브로위츠, 레슬리Zebrowitz, Leslie A. 33
제임, 빌Zehme, Bill 178
〈조 슈모 쇼The Joe Schmo Show〉, (TV 시리즈) 188
조엘, 빌리Joel, Billy 217
존스, 웬디Jones, Wendy 89
중국 고전극Chinese opera 14, 15, 191, 211, 213, 214
즈웨린, 샬롯Zwerin, Charlotte 172
〈집시Gypsy〉(영화) 204

ㅊ

창, 강이 선Chang, Kang-i Sun 15, 211, 214
청혼 구도proposal compositions 255~259
  ~와 여성의 성욕에 대한 불안 260~265
체니, 도로시Cheney, Dorothy L. 68
체화된 투명성
  ~과 열한 시 넘버 202~204
  ~과 감정의 전략적 차단 133~135
  ~과 경마 112~116, 119~122
  ~과 극장 101~104, 109~112
  ~과 굴욕 185~187
  ~과 도박 145~147
  ~과 몰입 111, 176, 221~222, 231, 233~234, 236, 237, 239, 240~247, 250~264

~과 믿을 수 없는 서술 78~81
~과 사회적 복잡성 56~63, 210, 243
~과 연기/공연performance 14, 66, 105, 106, 111, 125, 137, 138, 157, 159, 217, 221, 240
~과 영화 81, 131~159
「보지가 말하게 만든 기사」에서 76, 78
~과 윤리 67, 73, 78, 81, 88
~과 축구 122~127
〈남태평양〉에서 195~200
노래에서 214 ~218
〈뉴욕타임스〉에서 147~148
루비치의 〈윈더미어 부인의 부채〉에서 115~119
리얼리티 TV에서 183~189
〈메릴리 위 롤 얼롱〉에서 205
〈마이 페어 레이디〉에서 202~203
묘사를 위한 규칙들 65~69, 76~77, 96, 112, 126, 165, 166, 199, 200, 235, 236, 237, 256, 262
뮤지컬에서 193~209
〈비우티풀〉에서 140
『브리짓 존스』에서 49, 74
사진에서 175~177
생명을 위협하는 상황에서 62, 66, 89, 175~177, 197
『서상기』에서 211~213
『설득』에서 52~54
시네마 베리테에서 167~175
〈시카고〉에서 209
『실용적 예시』에서 111
『심벨린』에서 87~88, 97
스탠드업 코미디에서 177~178
〈아가씨와 건달들〉에서 199

아이들에게서 92, 158, 224
『아메리칸 사이코』에서 87
『안나 카레니나』에서 112~113, 121
『에블리나』에서 109
『오만과 편견』에서 72~73
〈오명〉에서 119~122
오페라에서 210, 216
〈오피스〉에서 163~167, 173~174
『오필리아의 역사』에서 88~89, 97
〈왓 위민 원트〉에서 76, 78
~의 궁극적 사례로서의 죽음 172, 175~176
~의 정의 54
『에밀』에서 90~92, 97
〈일요일에 공원에서 조지와〉에서 191, 206, 207
전복된 바로서 105, 106, 107, 127, 155, 159, 202, 217, 231, 233, 240
중국 고전극에서 211~214
청혼 구도에서 255~260, 263
〈카사블랑카〉에서 137~139
〈퀴즈 쇼〉에서 149~159
『클러리사』에서 99, 102~103, 106, 107, 109
『톰 존스』에서 78~81
〈피버 피치〉(영화)에서 125~127
〈파이트 클럽〉에서 92~98
허구 대 실제 삶에서 54~59, 65, 103, 176~177, 198, 238, 268
혼비의 『피버 피치』에서 122~126
『하우 투 비 굿』에서 102~104
〈햄릿〉에서 200~201
출처-모니터링source-monitoring 64, 156
치브라, 게르겔리Csibra, Gergely 28

ㅋ

카라칼라Caracalla 17, 31
카르티에 브레송, 앙리Cartier-Bresson, Henri 175
〈카사블랑카〉(영화) 137, 138, 139
〈카산드라의 꿈Cassandra's Dream〉(영화) 146
카우프만, 앤디Kaufman, Andy 47, 161, 177, 178
카우프만, 월터Kaufmann, Walter 24
〈카지노 로열〉(영화) 145
캐러더스, 피터Carruthers, Peter 63
캐럴, 노엘Carroll, Noël 131
캐슬, 테리Castle, Terry 249
캔위셔, 낸시Kanwisher, Nancy 21
커리, 그레고리Currie, Gregory 132
〈커밍 홈Coming Home〉(TV 시리즈) 184
커즈번, 로버트Kurzban, Robert, 『왜 모든 사람은 (나만 빼고) 위선자인가Why Everyone (Else) is a Hypocrite』, 61, 62, 197
컨, 스티븐Kern, Stephen 15, 255~259
케네디, 존Kennedy, John F. 161, 168, 169
케이서스, 크리스티안Keysers, Christian 23
켈리, 데이비드Kelly, David J. 31
코스미디스, 레다Cosmides, Leda 21, 156
콘, 도릿Cohn, Dorrit 73
콜리어, 존Collier, John 260, 261
  〈고백A Confession〉 260, 262
  〈추락한 아이돌Fallen Idol〉 260
쿨레쇼프, 레프Kuleshov, Lev 133, 140
"쿨레쇼프 효과" 133, 134, 137
퀴글리, 레이첼Quigley, Rachel 148
〈퀴즈 쇼Quiz Show〉(영화) 149~153
크램닉, 조너선Kramnick, Jonathan 15, 132

크레인, 메리Crane, Mary 15, 131
클라이너, 프레드Kleiner, Fred S. 31
『클러리사』(리처드슨) 99, 102, 103, 106, 107, 109
클린턴, 힐러리Clinton, Hillary 129, 148
키리코, 조르조 데Chirico, Giorgio de 227
킨, 수잔Keen, Suzanne 15, 132
키넌, 줄리언 폴Keenan, Julian Paul 21
키오, 피터Keough, Peter 171

ㅌ

타루스킨, 리처드Taruskin, Richard 211
탤벗, 마가렛Talbot, Margaret 42
터너, 마크Turner, Mark 132
터투로, 존Turturro, John 93, 95, 150, 288
테넌트, 데이비드Tennant, David 201
토도로프, 알렉산더Todorov, Alexander 33
톨스토이, 레프Tolstoy, Lev, 『안나 카레니나』 112~113, 121
투비, 존Tooby, John 21, 156
트럼프, 도널드Trump, Donald 147
트리슈, 요헨Triesch, Jochen 24
〈트웬티 원Twenty One〉(TV 시리즈) 93, 95, 96, 98, 100 150, 151, 153, 155, 158
티덴스, 라리사Tiedens, Larissa Z. 73
티슐러, 밥Tischler, Bob 178
〈틱택 도우Tic Tac Dough〉(TV 시리즈) 150, 158

ㅍ

파이닝거, 라이오넬Feininger, Lyonel 229
『파이트 클럽Fight Club』(팔라닉) 85, 92, 94
파인즈, 레이프Fiennes, Ralph 129, 149
팔머, 앨런Palmer, Alan 15, 45, 55, 82, 132

퍼스, 콜린Firth, Colin 71, 99, 126, 140
페르손, 페르Persson, Per 131
펜틀랜드, 알렉스Pentland, Alex 38
펠런, 제임스Phelan, James 15, 94
펠런, 페기Phelan, Peggy 42
펠리그, 아서Fellig, Arthur 175
펨버턴, 게일Pemberton, Gayle 157
포이어, 제인Feuer, Jane 194
포커페이스poker faces 145, 147, 149, 150, 154
포티요, 이사벨 하엔Portillo, Isabel Jaén 15
〈폴리스Follies〉(뮤지컬) 194
푸코, 미셸Foucault, Michel 64, 98, 234
퓨, 켄Pugh, Ken 15
프리드, 마이클Fried, Michael
　『몰입과 연극성Absorption and Theatricality』 170, 171, 172, 173, 221, 222, 234, 236, 237, 239, 240, 241, 242, 244, 245, 247, 250, 251, 252, 264
　~와 일시성과 대조의 규칙, 236~238
　~와 감상주의, 243~251
프리드버그, 데이비드Freedberg, David 227
프리들런드, 앨런Fridlund, Alan J. 68
프리맥, 데이비드Premack, David 21
프리보르킨, 클라리나Priborkin, Klarina 26, 27
프리스, 우타Frith, Uta 21
프리스, 크리스토퍼Frith, Christopher 21
프리어스, 스티븐Frears, Stephen, 〈더퀸The Queen〉 141, 142, 143, 144, 150, 153
플라톤 13
플랜팅가, 칼Plantinga, Carl 132
프레이드킨, 도나Freydkin, Donna 216
플레쉬, 윌리엄Flesch, William 15, 132, 245
플레처, 패멀라Fletcher, Pamela M. 260~263

플루더닉, 모니카Fludernik, Monika 15, 132
피노키아로, 피터Finocchiaro, Peter 147
〈피버 피치Fever Pitch〉(영화) 125~127
『피버 피치Fever Pitch』(혼비) 122~126, 248
피카소, 파블로Picasso, Pablo 227
〈피터 박사의 방송 테이프들Broadcast Tapes of Dr. Peter, The〉(다큐멘터리) 172
필딩, 사라Fielding, Sarah, 『오필리아의 역사The History of Ophelia』 88~89
필딩, 헨리Fielding, Henry, 『톰 존스』 78~81
필딩, 헬렌Fielding, Helen, 『브리짓 존스의 애인』, 74~75, 78

ㅎ

〈하루 동안 여왕Queen for a Day〉 186
하이먼, 스티븐Hyman, Steven 42
하인스, 캐서린Hynes, Catherine A. 21
하트, F. 엘리자베스Hart, F. Elizabeth 132
〈하트 앤 마인드Hearts and Minds〉(다큐멘터리) 172
해머스타인, 오스카 2세Hammerstein, Oscar, II 195
허먼, 데이비드Herman, David 15, 132
헌트, 헬렌Hunt, Helen 78
험프리, 휴버트Humphrey, Hubert 168, 169
「헝클어진 집시 오Raggle Taggle Gypsy-o」 (노래) 216
헤겔, 게오르그 빌헬름 프리드리히Hegel, Georg Wilhelm Friedrich 41
헤밍웨이, 어니스트Hemingway, Ernest, 『무기여 잘 있어라』 83
호가스, 윌리엄Hogarth, William 231
호건, 패트릭 콜름Hogan, Patrick Colm 15, 132
호프만Hoffmann, E. T. A. 73

홀퀴스트, 마이클Holquist, Michael 15
혼비, 닉Hornby, Nick
　『피버 피치Fever Pitch』, 122~126, 248
　『하우 투 비 굿How to Be Good』
　102~104
홍적세Pleistocene　20, 188, 189
〈효심La Piété filiale〉 243, 244, 247, 248

흄, 데이비드Hume, David　24
허천, 린다Hutcheon, Linda 195, 211
허천, 마이클Hutcheon, Michael 195, 211
화이튼, 앤드류Whiten, Andrew　21
히치콕, 알프레드Hitchcock, Alfred, 〈오명〉
　119, 129, 133, 134, 135, 139
히콕, 그레고리Hickok, Gregory　24

한국어판 ⓒ 도서출판 b, 2025

가디내러티브총서 01

너의 머릿속으로 들어가기

초판 1쇄 발행 | 2025년 11월 18일

지은이 리사 전샤인
옮긴이 이성민
펴낸이 조기조

펴낸곳 도서출판 b
등 록 2003년 2월 24일 제2023-000100호
주 소 08504 서울특별시 금천구 가산디지털2로 169-23 가산모비우스타워 1501-2호
전 화 02-6293-7070(대) | 팩스 02-6293-8080
이메일 bbooks@naver.com | 홈페이지 b-book.co.kr
유튜브 www.youtube.com/@bbookspublishing

ISBN 979-11-92986-50-0 03600
값   24,000원

* 이 책 내용의 일부 또는 전부를 재사용하려면 저작권자와 도서출판 b 양측의 동의를 얻어야 합니다.
* 잘못된 책은 교환해드립니다.